COMPAGNIE

DES

MINES ET FONDERIES DE LA PROVINCE DE SANTANDER

STATUTS

COMPAGNIE

DES

MINES ET FONDERIES DE LA PROVINCE DE SANTANDER

STATUTS

ACTE SOUS SEINGS PRIVÉS DU 16 JUIN 1855

Enregistré à Paris le 22 Juin même mois.

EXPOSÉ PRÉLIMINAIRE

La Société des mines de Cuivre de Pico-Jano, formée en commandite, sous la raison sociale DUROSELLE et Cᵉ, détient, à titre de bail, pour cinquante années, qui ont commencé le 29 février 1852, des mines de cuivre à Pico-Jano, province de Santander, en Espagne, comme étant aux droits de M. DU ROSELLE et autres qui, par l'acte social sus-énoncé ont fait apport à cette Société des droits qui leur avaient été concédés à l'exploitation, pendant cinquante ans, des mines dont il s'agit, ainsi qu'il résulte de deux actes passés devant Mᵉ Roquebert, notaire à Paris, les 27, 28 et 29 mai et 9 et 24 septembre 1852, et de deux actes reçus par Mᵉ De La Foz, notaire à Potès, en Espagne, les 29 février et 23 juin 1852,

1857

dont les expéditions sont annexées aux deux actes reçus par M° Roquebert.

En outre, la Société de Pico-Jano est propriétaire de mines de calamine, plomb, houille, cuivre et blende, sises en Espagne, province de Santander et dont le détail suit savoir :

VINGT-QUATRE MINES.

San Bortholomeo, deux concessions de calamine dénoncées par M. le Vte de Bougy, le 14 décembre 1854, territoire d'Udias, district municipal d'Alfoz de Loredo, parage de la Altura del Josio;

Numa, deux concessions de calamine dénoncées par M. le Vte de Bougy, le 14 décembre 1854, territoire de Ruisenava, district municipal de Comillas, parage de la Malina;

San Roque, deux concessions de calamine, dénoncées par M. le Vte Gabriel de Bougy, le 14 décembre 1854, territoire d'Udias, district municipal d'Alfoz de Loredo;

Esmeralda, deux concessions de calamine, dénoncées par M. le Vte Gabriel de Bougy, le 14 décembre 1854, territoire de Rocenada, Comillas Udias, district municipal d'Alfoz de Loredo, parage de Brenia;

San Agustin, deux concessions de calamine, dénoncées par M. le Vte de Bougy, le 14 décembre 1854, territoire de Rodeda, district municipal d'Alfoz de Loredo, parage de Rodesa.

Santa Barbara, deux concessions de calamine, dénoncées par M. le Vte de Bougy, le 14 décembre 1854, territoire de Raza, parage de Bustablado y Toporias, district municipal de Cabesson de la sal y Alfoz de Loredo;

Juan Barreda, deux concessions de calamine, dénoncées par M. le Vte de Bougy, le 14 décembre 1854, territoire d'Udias, district municipal d'Alfoz de Loredo, parage de la Coteria;

Alfredo, deux concessions de calamine, dénoncées par M. le Vte de Bougy, le 14 décembre 1854, territoire de Roclas Udias, district municipal d'Alfoz de Loredo, parage de Carambria;

San Benito, deux concessions de calamine, dénoncées par

M. le Vte de Bougy, le 14 décembre 1854, territoire de Cobigeon Udias, district municipal d'Alfoz de Loredo, parage de Cobigeon y Udias del Cueto ;

Dolores ex Guarda, deux concessions de calamine, dénoncées par M. le Vte de Bougy, le 14 décembre 1854, territoire d'Udias, district municipal d'Alfoz de Loredo, parage de Brenia ;

Juanita ex Fé, deux concessions de calamine, dénoncées par M. le Vte de Bougy, le 14 décembre 1854, territoire d'Udias, district municipal d'Alfoz de Loredo, parage de l'Obio de Mariquita ;

Sta Elisa ex Bella Vista, deux concessions de calamine, dénoncées par M. le Vte de Bougy, le 14 décembre 1854, territoire de Celis, district municipal de Puente Nanza, parage de Ros de la Raza ;

Magdalena ex Virgen, deux concessions de blende et calamine, dénoncées par M. le Vte de Bougy, le 14 décembre 1854, territoire de Pomalverde, conseil d'Udias, district municipal d'Alfoz de Loredo, parage de la Casa de la Gera.

Teresa ex Joven Eugenio, deux concessions de calamine, dénoncées par M. le Vte de Bougy, le 14 décembre 1854, territoire d'Udias, district municipal d'Alfoz de Loredo, parage de Los Elgos ;

Sofia ex Joven Arturo, deux concessions de blende et calamine, dénoncées par M. le Vte de Bougy, le 14 décembre 1854, territoire d'Udias, district municipal d'Alfoz de Loredo, parage de Torcaltejo ;

Juana ex Santa Rita, deux concessions de calamine, dénoncées par M. le Vte de Bougy, le 14 décembre 1854, territoire d'Udias, district municipal d'Alfoz de Loredo, parage de Somayor ;

Maria ex Santa Celina, deux concessions de calamine, dénoncées par M. le Vte de Bougy, le 14 décembre 1854, territoire de Novales, district municipal d'Alfoz de Loredo, parage de Hoyo Alto ;

Esperanza ex Sinforosa, deux concessions de calamine,

dénoncées par M. le Vte de Bougy, le 30 décembre 1854, territoire de Pomalverdes, district municipal d'Alfoz de Loredo, parage del Castro de Cástrajon ;

Clara ex Perla, deux concessions de calamine, dénoncées par M. le Vte de Bougy, le 30 décembre 1854, territoire de Célis, district de Puentenanza, parage de Brena ;

Hermosa ex Lealtad, deux concessions de calamine, dénoncées par M. le Vte de Bougy, le 30 décembre 1854, territoire de Cobigeon, district municipal d'Alfoz de Loredo, parage de la Soya ;

Catalina, deux concessions de minerai de cuivre, dénoncées par don José de Lemus, le 19 octobre 1854, cession faite à M. le Vte de Bougy, territoire de Nevado, district municipal de Penarrobia, parage de Gozarco ;

Gabriel, deux concessions de calamine, dénoncées par don José de Lemus Martin, le 19 octobre 1854, cession faite à M. le Vte de Bougy, territoire de Comillas, district municipal de Comillas, parage Campios dans la ville de Comillas (autorisation de la municipalité).

Felix, une concession de calamine, dénoncée par M. Bartholomé de Montluc, cession faite à M. le Vte de Bougy, le 29 octobre 1854, territoire de Ruyloba, district municipal de Ruyloba, parage de Gena ;

Margaret, deux concessions de calamine, dénoncées par don José de Lemus Martin, le 19 octobre 1854, cession faite à M. le Vte de Bougy. territoire de Cahalès, district municipal d'Alfoz de Loredo, parage de la Pradera de Luhan.

De leur côté, MM. Hypolite-Narcisse Duroselle et Jean-Joseph-Etienne Chauviteau sont aussi propriétaires de mines de calamine, plomb et blende, sises dans la même province de Santander et dont le détail suit, savoir :

DIX-SEPT MINES.

Sebastianita ex Virgen del Milagro, deux concessions de blende et calamine, dénoncées par M. le Vte de Bougy, le 7 février 1855, territoire de Canadés, district municipal d'Alfoz de Loredo, parage de Cotalbo y Labrana ;

Sebastiana ex Virgen del Rosario, deux concessions de blende et calamine, dénoncées par M. le Vte de Bougy, le 7 février 1855, territoire d'Udias, district municipal d'Alfoz de Loredo, parage de Terrerosa.

Virgen de Rosa ex Victoria, deux concessions de plomb, dénoncées par M. le Vte de Bougy, le 7 février 1855, territoire de Riza, district municipal de Penarubia, parage de la Bidrera ;

Soberbia ex Isabel, deux concessions de plomb et calamine, dénoncées par M. le Vte de Bougy, le 7 février 1855, territoire d'Orena, district municipal de Santillanna, parage de Naveda ;

Estefana ex Rosa, deux concessions de plomb, blende et calamine, dénoncées par M. le Vte de Bougy, le 7 février 1855, territoire d'Udias, district municipal d'Alfoz de Loredo, parage de Cuesta Delagua ;

Adela ex Antigua de Cadés, une concession de plomb, dénoncée par M. le Vte de Bougy, le 7 février 1855, territoire de Cadés, district municipal de Herrerias, parage de Nomina de Prado del Rey ;

Ysidra ex Antigua de Celis, deux concessions de calamine, dénoncées par M. le Vte de Bougy, le 7 février 1855, territoire de Celis, district municipal de Puentenanza, parage de Arnero ;

Adriana ex Aurora, deux concessions de calamine, dénoncées par M. le Vte de Bougy, le 7 février 1855, territoire de Celis, district municipal de Puentenanza, parage del Sitio Martin-Garcia ;

Juliana ex Platerada, deux concessions de plomb, dénoncées par M. le Vte de Bougy, le 7 février 1855, territoire de Bedoya, district municipal de Penarrubia, parage de Tas Hueros ;

Iris ex Nyeva, deux concessions de plomb, dénoncées par M. le Vte de Bougy, le 7 février 1855, territoire de Bedoya, district municipal de Penarrubia, parage de Cordemas ;

Faustina ex Morena, deux concessions de calamine, dénoncées par M. le Vte de Bougy, le 7 février 1855, territoire de Bedoya, district municipal de Penarrubia, parage de la Puente de las Corbeteras ;

Rafaela ex Maria, deux concessions de calamine, dénoncées par M. le Vte de Bougy, le 7 février 1855, territoire d'Orena, district municipal de Santillana, parage de Piedra Candida.

Leona ex Flor de Lys, deux concessions minerai de cuivre, dénoncées par M. le Vte de Bougy, le 7 février 1855, territoire de Linarés, district municipal de Pena Rubia, parage del Monte ;

Laurel ex Camelia, deux concessions de plomb et calamine, dénoncées par M. le Vte de Bougy, le 7 février 1855, territoire de Ciguenza, district municipal d'Alfoz de Loredo, parage de Joyesa ;

Verdas ex Estrella, deux concessions de plomb et calamine, dénoncées par M. le Vte de Bougy, le 7 février 1855, territoire de Ciguenza, district municipal d'Alfoz de Loredo, parage de la Verde ;

Vicenta ex Matilda, deux concessions de plomb et calamine, dénoncées par M. le Vte de Bougy, le 7 février 1855, territoire de Ciguenza, district municipal d'Alfoz de Loredo, parage de Darruda ;

Adelaida ex Paulita, deux concessions de plomb, dénoncées par M. le Vte de Bougy, le 7 février 1855, territoire de Celis, district municipal de Puentenanza, parage de la Diduera.

En outre, M. Du Roselle a obtenu la concession et les droits à diverses mines nouvelles qui ne sont pas encore complétement définies ou connues, notamment à celles dont les noms suivent et qui sont situées même province de Santander, savoir :

SEPT MINES.

Dudosa, deux concessions de charbon, situées à Barros ;

Sopenilla, dénommée Desprecida de Hermosa, située à San Pelices, deux concessions de plomb ;

Americ ex Santa Lucita, deux concessions de calamine, dénoncées par M. Angel Ruiz, le 6 mars 1854, territoire de Ruyloba, district municipal de Mismo;

Fortuna, deux concessions de plomb, blende et calamine, dénoncées par***, territoire d'Aguenza, district municipal d'Alfoz de Loredo, parage de Castas de Brinzia. Un huitième de cette mine appartient à M. Pereda de Villa Présente;

Angel de Toporias, deux concessions de calamine, dénoncées par ***, territoire de Toporias, district municipal d'Alfoz de Loredo, parage de Ohio;

Emilia, deux concessions de plomb et calamine, dénoncées par ***, territoire de Ciguenza, district municipal d'Alfoz de Loredo, parage de Piedra Cantina;

Aparecida, deux concessions de calamine, situées près de Dolorés ou Guarda.

Toutes ces mines formant un ensemble suffisant pour un exploitation importante, les parties ont résolu de fonder un Société pour cette exploitation, et en ont, par ces présentes, arrêté les statuts comme il suit :

FORMATION DE LA SOCIÉTÉ.

Article premier.

Il est formé une Société en commandite, par actions, entre :
M. Chauviteau, d'une part,
Et toutes les autres parties dénommées en l'acte, d'autre part.
M. Chauviteau est seul gérant responsable.

Les autres associés, simples commanditaires, ne seront engagés que pour le montant des sommes versées par eux sur leurs actions, et ne pourront, en aucun cas, encourir de responsabilité personnelle, si ce n'est pour le premier quart exigible comptant sur les actions représentatives du fonds de roulement et libérables par versements successifs, comme on le verra ci-après.

DÉNOMINATION DE LA SOCIÉTÉ. — RAISON SOCIALE. SIÉGE.

Art. 2.

La Société prendra la dénomination de *Compagnie des Mines et Fonderies de la province de Santander*.

La raison sociale sera *Chauviteau et Comp.*

Art. 3.

Le siége social est fixé à Paris, au domicile choisi, quant à présent, rue d'Aumale, n° 18, et qui pourra être transféré par le gérant, d'accord avec le conseil de surveillance ci-après institué, dans tout autre local de la même ville.

La direction centrale des travaux des mines et usines sera en Espagne, sur les lieux d'exploitation.

DURÉE DE LA SOCIÉTÉ.

Art. 4.

La durée de la Société sera de cinquante ans, à compter de ce jour.

La prorogation de la Société pourra avoir lieu par décision de l'assemblée générale des actionnaires, prise dans les conditions déterminées ci-après pour les assemblées générales extraordinaires appelées à prononcer sur les modifications des statuts.

OBJET DE LA SOCIÉTÉ.

Art. 5.

La Société a pour objet :

1° L'exploitation des mines de calamine, de blende, de plomb, de cuivre, de houille ou autres, comprises aux apports qui seront faits ci-après, et de celles qui y seraient jointes par la suite, suivant ce qui va être dit ;

2° La fabrication du zinc, du plomb, du cuivre et autres métaux provenant de cette exploitation ou de toutes autres exploitations pour lesquelles il serait passé des traités;

3° La vente et le commerce des produits d'extraction et de fabrication.

La Société a, en outre, pour objet la recherche de mines nouvelles dans les provinces du nord de l'Espagne, l'obtention, l'acquisition ou le bail des concessions nécessaires pour les exploiter; mais les baux et acquisitions à conclure devront être proposés par le gérant, d'accord avec le conseil de surveillance, et approuvés, lorsque le conseil le jugera utile, par l'asssemblée générale des actionnaires.

Art. 6.

Toutes opérations, autres que celles spécifiées en l'article précédent, sont formellement interdites à la Société, à moins qu'elles ne soient spécialement autorisées par l'assemblée générale des actionnaires prononçant dans les conditions d'assemblée générale extraordinaire.

APPORTS A LA SOCIÉTÉ.

Art. 7.

M. Du Roselle, au nom de la Société de Pico-Jano, fait apport à la présente Société : 1° de tous droits de jouissance et possession que la Société de Pico-Jano possède sur les mines de cuivre qu'elle détient à bail, comme il est dit plus haut;

2° De toutes les autres mines, sises dans la province de Santader, que possède ladite Société de Pico-Jano, et qui sont désignées au préambule des présentes, sans aucune exception ni réserve, déclarant M. Du Roselle que la Société Pico-Jano possède ces mines au moyen de déclarations de découverte et demandes en concession régulièrement faites en conformité des lois d'Espagne, sur registre spécial, et que l'apport fait de ces mines a lieu sous la garantie expresse de la validité de cette formalité et du droit qu'elle confère à la concession définitive, sous les seules conditions d'existence suffisante de minerai et de l'accomplissement des formalités subséquentes et travaux légaux exigés en Espagne :

3° Et, en outre, de toutes dépendances des mines faisant partie du présent apport, y compris immeuble, minerais extraits, matériel, ustensiles, créances diverses, deniers comptants, huit mille réaux formant le cautionnement du bail de la Société de Pico-Jano, et généralement tous biens et valeurs, sans aucune exception , composant l'actif de ladite Société de Pico-Jano.

Cet apport est fait libre de tous frais, dettes et hypothèques, et sans autres charges et redevances que celles ordinaires et de droit, pouvant, d'après la législation espagnole, grever les biens et objets apportés ci-dessus, et que celles attachées à la jouissance des mines de cuivre possédées à titre de bail par la Société de Pico—Jano.

Pour opérer la saisine des biens et objets compris aux apports ci-dessus au nom et au profit de la présente Société, la Société de Pico—Jano réitérera, sous quinzaine au plus tard, tous transferts et cessions, en bonne et due forme, conformément aux lois d'Espagne, et aux mêmes conditions que ci-dessus; étant expliqué à l'égard des mines désignées n° 2 du présent article, que le transfert au nom de la présente Société sera consenti, soit par la Société de Pico-Jano, soit par tous tiers ayant agi pour le compte de ladite Société, et sous le nom desquels les mines peuvent se trouver inscrites au registre des provinces espagnoles où se trouvent situées ces mines.

Art. 8.

MM. Du Roselle et Chauviteau font apport à la présente Société :

1° De toutes les mines sises dans la province de Santander, qui leur appartiennent et sont désignées au préambule des présentes, sans aucune exception ni réserve, déclarant qu'ils possèdent ces mines au moyen de déclarations de découverte et demandes en concession régulièrement faites, en conformité des lois espagnoles, sur registre spécial, et que l'apport fait de ces mines a lieu sous garantie expresse de leur part de la validité de cette formalité et du droit qu'elle confère à la concession définitive, sous les seules conditions d'existence suffisante de minerais et de l'accomplissement des formalités subséquentes et travaux légaux exigés en Espagne ;

2° Et de toutes dépendances de ces mines, sans aucune exception ni réserve.

Cet apport est fait libre de tous frais, dettes et hypothèques, et sans autres charges et redevances que celles ordinaires et de droit pouvant, d'après la législation espagnole, grever les biens et objets apportés ci-dessus.

Pour en opérer la saisine au nom et au profit de la présente Société, les apportants susnommés réitéreront, sous quinzaine au plus tard, tous transferts et cessions en bonne et due forme, conformément à la loi espagnole et aux mêmes conditions que ci-dessus ; étant expliqué que le transfert des mines sera consenti soit par lesdites parties apportantes, soit par tous tiers les représentant, et sous le nom desquels l'inscription au registre a pu être faite.

Art. 9.

En outre, M. Du Roselle, tant en son nom personnel qu'au nom de la Société de Pico-Jano, et M. Chauviteau, s'engagent à l'apport et au transfert, sous les mêmes conditions que ci-dessus, à la présente Société, et sans aucune augmentation des attributions qui vont leur être faites, article 17 ci-après, de tous droits de propriété, de jouissance et autres qu'ils peuvent avoir acquis ou obtenus, ou pourraient acquérir ou obtenir par la suite, soit en leurs noms, soit sous le nom de tiers agissant par leur ordre ou pour leur compte, et relatifs à des cuivres, zinc, plombs ou autres produits extraits ou à extraire dans la province de Santander, le tout indépendamment des mines et accessoires dont ils viennent de faire l'apport sous les deux articles précédents.

La présente Société est et sera, en vertu des présentes, subrogée aux effets de tous traités et conventions relatifs aux droits qui seraient acquis ou obtenus, comme il vient d'être dit au présent article, et ce aux charges sous lesquelles les cessions ou concessions auraient été faites et acceptées, mais avec le droit, pour la présente Société, de s'abstenir, si bon lui semble, à l'égard de ceux auxquels elle ne trouverait pas avantageux de se substituer ainsi activement et passivement.

M. Du Roselle, en son nom personnel, pour obéir aux prescriptions du premier paragraphe du présent article, s'engage à l'apport et au transfert, aux mêmes conditions que celles stipulées aux articles précédents, et sans aucune augmentation des attributions qui lui sont faites par le présent acte, des sept mines : l'*Aparecida*, la *Dudosa*, la *Sopenilla*, *Santa Lucita* ou *Americ*, la *Fortuna*, l'*Angel de Toporias* et l'*Emilia*.

<h3 align="center">Art. 10.</h3>

Il est expliqué et stipulé, relativement aux apports faits sous les articles 7 et 8 et aux garanties sous lesquelles ces apports ont été consentis :

Que, parmi les registres de mines obtenus, comme il a été dit, soit pour le compte de la Société Pico-Jano, soit pour celui de M. Du Roselle et autres apportants susnommés, il s'en trouve dont le registre fait sur de simples apparences n'a été demandé d'abord que dans la vue de relier entre elles d'autres concessions reconnues comme très-riches, et de compléter les groupes qui forment aujourd'hui la propriété métallifère de la Société, et ensuite que pour empêcher autant que possible, dans le présent et dans l'avenir, tout voisinage nuisible ;

Que, nonobstant la validité des registres et des droits qu'il confèrent, il peut arriver que l'étude des divers gisements démontre l'inutilité de poursuivre la concession définitive de celles

des mines dans lesquelles le minerai se trouverait en insuffisante quantité, mais qu'au surplus il est reconnu :

1° Que ces groupes métallifères véritablement intéressants pour
la prospérité et l'avenir de la présente Société, se composent notamment des quinze mines ci-après, savoir :

Matilda ou Vicenta,   réunie en deux concessions.
Maria ou Rafaela,   idem.
Felix,   une concession.
Americ ou Santa Lucita, réunie en deux concessions.
Numa,   idem.
Esmeralda,   idem.
San Bartolomeo,   idem
Sinforoza ou Esperanza,   idem.
San Roque,   idem.
Guarda ou Dolorès,   idem.
Santa Rita ou Juana,   idem.
Fé ou Juanita,   idem
Joven Eugenio ou Tereza,   idem.
Angel de Toporias,   idem.
Perla ou Clara,   idem.

2° Et que la propriété de dix de ces mines est largement suffisante pour assurer cette prospérité de la Société ;

Que dès lors la garantie contractée par les divers apportants
sus-nommés pour la concession définitive des mines comprises
aux apports, s'applique à ces dix mines, sans que lesdits apportants soient exposés à des recours pour le défaut de concessions
définitives des autres mines, si ce n'est cependant pour tous
obstacles et empêchements qui proviendraient du fait desdits
apportants.

En outre, les mêmes apportants, en ce qui concerne la mine
l'Aparecida, expliquant que des prétentions bien que non fondées
étant élevées par des tiers sur la mine dont il s'agit, elle n'est
apportée qu'avec toutes les chances bonnes ou mauvaises qui
pourraient résulter pour la présente Société de ces prétentions,
sauf la réserve exprimée art. 24 ci-après ;

Enfin, M. Du Roselle explique pour ordre, qu'il n'a jamais possédé que les sept huitièmes des concessions la Fortuna;

Que les concessions la Dudosa, la Sopenilla, la Santa Lucita ou America, la Fortuna, l'Angel de Toporias et l'Emilia ne sont pas encore régularisées;

Et qu'il les apporte comme il les possède, sans aucune garantie de sa part, pour le cas où tout ou partie de ces six concessions viendraient à échapper à la présente Société.

Art. 11.

Tous les apports, cessions et transferts stipulés ci-dessus, seront appuyés de tous titres et pièces justificatifs.

Art. 12.

Tous les apports faits ci-dessus par la Société de Pico-Jano et par M. Du Roselle et M. Chauviteau, sont évalués ensemble à la somme totale de 3,000,000 de francs, y compris toutes commissions et droits dus aux actionnaires, fondateurs et autres pour concours à la formation de la présente Société, lesquels trois millions se répartissent de la manière suivante, savoir : 1,330,000 francs pour la valeur des apports faits par la Société de Pico-Jano, 520,000 francs pour la valeur de la part de M. Du Roselle, dans les apports faits par lui, conjointement avec M. Chauviteau et pour la valeur des sept mines supplémentaires apportées par lui seul, et 1,150,000 francs pour la valeur de la part de M. Chauviteau, dans les apports faits par lui conjointement avec M. Du Roselle, y compris les droits de commission et de fondation indiqués plus haut, sauf répartition particulière entre les ayants-droit.

A ces 3,000,000 francs s'ajoutent comme attribution supplémentaire :

1° Pour la Société de Pico-Jano 80,000 fr., somme égale à celle déjà versée par ladite Société et représentée par 23,856 fr. 06 c. en caisse au 31 mars 1855, par 5,231 fr. 75 c. de valeurs diverses qui seront reprises comme argent par M. Du Roselle, et le surplus, par cautionnement, immeuble, matériel et minerais déjà extraits et aussi par travaux d'appropriations, ainsi qu'il en a été justifié par la comptabilité de la Société de Pico-Jano;

2° Pour M. Du Roselle 50,000 fr. représentant les frais et dépenses de toute nature faits par lui pour les mines comprises dans son apport.

FONDS SOCIAL. — ACTIONS.

Art. 13.

Le fonds social est fixé à 6,000,000 fr., mais il ne sera réalisé provisoirement que jusqu'à concurrence de 5,000,000 fr.

Le million de francs de surplus ne sera réalisé que selon les besoins et en raison du développement des opérations de la Société; l'émission n'en sera faite que sur la proposition du gérant d'accord avec le conseil de surveillance et d'après décision de l'assemblée générale des actionnaires.

Art. 14.

Les 5,000,000 fr. composant le fonds social actuel se composent :

1° De 3,130,000 fr. représentant la valeur des apports faits à la Société;

2° De 1,870,000 fr. destinés à former le fonds de roulement de la Société.

Art. 15.

Le fonds social est représenté par des actions de 500 fr. chacune.

Chaque action donne droit à une part proportionnelle dans l'actif social et dans les bénéfices.

Les actions sont au porteur; elles sont extraites d'un registre à souche, numérotées, frappées du timbre sec de la Compagnie et revêtues de la signature du gérant et de celle de l'un des membres du conseil de surveillance ;

La cession des actions a lieu par la simple tradition du titre.

Art. 16.

Les droits et obligations attachés à l'action suivent le titre en quelque main qu'il passe.

Les actions sont indivisibles ; la Société ne reconnaît qu'un seul propriétaire pour chaque action.

La souscription d'une action emporte adhésion aux statuts de la Société.

Les héritiers ou créanciers d'un actionnaire ne peuvent, sous quelque prétexte que ce soit, provoquer l'apposition des scellés sur les biens et valeurs de la Société, ni s'immiscer en aucune manière dans son administration ; ils doivent, pour l'exercice de leurs droits, s'en rapporter aux inventaires sociaux et aux délibérations de l'assemblée générale.

SOUSCRIPTION EN REPRÉSENTATION DES APPORTS.

Art. 17.

1° M. Du Roselle, au nom de la Société Pico-Jano, déclare souscrire 3,300 actions de la présente Société, dont 2,660 entièrement libérées et représentant. 1,330,000

Et 640 libérées du premier quart, à charge de libérer les autres trois quarts, et représentant pour le premier quart. 80,000

Lesquelles actions reviendront à ladite Société Pico-Jano en représentation de son apport d'une valeur d'un million quatre cent dix mille francs. . 1,410,000

Ci trois mille trois cents actions. 3,300

2° M. Du Roselle déclare souscrire mille quarante actions entièrement libérées de la présente

Report. . . 3,300

Report. . 3,300

Société, représentant cinq cent vingt mille francs
et lui revenant pour la valeur de ses apports, ci... . 1,040

3° M. Du Roselle déclare souscrire particulièrement quatre cents actions de la présente Société libérées du premier quart, à charge de libérer les autres trois quarts, et représentant pour
le premier quart cinquante mille francs à lui revenant pour attribution supplémentaire de son
apport, ci. 400

4° Et M. Chauviteau déclare souscrire deux
mille trois cents actions entièrement libérées de
la présente Société, représentant un million cent
cinquante mille francs lui revenant pour la valeur
de son apport, y compris les droits de commission et de fondation mentionnées art. 12, ci. . . . 2,300

Lesquelles souscriptions forment un ensemble
de six mille actions entièrement libérées. 6,000

Et de mille quarante actions libérées
du premier quart. 1,040

7,040

ACTIONS REPRÉSENTATIVES DU FONDS DE ROULEMENT
VERSEMENTS. — SOUSCRIPTION.

Art. 18.

Les 2,960 actions, complétant le capital actuel de la Société,
sont payables chez MM. Bechet, Dethomas et Cie, banquiers à
Paris, boulevard Poissonnière, n° 17, savoir : un quart ou
125 fr. par action au moment de la souscription, et le surplus
de la manière suivante :

Les trois quarts restants sur ces 2,960 actions et sur les
1,040 actions souscrites, article 17, libérées d'un quart
seulement, seront exigibles, au fur et à mesure des besoins, aux époques qui seront ultérieurement indiquées par le

gérant, d'accord avec le conseil de surveillance par avis donné dans les journaux d'annonces légales du département de la Seine et dans deux des journaux quotidiens de Paris.

Il ne pourra être fait aucun appel avant une année à partir de ce jour, et, en outre, à la condition expresse que cet appel ne pourra avoir lieu avant qu'il ait été préalablement constaté, suivant inventaire dressé par le gérant et soumis au conseil de surveillance, que la Société est en possession soit de minerais bruts ou enrichis par la calcination, évalués d'après le prix qu'ils rendraient s'ils étaient convertis en métal, soit de produits de ces minerais ou métal, le tout pour une valeur au moins double du capital employé à l'exploitation du minerai sur les fonds du premier versement des actions; mais, sauf l'accomplissement des conditions ci-dessus, les actions devront être libérées intégralement, au plus tard, dans les deux ans à partir de la constitution de la Société.

Après le paiement du premier quart de 125 fr. exigible au moment de la souscription, et dans les délais fixés art. 22, des titres au porteur seront remis aux souscripteurs, et quant aux 1,040 actions souscrites libérées du premier quart en représentation d'apport, les titres au porteur ne seront remis que dans le délai déterminé ci-après art. 21 et 22.

Le porteur de ces titres au porteur sera déchargé de l'action personnelle ; le recouvrement du complément du montant des actions sera poursuivi au besoin conformément à ce qui sera dit art. 19 ci-après.

Art. 19.

A défaut de paiement aux époques qui seront déterminées, l'intérêt sera dû à raison de cinq pour cent l'an, par chaque jour de retard, et la Société pourra faire vendre les actions en retard.

A cet effet :

Les numéros de ces actions seront publiés dans les journaux d'annonces légales du département de la Seine.

A partir du quinzième jour après cette publication, le gérant, sans mise en demeure et sans autre formalité ultérieure, aura le droit de faire procéder simultanément ou successivement à la vente des actions sur duplicata à la Bourse de Paris, par le ministère d'un agent de change de son choix pour le compte et aux risques et périls des retardataires.

Les titres délivrés aux acquéreurs porteront les mêmes numéros que les titres primitifs qui seront annulés, et cesseront d'avoir aucune valeur entre les mains des propriétaires expropriés.

Le produit de la vente sera imputé d'abord sur les intérêts et les frais, puis sur les plus anciens versements en retard ; l'excédant, s'il y en a, appartiendra à l'actionnaire.

Art. 20.

Les 2,960 actions complétant, comme il est dit art. 18, le capital actuel de la Société, sont déjà souscrites savoir :

1° Par M. Du Roselle, pour la Société de Pico-Jano, cent soixante actions.................... 160

2° Par MM. Bechet, Delhomas et Cie :

Pour M. Nogues (Arsène), cent actions.........	100
M. Musnier (Victor), quatre-vingts actions..	80
M. Chauviteau (Ferdinand,) quatre-vingts actions..............................	80
M. Huguenot (Alexis), cent actions	100
M. Gautier (Henri), quatre-vingts actions..	80
M. Panel (Charles), cinquante actions.....	50
M. Bechet (Alphonse), soixante actions	60
M. Morgan (comte de), quarante actions....	40
M. Blanc (Etienne), vingt-quatre actions ...	24
M. Lecomte (Charles), cent actions	100
M. Joly (Henri), cinquante actions........	50
M. Ascarate, cent actions	100
M. Bernière (Albert), vingt actions	20

A reporter. . 1,044

	Report..	1,044
M. Jeuch, soixante actions...............		60
M. Miège, soixante-douze actions.........		72
M. Heuzey Deneirouse, quarante actions...		40
M. Blacque (Paul), cinquante actions......		50
M. Chauviteau (Philippe), deux cents actions		200
M. Musnier (Ernest), quatre cents actions...		400
M. Bulla (Joseph), quarante actions.......		40
M. Lopez et Guenet, cent vingt actions.....		120
M. Bernié (E.), quarante actions..........		40
M. Cor (Louis), quarante actions..........		40
M. Dauvers, quarante actions.............		40
M. Colombin, dix actions.................		10
M. Chereau, cinq actions.................		5
M. Fumouse, quarante actions............		40
M. Grand Boulogne (de) A. quarante actions.		40
M. Lorne (E), trente actions.............		30
M. Becquet (le docteur), trente-deux actions		32
M. Dubois (J.), dix actions..............		10
M. Ducatel (E.), quarante actions........		40
M. De Taille (Jules), vingt actions........		20
M. Labelonye, quarante actions...........		40
M. Dauge (Frédéric), vingt actions		20
M. Duval, vingt actions.................		20
Pour eux-mêmes, MM. Bechet, Dethomas, trois cent sept actions........................		307
3º Et par M. de Jaurias (François-Aubin) pour deux cents actions............................		200
Ensemble, deux mille neuf cent soixante actions...		2,960

CONSTITUTION DE LA SOCIÉTÉ. — DÉLIVRANCE DES ACTIONS REPRÉSENTATIVES DES APPORTS. — CONDITIONS ATTACHÉES A CETTE DÉLIVRANCE.

Art. 21.

Le capital social étant intégralement souscrit, la Société est constituée à compter de ce jour.

Mais cependant les sept mille quarante actions souscrites art. 17 en représentation des apports faits à la présente Société, n'appartiendront aux divers ayant-droit, et les titres ne leur en seront délivrés que sous la condition expresse :

1° Que, conformément à la garantie stipulée art. 7 et 8, la présente Société obtiendra, suivant ce qui est dit art. 10, la concession définitive de dix au moins des quinze mines indiquées audit art. 10.

2o Et que si la concession définitive de la mine l'Aparecida n'est pas obtenue, le capital social sera réduit de cinquante mille francs, et qu'alors il y aura réduction de cent actions sur les six mille entièrement libérées, souscrites art. 17, en représentation des apports, laquelle réduction sera supportée par les divers apportants dans la proportion, savoir :

Pour la Société de Pico-Jano des deux mille six cent soixante, formant sa part totale dans les six mille actions dont il s'agit ;

Pour M. Du Roselle des mille quarante, formant sa part totale dans ces mêmes six mille actions.

Et pour M. Chauviteau, de neuf cents actions, sur les deux mille trois cents actions formant sa part dans les mêmes six mille actions.

Art. 22.

Dans le cas où, dans le délai de trois mois et quinze jours à dater de la signature du présent acte, la présente Société n'aurait pu obtenir la concession définitive de dix mines sur les quinze indiquées art 10, il en serait immédiatement référé aux intéressés de la présente Société, réunis en assemblée générale, et qui auraient alors le droit ou de conserver l'apport dans l'état où il se trouverait à cette époque, ou de prononcer la dissolution de la présente Société.

Dans le premier cas de conservation de l'apport par la présente Société, les actions représentant cet apport seront immédiatement délivrées aux ayant-droit; dans le cas de dissolution, les mines seront remises aux apportants dans l'état où elles se trouveront ou moment de la dissolution, sans qu'il y ait lieu de part et d'autre de réclamer des dommages et intérêts.

APPORTS, DROITS ET OBLIGATIONS DU GÉRANT.

Art. 23.

M. Chauviteau apporte à la Société son temps et son industrie. Il devra rester propriétaire durant tout le temps de la Gérance de cent actions entièrement libérées. Ces actions resteront attachées au registre à souche pour garantie de sa gestion, et porteront mention de leur inaliénabilité.

Art. 24.

M. Chauviteau est, comme gérant de la Société, investi des pouvoirs les plus étendus pour l'administration de toutes les affaires de la Société et l'exercice de tous ses droits et actions sous les seules restrictions stipulées ci-après.

Il aura le pouvoir de faire, pour le compte de la Société, toutes acquisitions et locations de mines et autres immeubles, mais ces opérations devront être soumises un mois à l'avance au Conseil de surveillance, qui en référera à l'assemblée générale, s'il le juge convenable.

Pour travaux autres que ceux d'entretien, tels que confection de bures, galeries, puits et autres travaux importants dans les mines, les constructions nouvelles, les grosses réparations aux immeubles, la formation de nouveaux établissements, il en sera préalablement référé à l'ingénieur de la Société et au Conseil de surveillance, auquel seront soumis tous plans, détails et devis dressés par l'ingénieur.

Le Gérant opérera ou fera opérer au mieux des intérêts sociaux la vente des marchandises brutes et fabriquées ; mais tous traités de particpation et tous marchés importants pour l'achat et la vente de marchandises et produits seront préalablement communiqués au conseil de surveillance, sans qu'à cet égard le Gérant ait cependant à justifier pour la validité de ces traités et marchés, à l'égard des tiers, de l'assentiment du conseil de surveillance.

Le Gérant ne pourra faire usage de la signature sociale que dans l'intérêt de la Société.

Il aura le droit de conférer à des tiers des pouvoirs spéciaux, mais il lui est interdit de donner des pouvoirs généraux, sauf en faveur de l'ingénieur principal ou du directeur des exploitations et fabrications, auquel le Gérant pourra temporairement, pendant qu'il sera en voyage, déléguer des pouvoirs généraux.

Il ne pourra emprunter, ni aliéner ou hypothéquer les immeubles de la Société sans en avoir référé au Conseil de surveillance et à l'assemblée générale.

Art. 25.

Le traitement du Gérant est fixé par l'assemblée générale, sur la proposition du Conseil de surveillance, sans préjudice de la portion qui lui sera allouée dans les bénéfices par l'art. 43. Ce traitement lui sera acquis mois par mois.

Le traitement de M. Chauviteau, gérant actuel, est fixé par ces présentes à douze mille francs par an, outre l'allocation proportionnelle sur les bénéfices, et sans que le traitement fixe et l'allocation puissent, réunis, être inférieurs à vingt-cinq mille francs par an, de manière à ce que le traitement fixe sera au besoin augmenté dans la mesure nécessaire pour compléter cet émolument total de vingt-cinq mille francs par an.

Cette fixation est ainsi faite par exception à l'égard de M. Chauviteau et sans engagement pour son successeur.

Les frais de voyage du Gérant lui seront remboursés.

Art. 26.

Pendant les cinq premières années au moins de la Société, M. Chauviteau ne pourra se démettre de ses fonctions sans un motif légitime et sans avoir obtenu l'assentiment de l'assemblée générale.

Art. 27.

En cas de décès, de faillite ou d'incapacité légale du Gérant, la Société ne sera pas dissoute.

L'assemblée générale, convoquée dans le plus bref délai, pourvoira, sur la présentation du Conseil de surveillance, au remplacement du Gérant qui aurait cessé ses fonctions, et, en attendant, le Conseil de surveillance pourra déléguer tous les pouvoirs de la Gérance à l'un de ses membres ou au directeur-ingénieur des mines.

Art. 28.

Le Gérant pourra toujours être révoqué pour causes graves par l'assemblée générale, sur la proposition du Conseil de surveillance.

Art. 29.

Dans aucun cas, les héritiers, représentants ou créanciers personnels du Gérant ne pourront faire apposer les scellés sur les biens et valeurs de la Société, ni faire procéder à aucun inventaire de ses biens et valeurs.

Ils devront, pour le réglement de leurs droits, s'en rapporter aux inventaires sociaux et aux délibérations de l'assemblée générale.

Art. 30.

Les fonds disponibles de la Société seront déposés dans la maison de banque Bechet, Dethomas et Ce, ou dans telle autre maison de banque qui conviendra au Gérant; ces fonds resteront dans ladite maison de banque en compte courant, à un intérêt convenu.

Art. 31.

Les livres seront tenus en partie double suivant l'usage général du commerce.

Art. 32.

Sous les ordres du Gérant, un ingénieur principal attaché à la Société sera chargé de la surveillance générale des exploitations et fabrications.

Cet ingénieur sera nommé par le Gérant, qui fixera son traitement et les avantages qui devront lui être accordés.

Par exception, M. de Jaurias est nommé par ces présentes, pour les fonctions sus-indiquées, et il aura droit pour traitement à une part dans les bénéfices, conformément à l'art. 43 ci-après.

Il pourra être révoqué pour causes graves par le Gérant, après qu'il en aura été préalablement donné connaissance au Conseil de surveillance.

CONSEIL DE SURVEILLANCE.

Art. 33.

Il est créé un Conseil de surveillance composé de neuf membres, pris parmi les actionnaires de la Société et nommés par l'assemblée générale. La durée de leurs fonctions est de trois ans.

Art. 34.

Pour le début des opérations et par exception pour les cinq premières années, le Conseil de surveillance est composé de :

> MM. Acar (Jean-Louis-Joseph).
> Guilhou (Numa).
> Vicomte de Bougy (Marie-Gabriel).
> Bechet (Alphonse).
> Musnier (Ernest).
> Chauviteau (Ferdinand).
> Guenet (Eugène).
> Lecomte (Charles).
> Heuzey Deneirouse.

Art. 35.

A partir de l'expiration du cinquième exercice, trois membres du Conseil de surveillance seront remplacés chaque année.

Le sort pour la première fois décidera l'ordre dans lequel aura lieu le remplacement.

Tout membre sortant pourra être réélu.

Art. 36.

Dans le cas de démission ou de décès d'un ou de plusieurs membres du Conseil, dans l'intervalle des assemblées générales, le Conseil, composé des membres restants, désignera lui-même des remplaçants provisoires pris parmi les actionnaires.

Lors de la première assemblée générale, il sera pourvu au remplacement définitif des membres demissionnaires on décédés, et les remplaçants provisoires qui seront maintenus ne conserveront leurs fonctions que pour le temps pendant lequel les membres remplacés seraient eux-mêmes restés en fonctions.

Tout membre du Conseil qui, régulièrement convoqué, aura

manqué sans motif légitime à trois réunions consécutives, pourra être remplacé d'office par le Conseil.

Dans le cas de démission collective des membres du Conseil, il sera procédé à leur remplacement par l'assemblée générale convoquée extraordinairement à cet effet, à la diligence du Gérant.

Art. 37.

Pour être membre du Conseil de surveillance, il faut être et rester propriétaire de quarante actions au moins.

Les fonctions des membres du Conseil de surveillance sont gratuites; mais ils auront droit à un jeton de présence par chaque séance du Conseil. Tous frais de voyage leur seront remboursés.

Art. 38.

Le Conseil de surveillance se réunit une fois chaque mois. Il se réunit en outre toutes les autres fois qu'il le juge utile. Il peut déléguer un ou plusieurs de ses membres pour toutes mesures d'examen, surveillance ou inspection, soit à Paris, soit au centre même des exploitations en Espagne.

Le Gérant assistera à ces réunions, s'il en est requis, pour y fournir tous renseignements et communications demandés.

Art. 39.

Le Conseil nommera parmi ses membres un président et un secrétaire. En cas d'absence du président, ses fonctions appartiennent au plus âgé des membres présents. En cas d'absence du secrétaire, il est remplacé par le membre le plus jeune.

Le Conseil ne pourra délibérer valablement que si trois au moins des membres sont présents. En cas de partage des voix, celle du président sera prépondérante.

Il sera tenu un registre des procès-verbaux des délibérations.

Art. 40.

Le Conseil de surveillance a pour mission :

1° De veiller à l'exécution des statuts.

2° De contrôler l'administration du Gérant et de prendre communication des opérations que le Gérant lui soumettra dans les divers cas prévus.

3° De vérifier, critiquer ou approuver les inventaires et les comptes annuels et faire tout rapport à l'assemblée générale.

4° De faire, d'accord avec le Gérant, toutes les propositions de modifications à apporter aux statuts.

5° De convoquer extraordinairement, quand il le jugera utile, l'assemblée générale des actionnaires.

6° De vérifier et examiner, toutes les fois qu'il le jugera convenable, la caisse, les livres et les écritures de la Société.

Le tout indépendamment des autres attributions dévolues au Conseil par les statuts, notamment par les articles 3, 5, 13, 15, 18, 24, 25, 27, 28, 32, 33, 34, 35, 36, 37, 38, 39, 40, 41, 48 et 57 ci-après.

COMPTES ANNUELS. — INVENTAIRES. — RÉPARTITIONS.

Art. 41.

Tous les ans, à l'époque du 1er juillet, les comptes de la Société seront arrêtés, et il sera dressé un inventaire général de l'actif et du passif de la Société. Cet inventaire, certifié véritable par le Gérant, sera transcrit sur un registre particulier ; il sera soumis, avec les comptes de l'année, à la vérification du Conseil surveillance avant le 1er septembre de chaque année.

Le Gérant fixera chaque année, après l'avoir soumise au Conseil de surveillance, la réduction à faire dans l'inventaire sur la valeur des immeubles, machines, ustensiles, créances et tous effets mobiliers dépréciables qui appartiendront à la Société.

Art. 42.

Durant tout le temps que les deux mille neuf cent soixante actions souscrites art. 20 , et les mille quarante actions libérées d'un quart faisant partie de celles souscrites en représentation des apports, ne seront pas entièrement libérées, il sera prélevé sur les bénéfices nets constatés par l'inventaire annuel, une somme nécessaire pour servir un intérêt de cinq pour cent l'an sur les sommes versées ou libérées partiellement sur le montant de ces quatre mille actions.

Et sur ce qui restera, il sera prélevé une somme nécessaire pour servir un intérêt de cinq pour cent l'an sur le montant des autres actions libérées intégralement.

Lorsque les quatre mille actions libérées partiellement, le seront intégralement, il sera alors prélevé sur ces mêmes bénéfices nets annuels la somme nécessaire pour servir un intérêt de cinq pour cent l'an sur toutes les actions du fonds social, sans aucune distinction ni priorité les unes sur les autres.

Art. 43.

Sur ce qui restera libre en bénéfices nets après les déductions prévues art. 42. il sera prélevé somme égale à treize pour cent de l'intégralité des bénéfices nets constatés par l'inventaire et attribuée, savoir :

Dans la proportion de la somme représentant dix pour cent de ces bénéfices au Gérant comme supplément de traitement, et dans la proportion de la somme représentant trois pour cent de ces bénéfices à titre d'émolument à l'ingénieur principal de la Société.

Art. 44.

Enfin, les bénéfices nets, sous déduction des prélèvements stipulés articles 42 et 43, seront répartis de la manière suivante :

Dix pour cent sont affectés à la formation d'un fonds de réserve destiné à faire face aux besoins extraordinaires et imprévus et à augmenter le fonds de roulement.

Deux pour cent seront distribués, à titre d'encouragement, aux agents et employés de la Société qui se seront distingués par leur zèle et leur service. Cette distribution sera réglée par le Gérant et soumise au Conseil de surveillance. Dans le cas où tout ou partie de ces deux pour cent ne serait pas employé, la somme s'ajouterait au dividende des actionnaires.

Les quatre-vingt-huit pour cent de surplus seront répartis proportionnellement, à titre de dividende, entre toutes les actions, sans distinction entre celles entièrement libérées et celles libérées partiellement.

Art. 45.

Les dividendes seront payés chaque année, à Paris, au siége de la Société, les 1er janvier et 1er juillet ; le paiement du premier dividende se fera le premier juillet mil huit cent cinquante-six.

Les intérêts dont le prélèvement est indiqué art. 42, se paieront aux mêmes époques que les dividendes.

Ces divers paiements pourront aussi être faits chez les banquiers de la Société.

Art. 46.

Tous intérêts ou dividendes qui n'auront pas été réclamés dans le délai de cinq ans profiteront à la Société.

ASSEMBLÉES GÉNÉRALES.

Art. 47.

L'universalité des actionnaires sera représentée par l'assemblée générale régulièrement constituée. Cette assemblée se compose de tous les porteurs de dix actions au moins.

Nul ne peut représenter un actionnaire s'il n'est lui-même membre de l'assemblée.

Les porteurs devront, pour être admis, déposer leurs actions. trois jours avant l'assemblée générale. Il en sera délivré récépissé qui servira de carte d'admission.

Art. 48.

L'assemblée générale sera convoquée, chaque année, dans le cours du mois d'octobre, pour entendre les rapports annuels du Gérant et du Conseil de surveillance sur l'état des affaires de la Société, arrêter les comptes de chaque exercice et inventaire annuel, ainsi que les répartitions de bénéfices, et pourvoir à l'élection des membres du Conseil de surveillance.

En outre l'assemblée sera convoquée extraordinairement, s'il y a lieu, soit par le Gérant, soit par le Conseil de surveillance, toutes les fois qu'il y aura utilité de provoquer sa décision sur toute mesure urgente et d'intérêt commun.

Art. 49.

Les convocations des assemblées générales ordinaires ou extraordinaires auront lieu au moins quinze jours à l'avance dans les journaux d'annonces légales du département de la Seine.

Art. 50.

L'assemblée générale choisit elle-même son bureau, qui se composera d'un président, de deux scrutateurs et d'un secrétaire. Les membres présents du Conseil de surveillance pourront être nommés membres du bureau.

Art. 51.

Pour toutes délibérations en assemblée générale, les actionnaires auront une voix par dix actions sans qu'un seul puisse réunir en sa personne plus de cinq voix, y compris celles des actionnaires qu'il représenterait par mandat.

Art. 52.

Sauf les cas prévus ci-après article 53, l'assemblée générale ordinaire ou extraordinaire délibère valablement quel que soit le nombre des membres présents. Elle prend ses décisions à la simple majorité des voix, et quant aux nominations à faire, à la pluralité des voix, si la majorité absolue n'a pas été obtenue au premier tour.

Art. 53.

Lorsqu'il s'agira, pour l'assemblée générale, de délibérations relatives à des modifications à apporter aux statuts, à la prorogation ou à la dissolution de la Société, à la révocation ou remplacement du Gérant, elle ne sera régulièrement constituée que par la présence d'actionnaires représentant le tiers des actions émises, et ses décisions ne seront valables qu'à la majorité des deux tiers des voix des membres présents.

Si, sur une première convocation, le nombre d'actions ci-dessus fixé n'était pas représenté, une deuxième convocation serait faite, et l'assemblée réunie à quinze jours d'intervalle au moins. délibérera valablement, quel que soit le nombre des membres présents et des actions représentées ; elle décidera valablement selon ce qui est prescrit article 49.

Art. 54.

Les délibérations des assemblées générales seront constatées par des procès-verbaux dressés sur un registre spécial et signées par les membres du bureau, ou au moins par la majorité d'entre eux.

Les copies ou extraits de ces procès-verbaux à produire partout où besoin sera sont certifiés par le président et le secrétaire de l'assemblée.

MODIFICATION DES STATUTS. — DISSOLUTION ET LIQUIDATION DE LA SOCIÉTÉ.

Art. 55.

Les présents statuts pourront être modifiés ainsi qu'il est dit art. 53. Le consentement du Gérant, pour ces modifications, sera nécessaire lorsqu'elles tendront à l'augmentation du fonds social, à la réunion ou cession de tout ou partie des exploitations de la Société à d'autres compagnies, à la prorogation ou à la dissolution anticipée de la Société ; mais dans le cas où il serait constaté par les bilans de la Société que, par des pertes, l'actif est réduit de plus du tiers de la valeur du fonds social, l'assemblée générale, à la simple majorité des voix, pourra prononcer la dissolution de la Société.

Art. 56.

A la dissolution de la Société, à quelque époque et pour quelque cause qu'elle ait lieu, il sera procédé à la liquidation, par le Gérant, auquel l'assemblée pourra adjoindre un ou deux actionnaires pour co-liquidateurs.

L'assemblée déterminera en outre l'étendue du pouvoir des liquidateurs et les allocations qui leur reviendront.

Quant au partage de l'actif, y compris la réserve, après remboursement du capital des actions et des intérêts à cinq pour cent, cet actif appartiendra, savoir :

Quatre-vingt-sept pour cent aux actionnaires, dans la proportion du nombre de leurs actions, sans distinction entre celles entièrement libérées et celles qui ne le seraient pas ;

Dix pour cent à M. Chauviteau.

Trois pour cent à M. de Jaurias,

si ces derniers sont en fonctions au moment de la liquidation ; dans le cas contraire, l'assemblée générale décidera s'il y a lieu d'attribuer une part au Gérant et à l'ingénieur principal, et, en cas d'affirmative, déterminera l'importance de cette part; en cas de négative, tout l'actif sera pour les actionnaires.

CONTESTATIONS.

Art. 57.

Toutes difficultés entre les associés, soit pendant le cours de la Société, soit lors de la liquidation, mais toujours à l'occasion des relations sociales, seront soumises à la juridiction arbitrale, à Paris, d'après la législation française.

Le tribunal arbitral sera composé de trois personnes statuant à la majorité des voix.

Si ces difficultés existent entre le Gérant et les commanditaires, l'un des arbitres sera nommé par le Gérant, l'autre par la commandite, et le troisième par les deux arbitres.

A défaut de nomination par les parties ou à défaut d'accord par ces deux arbitres pour le choix du troisième, il y sera procédé par le tribunal de Commerce de la Seine à la requête de la partie la plus diligente.

Le Comité de surveillance en exercice lors du litige, représentera exclusivement, tant en demandant qu'en défendant les commanditaires qui, en lui donnant dès à présent ce mandat contractuel, renoncent à l'exercice de toute action individuelle.

Dans le cas où le débat s'agiterait entre un ou plusieurs actionnaires et le Comité de surveillance, ces actionnaires seront tenus de s'entendre sur le choix d'un arbitre qui, conjointement avec l'arbitre nommé par le Conseil et le troisième choisi comme il a été dit ci-dessus, composeront le tribunal arbitral.

Toutes significations seront valablement faites par une seule copie et sans observation des délais de distance au domicile et à la personne du président du Conseil de surveillance.

CONVERSION EN SOCIÉTÉ ANONYME.

Art. 58.

La présente Société n'est formée en commandite qu'à titre provisoire ; mandat est dès à présent donné à la Gérance et au Conseil de surveillance de poursuivre dans le plus bref délai, la transformation de la Société en Société anonyme, conformément aux lois d'Espagne ou de France.

En conséquence tout pouvoir leur sont donnés pour, d'un commun accord, rédiger les statuts de ladite Société anonyme, en se conformant aux bases du présent acte.

Pour suivre l'approbation de ces statuts auprès des autorités compétentes, faire et accepter toutes modifications quelconques qui seraient demandées.

Aussitôt que la Société anonyme sera devenue définitive, et par ce seul fait, tout l'actif comme tout le passif de la présente Société passera immédiatement à la Société anonyme.

Le Gérant et les membres du Conseil de surveillance deviendront de plein droit administrateurs de la Société anonyme.

Art. 59.

Pour faire publier le présent contrat de Société partout où besoin sera, tous pouvoirs sont donnés au porteur d'une expédition ou d'un extrait.

IMP. BÉNARD ET COMP. RUE DAMIETTE, 2.

IMP. BÉNARD ET Cᵉ, 2, RUE DAMIETTE.

Compagnie des Mines et Fonderies

DE LA PROVINCE DE SANTANDER.

CONSEIL DE SURVEILLANCE.

MM. **Acar**, ancien Maire de Ham.
Béchet, de la Maison BÉCHET DETHOMAS et Comp^e.
Vicomte **de Bougy**, Propriétaire.
Chauviteau (Ferdinand), ancien Agent de Change.
E. Guenet, de la Maison LOPEZ et GUENET, de Paris.
N. Guilhou de la Maison, les fils de GUILHOU jeune, de Paris.
Heuzey Dencirouse, Négociant.
Ch. Lecomte, Négociant à Paris.
E. Musnier, de la Maison BÉCHET DETHOMAS et Comp^e.

GÉRANT :

M. **J.-J. Chauviteau**, à Paris, boulevart Poissonnière, n° 17.

Ingénieurs attachés à l'Établissement.
MM. **de Jaurias** et **Linnée-Terraillon**.

BANQUIERS :

MM. **Béchet Dethomas** et Comp^e, à Paris, boulevart Poissonnière, 17.

CAPITAL SOCIAL : **6,000,000** fr., divisé en Actions de **500** fr.

ÉMISSION ACTUELLE : **5,000,000** fr., entièrement souscrits.

La Compagnie a été fondée pour l'Exploitation de Mines de Calamine, Blende, Plomb et Cuivre, récemment découvertes dans la province de Santander, à douze kilomètres de la ville de Torre-la-Vega, située elle-même à vingt-quatre kilomètres, au sud de Santander, l'un des principaux ports d'Espagne. Ces mines se composent, pour la plus grande partie, de gisements

1855

de Calamine (*minerai de zinc*), compris en quatre-vingt-huit concessions occupant une super-ficie d'environ cinquante kilomètres carrés.

L'étude et la reconnaissance de ces gisements ont été faits par divers ingénieurs des mines, MM. POTHIER, DE JAURIAS, TERRAILLON, BEUDANT et BAYO, dont les appréciations se sont trouvées confirmées. Ces gisements de Calamine ont été reconnus très riches et d'une puissance qui assure une forte et facile exploitation pendant un très grand nombre d'années. Aucun des établissements qui traitent actuellement l'exploitation du zinc ne possède des amas dont la surface puisse être comparée à celle qui se présente pour les amas de Santander.

Ces Mines ont, pour avantage particulier, leur situation à proximité de la mer, qui les place dans des conditions exceptionnelles, quant aux frais et facilités des transports ; leur accès, soit au port de Comillas, soit à celui de San Vicente de la Barquera, procure, pour les facilités du débouché des produits, les avantages précieux de l'embarquement direct.

L'organisation des travaux d'exploitation se trouve favorisée par le voisinage des ouvrages qui s'exécutent dans le port de Santander pour l'agrandissement de la ville, et qui attirent dans la localité, de nombreux ouvriers étrangers : Piémontais, Français du Midi, Anglais, Irlandais, dont le concours s'adjoint, d'une manière utile, à celui des ouvriers indigènes de la Biscaye et de la Galice.

Enfin, les applications si nombreuses que le zinc a reçues dans l'industrie, et qui le maintiennent, sur tous les marchés de consommation, dans un état de hausse constamment progressif, constituent l'encouragement le plus rassurant pour l'avenir de la production.

Si les espérances que font naître les travaux d'exploration exécutés déjà sur les Mines de Cuivre que la Société possède à Pico-Jano, se trouvent justifiées, l'exploitation de ces Mines de Cuivre déterminera, pour la Compagnie, un surcroît de production de la plus haute valeur.

Dans les conditions de l'Acte de Société :

Les Actions reçoivent un intérêt annuel de 5 pour cent avant tout partage.

Le Gérant a droit à un traitement annuel de 12,000 fr., et à 10 pour cent du montant des bénéfices.

L'Ingénieur principal de la Compagnie reçoit, pour seul traitement, 5 pour cent des bénéfices.

Et les bénéfices nets annuels, déduction faite des intérêts et allocations ci-dessus, sont répartis, savoir :

10 pour cent sont affectés à la formation du fonds de réserve ;

2 pour cent sont alloués, à titre d'encouragement, aux Agents et Employés ;

Et 88 pour cent sont à distribuer, à titre de dividende, entre toutes les Actions.

Paris. — Imp de Madame de Lacombe, rue d'Enghien, 11.

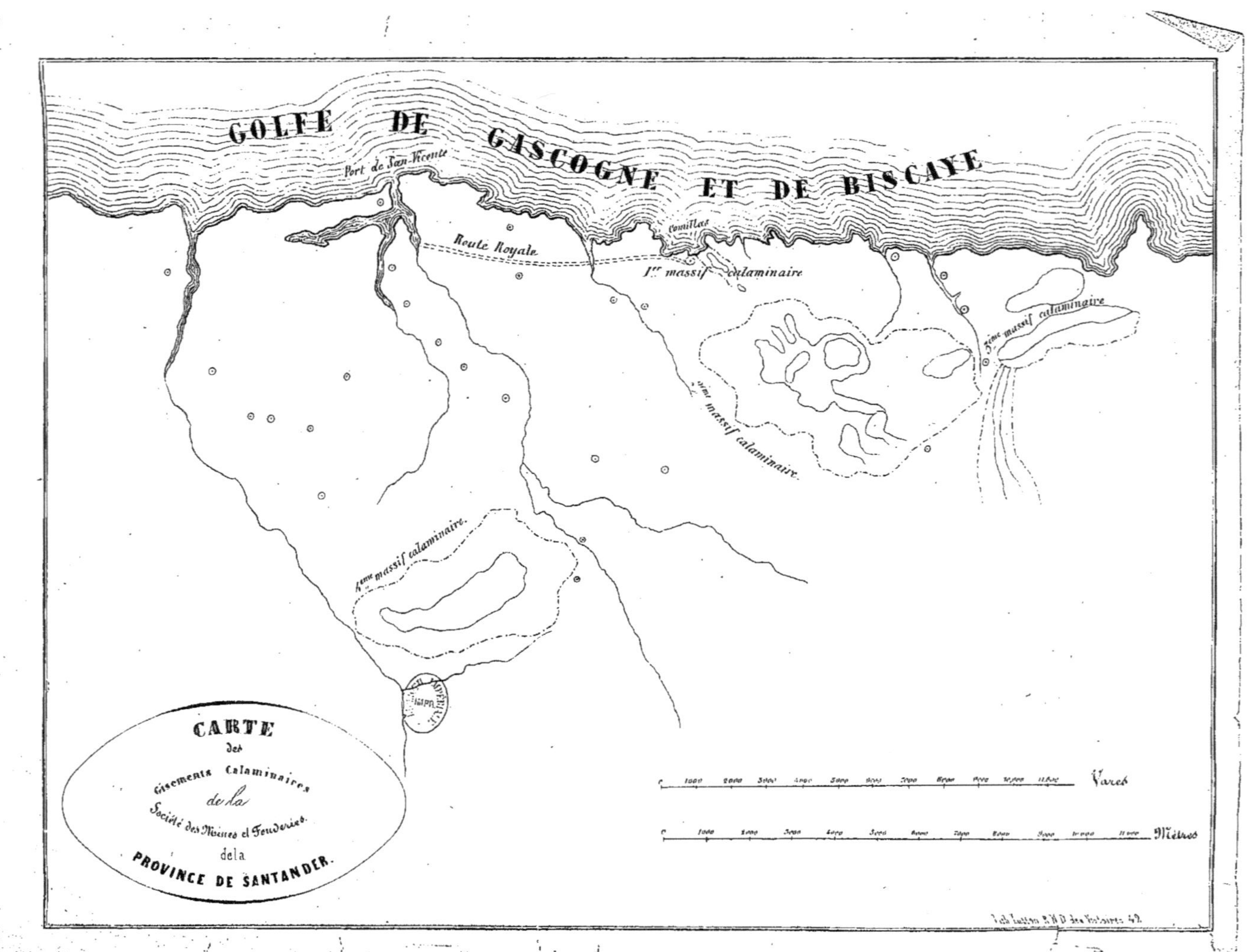

GOLFE DE GASCOGNE ET DE BISCAYE
Port de San-Vicente
Comillas
Route Royale
1er massif calaminaire
2me massif calaminaire
3me massif calaminaire
4me massif calaminaire
IMPÉRIALE
CARTE
des
Gisements Calaminaires
de la
Société des Mines et Fonderies
de la
PROVINCE DE SANTANDER.
Vares
Mètres
Lith. Lemercier R. N. D. des Victoires, 42.

Compagnie

DES

MINES ET FONDERIES

DE LA PROVINCE DE SANTANDER.

Conseil de Surveillance.

MM. **Acar**, ancien Maire de Ham,
Béchet, de la maison BÉCHET DETHOMAS et Comp^e.
Vicomte **de Bougy**, Propriétaire.
Chauviteau (Ferdinand), ancien Agent de Change.
E. **Guenet**, de la maison LOPEZ et GUENET, de Paris.
N. **Guilhou**, de la maison les fils de GUILHOU jeune, de Paris.
Heuzey-Deneirouse, Négociant.
Ch. **Lecomte**, Négociant à Paris.
E. **Musnier**, de la maison BÉCHET DETHOMAS et Comp^e.

Gérant.

M. **J.-J. Chauviteau**, à Paris, boulevart Poissonnière, 17.

Ingénieurs attachés à l'Etablissement.

MM. **de Jaurias** et **Linnée-Terraillon.**

Banquiers.

MM. **Béchet Dethomas** et Comp^e, à Paris, 17, boulevart Poissonnière.

CAPITAL SOCIAL : FR. **6,000,000**, DIVISÉ EN ACTIONS DE FR. **500**.
EMISSION ACTUELLE : FR. **5,000,000**.

La Compagnie a été fondée pour l'Exploitation des Mines de Calamine, Blende, Plomb et Cuivre, récemment découvertes dans la province de Santander. Ces Mines se composent, pour la plus grande partie, de gisements de Calamine (minerais de zinc), compris en quatre-vingt-huit concessions occupant une superficie d'environ cinquante kilomètres carrés.

L'étude et la reconnaissance de ces gisements ont été faits par plusieurs ingénieurs des mines : MM. Pothier, de Jaurias, Terraillon, Beudant et Bayo, dont les appréciations se sont trouvées confirmées.

Les gisements de Calamine ont été reconnus très riches et d'une puissance qui assure une forte et facile exploitation pendant un très grand nombre d'années. Aucun des établissements qui traitent actuellement l'exploitation du zinc, ne possède des amas qui puissent être comparés à ceux de la province de Santander.

Ces Mines ont pour avantage particulier leur situation à proximité de la mer qui les place dans des conditions exceptionnelles. Quant aux frais et facilités des transports, leur accès, soit au port de Comillas, soit à celui de San-Vicente la Barquera, procure, pour les facilités du débouché des produits, les avantages précieux de l'embarquement direct.

Depuis les premiers jours d'octobre dernier, où l'exploitation de la Calamine a commencé, elle s'est élevée à environ 2,000 tonnes de 1,000 kilog. par mois; elle pourrait être poussée au double si on le désirait, car les ouvriers abondent; mais il est rationnel d'asseoir les calculs de rendement sur cette production de 2,000 tonnes de Calamine par mois, ou 24,000 tonnes par année, sauf à développer ou agrandir l'opération avec le temps.

Aperçu du Produit de 24,000 tonnes de Calamine, réduites à 18,000 tonnes par le grillage, et devant produire 6,000 tonnes de Zinc.

Extraction de 24,000 tonnes de Calamine, à fr. 2 50 la tonne. fr.	60,000
Grillage et broyage.	60,000
Transport à San-Vicente, de 18.000 tonnes grillées, à fr. 3 la tonne.	54,000
Transport dans les Asturies, à fr. 5 la tonne.	90,000
Débarquement et transport jusqu'à l'usine.	54,000
TRAITEMENT.	
Mouffles, bottes, pots, briques, terre réfractaire.	56,700
7,200 tonnes houille sèche pour réduction, à fr. 4.	28,800
Houille pour les grilles, 40,000 tonnes à fr. 6.	224,000
Main-d'œuvre	366,840
Directeur de l'usine, ingénieurs, employés, contre-maîtres.	30,000
Transport de 6,000 tonnes en zinc, de l'usine à la mer	26,400
Transport de ces 6,000 tonnes en France et en Angleterre	108,000
Assurances et polices.	39,600
Commission de vente et escompte 3 p. %.	108.000
Frais généraux de la Société,	60,000
Imprévu.	100,000
Montant général des dépenses fr.	1,466,340
Vente de 6,000 tonnes de zinc, rendues dans un port de France ou d'Angleterre, à fr. 600 la tonne de 1,000 kilog. fr.	3,600,000
Produit net. fr.	2,133,660

ou plus de 40 0/0 du capital engagé.

Il est bon d'observer que le bénéfice énoncé ne sera obtenu que lorsque l'usine à fondre le zinc sera terminée; qu'en attendant, la vente de la Calamine aux usines existantes donnera un bénéfice moins élevé.

Dans les conditions de l'Acte de Société, les Actions reçoivent un intérêt annuel de 5 0/0 avant tout partage.

Le Gérant a droit à un traitement annuel de fr. 12,000, et à 10 0/0 du montant des bénéfices.

L'ingénieur principal de la Compagnie reçoit, pour seul traitement, 5 0/0 des bénéfices.

Et les bénéfices nets annuels, déduction faite des intérêts et allocations ci-dessus, sont répartis, savoir :

10 0/0 sont affectés à la formation du fonds de réserve.

2 0/0 sont alloués, à titre d'encouragement, aux agents et employés.

88 0/0 sont à distribuer, à titre de dividende, entre toutes les Actions.

Paris. — Imp. de Mme de Lacombe, rue d'Enghien, 14.

COMPAGNIE

DES

Mines et Fonderies de la Province de Santander

ASSEMBLÉE GÉNÉRALE DU 29 OCTOBRE 1859

COMPTE RENDU

PAR LE GÉRANT

DU QUATRIÈME EXERCICE 1858-1859

RAPPORT DU CONSEIL DE SURVEILLANCE

PROCÈS-VERBAL DE L'ASSEMBLÉE GÉNÉRALE

Paris

IMPRIMERIE BÉNARD ET COMPAGNIE
RUE DAMIETTE, 2

1859

ASSEMBLÉE GÉNÉRALE DU 29 OCTOBRE 1859

COMPTE RENDU

PAR LE GÉRANT

DU QUATRIÈME EXERCICE 1858-1859

RAPPORT DU CONSEIL DE SURVEILLANCE

PROCÈS-VERBAL DE L'ASSEMBLÉE GÉNÉRALE

PARIS

IMPRIMERIE BÉNARD ET COMPAGNIE

RUE DAMIETTE, 2

1859

SOCIÉTÉ DES MINES ET FONDERIES DE LA PROVINCE DE SANTANDER

ASSEMBLÉE GÉNÉRALE DU 29 OCTOBRE 1859

COMPTE RENDU

PAR LE GÉRANT

DU QUATRIÈME EXERCICE 1858-1859

MESSIEURS LES ACTIONNAIRES,

J'ai l'honneur de vous présenter le compte rendu des opérations de notre Société pendant l'exercice expiré le 30 juin 1859.

Vous vous rappelez quel était le programme qui se trouvait tracé dans le dernier compte rendu que j'ai eu l'honneur de vous soumettre le 30 octobre 1858. Nous nous trouvions préparés pour une production de 30 à 36,000 tonnes de minerais, et pour une exportation, dans l'année, de 20 à 24,000 tonnes de calamine calcinée.

EXPORTATION

Nous avons entrepris l'enrichissement de 29,530 tonnes qui nous ont produit 21,241 tonnes de minerais calcinés et nous avons exporté durant l'exercice :

En Calamine calcinée (enrichie à la teneur moyenne de

55 1/20 °/₀) . . . . 20,376 tonnes 1/2

En Blende . . . . 2,732 —

En Minerais bruts et plombs . . . . 401 — 1/2

Au Total. . . . . 23,710 tonnes

Il nous a été permis, comme vous le voyez, de satisfaire, quant à l'exportation, aux chiffres que nous nous étions promis d'atteindre; mais si nos espérances se sont confirmées sous le rapport de l'exportation comme sous celui de la bonne teneur de nos minerais, il n'en a pas été de même à l'égard des prix de réalisation que nous avons obtenus.

BAISSE DANS LE PRIX DU ZINC ET SES CONSÉ-QUENCES.

Nul n'ignore les événements politiques qui sont survenus durant l'année dont nous nous occupons, ni l'énorme dépression qui en est résulté, en France et ailleurs, sur le prix du zinc comme sur le prix de tous les produits et de toutes les matières en général; les cours régulateurs du prix de nos livraisons sont, vous le savez, ceux des marchés de France, d'Angleterre et de Belgique; la situation a réagi violemment sur ces divers marchés, et notre exportation générale ne nous a produit que la somme totale de 2,722,497 francs.

Le préjudice en résultant pour notre Société peut être facilement évalué à 600,000 francs; car la différence entre la somme qu'aurait produite notre seule exportation des minerais calcinés, si les cours se fussent maintenus au taux de juillet 1858, premier mois de l'exercice, et la somme qu'elle a produite aux cours dépréciés qui sont survenus, s'élève à 568,000 francs.

Il faut se dire qu'à cet égard nous avons subi le sort de tous les producteurs européens, et, encore, notre industrie a-t-elle été moins maltraitée que beaucoup d'autres, moins éprouvée que l'industrie du fer qui, dans la même crise, a souffert à ce point que beaucoup de hauts fourneaux de l'Europe ont dû s'éteindre. L'industrie du zinc a bien subi la loi commune d'une dépréciation des produits dans leur valeur de réalisation, mais elle est restée particulièrement favorisée sous le rapport de l'écoulement des produits; la production et la vente du zinc sont demeurées dans la voie de l'accroissement.

La différence préjudiciable que je viens de signaler n'est pas la seule dont nous ayons eu à souffrir durant l'exercice dernier; la tourmente qui a surgi nous a imposé un sacrifice de nature particulière que je vais expliquer.

Notre production qui, dans les prévisions, devait être de 30 à 36,000 tonnes, ne s'est élevée qu'à 23,310 tonnes; cela tient à ce que j'ai dû ralentir les travaux pour obéir aux considérations pressantes que vous allez apprécier.

L'exercice dont nous nous occupons a recueilli le stock en minerai de l'année précédente (11,961 tonnes) pour sa valeur estimative de 624,735 francs, et c'est pour cette somme élevée que ce stock se trouvait compris dans les valeurs actives représentant le fonds de roulement de la Société; or, les circonstances étant devenues difficiles et périlleuses, la gérance avait pour premier devoir de préserver la sécurité de notre situation financière, et ne pouvait alors songer à conserver dans son intégralité un actif de cette nature et de cette importance.

Dans la situation des affaires qui devenait très-critique les cours pouvaient descendre à un taux qui n'aurait plus permis l'écoulement du stock à des prix rémunérateurs; je ne pouvais donc hésiter dans la réalisation la plus prompte d'un actif de 624,735 francs dont la valeur et la rentrée pouvaient se trouver paralysées pour un temps plus ou moins long. J'ai considéré qu'il était tout à la fois urgent, nécessaire et prudent de suspendre la production courante autant qu'il était possible, et de réaliser les minerais qui composaient le stock. C'est en poursuivant cette mesure que je suis arrivé à ne léguer à l'exercice qui suit qu'un stock très-allégé réduit à la valeur de 160,009 francs.

L'opération a eu le double avantage de préserver la position financière, et d'ajouter à la disponibilité des bénéfices de l'avenir; mais ces conditions favorables n'ont pu s'obtenir qu'au détriment des bénéfices de l'exercice qui se sont alors trouvés chargés de rembourser la différence du prix des deux stocks, soit 464,725 francs.

En résultat : l'interruption fâcheuse que l'exploitation courante a dû subir, la réalisation de la plus forte partie du stock précédent, la réestimation du nouveau, le remboursement, qui en est résulté, de la différence de 464,725 francs, sur les produits réalisés, sont des opérations qui sont devenues nécessaires, mais des plus onéreuses pour les résultats du 4ᵉ exercice dont nous nous occupons.

Pour préciser le chiffre du préjudice, il faudrait des calculs qui ne sauraient trouver place au présent compte rendu ; mais cependant on ne peut évaluer à moins de 200,000 francs le tort que cette réalisation a fait aux bénéfices de l'exercice.

J'ai tenu, Messieurs, à préciser avec beaucoup de soin, dans leur nature et dans leur importance, les deux causes qui ont déterminé l'amoindrissement des bénéfices de l'exercice. J'ai tenu à établir ainsi que cet amoindrissement n'a nullement le caractère de la permanence, et qu'il n'est dû au contraire qu'à des circonstances générales purement accidentelles. J'ai tenu enfin à ce qu'il fût acquis et démontré que, sans les événements contraires qui sont venus troubler le cours normal des affaires et de notre exploitation, nos bénéfices de l'année eussent donné la plus large satisfaction au capital engagé.

EXAMEN DES COMPTES   Ayant à combattre les conditions fâcheuses qui se sont produites, j'ai dû redoubler d'efforts pour arriver à les atténuer, en réduisant le plus possible les frais généraux afin d'améliorer nos prix de revient, et je suis heureux de pouvoir vous annoncer que, sous ce rapport, j'ai parfaitement réussi. Malgré l'état de perturbation que nous avons traversé, notre situation financière est restée intacte et tout aussi parfaitement bonne qu'au début de l'exercice, puis enfin, nos résultats de l'année sont encore relativement satisfaisants.

Messieurs les membres du Conseil de surveillance veulent bien se charger de détailler, dans le rapport qu'ils ont à vous faire, tous les résultats et résumés de nos comptes et écritures arrêtés le 30 juin 1859. Je me bornerai donc à vous soumettre le bilan qui se résume par les chiffres suivants :

BILAN AU 30 JUIN 1859

ACTIF

§ 1ᵉʳ. Capital immobilisé			
Droits de concession de propriété des mines et immeubles sociaux . . .			3,130,000 »
§ 2. Travaux et dépenses de premier établissement			
(COMPTES AMORTISSABLES)			
HABITATION ET CONSTITUTION — Habitation . . .	8,950 95		
Mobilier . . .	9,191 »	22,867 80	
Frais de constitution . . .	4,425 85		
TRAVAUX ET AUGMENTATION DU MOBILIER — Routes et Chemins . . .	230,541 40		848,254 75
Ports de Comillas et du San-Vicente . . .	149,102 55		
Fours de calcination . . .	113,231 13		
Travaux préparatoires d'extraction . . .	125,543 80	825,386 95	
Acquisitions de mines et immeubles . . .	53,908 48		
Constructions, machines et dépenses en travaux et autres objets d'une utilité d'avenir . . .	153,059 90		
§ 3. Matériel et actif de roulement			
MATÉRIEL DE L'EXPLOITATION . . .			300,386 05
APPROVISIONNEMENTS . . .			137,167 60
MINERAIS EXPÉDIÉS ET NON LIVRÉS . . .			20,587 20
MARCHANDISES — Estimation de l'existence des minerais au 30 juin 1859 . . .			160,009 90
CAISSE ET DÉBITEURS DIVERS . . .			982,929 95
			5,479,005 45

PASSIF

1° Capital social représenté par 10,000 actions . . .	5,000,000	»
2° Compte de réserves . . .	73,465	55
3° Créanciers divers . . .	155,539	90
	5,229,005	45
Balance représentant, d'après le compte profits et pertes, la somme à répartir sur les bénéfices du quatrième Exercice 1858-1859 . . .	250,000	

RÉPARTITION . . .	PAR ACTION	
Le 2 janvier 1860 (coupon du 1ᵉʳ juillet 1859) .	8	35
Le 2 janvier 1860 (coupon du 1ᵉʳ janvier 1860) .	8	35
Le 1ᵉʳ juillet 1860 (coupon du 1ᵉʳ juillet 1860) .	8	30
	25	»

A l'égard des 250,000 francs qui forment la somme à répartir sur les bénéfices de l'exercice, ils résultent du compte de profits et pertes dont le détail se résume ainsi qu'il suit :

RÉSUMÉ DES COMPTES PROFITS ET PERTES

Durant le quatrième Exercice d'exploitation du 30 juin 1858 au 30 juin 1859

DÉBIT

1° DÉPENSES GÉNÉRALES D'ADMINISTRATION	Honoraires	91,684 90		
	Ports de lettres et Dépêches	4,379 30		
	Changes, Commissions, Intérêts	67,630 38		
	Frais de Bureaux	9,138 15	262,376 06	
	Frais de Voyages	11,389 75		
	Frais de Contentieux	42,906 10		
	Dépenses diverses	35,960 80		
2° FRAIS COMMUNS D'EXPLOITATION	Travaux d'Extraction	360,562 70		1,303,584 15
	Consommation de poudre et bois	47,807 05		
	Entretien d'Outils, etc.	28,878 75		
	Travaux préparatoires ou extraordinaires	63,799 »	976,376 06	
	Triage, Lavage et séparation des Minerais	21,974 43		
	Frais de Calcination	123,558 »		
	Dépenses pour Transports divers	339,936 40		
3° AMORTISSEMENTS	Amortissement sur Travaux et Dépenses de premier établissement		54,380 55	
4° TAXE DES MINES	Taxes des Mines durant l'Exercice		10,448 50	
5° REMBOURSEMENT	Remboursement de la valeur du Stock de l'Exercice précédent		624,735 80	
6° FRETS ET FRAIS ACCESSOIRES	Frets, Assurances et autres Frais de Navigation, Frais de chargement, Livraisons		634,709 85	
7° REDRESSEMENTS	Divers redressements de Comptes		49,430 95	
	TOTAL GÉNÉRAL		2,632,507 75	
	Balance représentant la Somme à répartir sur les Bénéfices de l'Exercice 1858-1859		250,000 »	
			2,882,807 75	

CRÉDIT

1° Produits réalisés des Mines	2,722,497	90
2° Produits à réaliser (minerais formant Stock au 30 juin 1859)	160,009	85
	2,882,807	67

Je me permettrai d'appeler votre attention sur les calculs comparatifs que ces résumés de nos écritures permettent d'établir :

Les frais communs d'exploitation se sont élevés dans l'exercice précédent à 849,388 fr., ils s'élèvent dans le 4ᵉ exercice dont nous nous occupons à 976,376 fr. mais, dans l'exercice précédent, la dépense s'appliquait à une production de 20,538 tonnes extraites et à 12,578 tonnes employées pour la calcination, tandis que dans le 4ᵉ exercice, la dépense s'applique à 23,310 tonnes extraites et à 29,530 tonnes employées pour la calcination; d'où il résulte, en faveur du 4ᵉ exercice, une différence ou une économie sur le 3ᵉ exercice, de 3 fr. 65 c. par chaque tonne extraite et de 10 fr. 69 c. par chaque tonne transportée et livrée à la calcination.

Les dépenses pour frets, assurances, chargements, livraisons, etc., qui, dans le 3ᵉ exercice, se sont élevées à 619,448 fr. pour une exportation de 18,645 tonnes, se sont élevées dans le 4ᵉ exercice à 659,759 fr. pour une exportation de 23,710 tonnes; il en résulte en faveur du 4ᵉ exercice une différence de 5 fr. 61 c. par tonne, soit une économie totale pour l'exercice, de 133,013 fr.

Il n'y a que certains articles des frais généraux d'administration qui ont subi des augmentations. Celles-ci seront expliquées, dans leur nature et leurs raisons, au rapport de MM. les membres du Conseil de surveillance.

Je dois vous faire observer que les différences que je viens de signaler à votre attention, dans la comparaison des dépenses du troisième exercice avec celles du quatrième exercice dont nous nous occupons, se traduisent en une amélioration des prix de revient qui s'élèvent, pour le quatrième exercice, à environ 400,000 fr., non compris les 133,013 francs obtenus sur les frets et accessoires.

Que ces différences économiques importantes coïncidant avec l'achèvement des travaux et installations qui ont été accomplis dans les trois premières années de notre existence sociale, elles en deviennent la justification.

Qu'en effet nous recueillons aujourd'hui les fruits de travaux qui, nous facilitant les transports et la marche générale de tous nos services, nous permettent une exploitation rationnelle que nous nous efforçons tous les jours de perfectionner.

ENRICHISSEMENT DES MINERAIS — Vous avez remarqué que la teneur moyenne de nos minerais calcinés a été, dans l'exercice dernier, de 55 p. 0/0. Tous nos soins les plus constants tendent à élever la moyenne de cette teneur, et les progrès que nous obtenons dans cette voie de l'enrichissement auront une notable influence sur nos bénéfices. L'appareil mécanique, dont la construction a été entreprise pour la séparation économique des minerais, est terminé et fonctionne; il en est de même des lavoirs et des fours à réverbère, qui ont été construits pour enrichir les minerais menus et en tirer ainsi profit.

Les dépenses qui s'appliquent à l'achèvement des routes, mais surtout à celui des fours, des lavoirs et de la machine, se sont élevées à 91,090 francs, qui s'ajoutent aux comptes des travaux et dépenses de premier établissement; mais, d'un autre côté, ces comptes se trouvent réduits de la somme de 54,380 fr. 55 c., prélevée pour amortissement sur les résultats de l'année.

ÉTAT DES MINES

Nos gîtes métallifères sont toujours dans de très-bonnes conditions d'exploitation; toutes nos mines sont dans un excellent état d'aménagement et nous donnent une production régulière.

Quant aux mines sises en Biscaye, dans lesquelles nous avons droit de participants pour 1/3, les travaux préparatoires et d'exploitation se continuent dans des conditions favorables. A Castro et à Bilbao sont déposés plusieurs chargements de calamine calcinée qui proviennent de ces mines et vont être incessamment expédiés. Les règlements de ces livraisons et les résultats qu'ils donneront seront compris dans l'exercice qui court actuellement. Si dans l'exercice dernier ne figure encore aucun profit se rattachant aux mines de Biscaye, cela tient à ce que les lenteurs administratives que nous avons supportées dans la mise en possession, ont retardé l'exploitation au point qu'elle n'est encore qu'à son début.

Les mines de calamine que nous avons acquises à la Cabada se présentent également dans des conditions favorables; nous activons, autant qu'il est possible, les formalités et les travaux relatifs à l'investiture de ces gisements et à leur mise en valeur.

L'exploitation des mines de manganèse, sises à Alevia, dans lesquelles nous sommes intéressés pour moitié, se poursuit dans de bonnes conditions. Déjà il a été livré plusieurs chargements dont le règlement est actuellement en cours. Les résultats ne pourront être compris que dans ceux de l'exercice actuel.

Aux mines de cuivre de Pico-Jano la galerie qui doit recouper le filon se poursuit régulièrement, mais ce n'est que dans quelques mois encore que nous espérons arriver au but profitable que nous nous proposons.

MINES DE QUIROS

Quant à l'organisation de la Compagnie qui doit se charger de l'exploitation des mines de houille de Quiros, en Asturie, les négociations qui étaient très-avancées à la fin de l'année dernière, se sont trouvées suspendues sous l'empire des circonstances qui, dès le commencement de l'année 1859, ont jeté le trouble dans les esprits, puis ensuite, elles ont été complétement interrompues lorsque, quelques mois plus tard, la guerre est décidément survenue.

Ces négociations n'ont pu être reprises que depuis peu; les personnes qui s'y trouvent principalement intéressées se sont transportées sur les lieux mêmes, et ont pu s'assurer ainsi de la richesse de ce bassin houiller et de la haute valeur des gisements qui s'y trouvent.

Durant l'exercice qui vient d'expirer, j'ai dû donner tous mes soins à l'accomplissement des mesures nécessaires pour préserver et compléter les droits de notre Société dans la propriété des mines de Quiros; il a été fait toutes les dénonciations complémentaires; il a été rempli les formalités de reconnaissance et de démarcation pour un grand nombre des mines déjà dénoncées, et enfin, il a été exécuté tous les travaux légaux et autres nécessaires à la conservation des mines, comme à la préparation de l'exploitation future.

Je hâterai, autant qu'il se pourra, la solution de tous les arrangements qui doivent amener l'organisation définitive de cette importante affaire.

RÉSUMÉ

En résumé je crois, Messieurs, vous avoir suffisamment initié à la marche de nos opérations durant l'exercice dernier. Si les bénéfices n'ont pas la valeur que nous avions tous espérée, vous pouvez apprécier la nature des causes pour lesquelles ils se sont trouvés accidentellement amoindris, et devez reconnaître qu'elles ne sont nullement susceptibles d'ébranler la confiance que peut légitimement inspirer notre exploitation sociale.

Les circonstances difficiles qui ont surgi ont été surmontées avec bonheur; d'une part, la situation financière de la Société est restée bonne et même améliorée, en ce sens que le fonds de roulement qui comprenait, pour actif, un stock de 624,735 francs avec les risques de l'immobilisation d'un capital aussi élevé, n'est plus aujourd'hui chargé que d'un stock réestimé et réduit à 160,009 francs; d'autre part, les bénéfices que nous avons à répartir sont relativement satisfaisants pour une année dans laquelle tous les intérêts se sont trouvés compromis.

L'industrie du zinc qui a souffert dans ses prix de réalisation, est, contrairement aux autres, restée dans la voie favorable du progrès quant à la production et quant à l'écoulement de ses produits.

Les prix de réalisation se sont améliorés aussitôt après la paix ; si ces prix n'ont pas encore reconquis tout le terrain perdu, l'accroissement de la consommation doit les améliorer rapidement, et d'ailleurs, nous particulièrement, avons pour compenser la défection des prix, l'augmentation de profits que nous trouvons dans les perfectionnements de notre exploitation et dans l'enrichissement de nos minerais.

J.-J. CHAUVITEAU.

Paris, 29 octobre 1859.

RAPPORT

DU CONSEIL DE SURVEILLANCE

SUR

L'INVENTAIRE ET LES COMPTES ARRÊTÉS LE 30 JUIN 1859

MESSIEURS LES ACTIONNAIRES,

Le Conseil de Surveillance a examiné les comptes et l'inventaire du 4e exercice 1858-1859, expiré le 30 juin 1859; il vient vous fournir ses explications.

Adoptant la marche déjà suivie dans les précédents rapports, nous examinerons d'abord la situation financière de la Société au 30 juin 1859.

Le capital social et les réserves successivement opérées durant les trois premiers exercices, s'élèvent ensemble à 5,073,465 fr. 55 c., représentés de la manière suivante :

1° Droits de concession et de propriété des mines et immeubles possédés par la Société. . . . . fr. 3,130,000 »

2° Travaux et dépenses de premier établissement, savoir :

Routes et chemins . . . . fr.	230,541	40
Travaux des ports d'embarquement. .	149,102	55
Fours de calcination	113,231	15
Travaux préparatoires d'extraction . .	125,543	50
Acquisitions de mines et immeubles. .	43,908	45
Constructions, machines et dépenses en travaux et autres objets d'une utilité d'avenir	163,059	90
Frais d'installation restant à amortir pour	22,867	80

TOTAL. . . . . . fr. 848,254 75   fr. 848,254 75

3° Valeur, d'après l'inventaire, des objets composant le matériel de l'exploitation 200,356 05

4° Et le fonds de roulement, de. 894,854 75

TOTAL ÉGAL. . . . . . fr. 5,073,465 55

A la fin de l'exercice dernier, le fonds de roulement était de 926,877 fr., et, la réserve opérée sur les résultats de ce même exercice, l'avait élevé à 963,638 fr. ; la différence de 68,784 fr. entre ce fonds de roulement et celui actuel provient : d'abord, de l'augmentation qu'a subi le matériel de l'exploitation, dont la valeur précédente de 170,914 fr. s'élève aujourd'hui à 200,356 fr., et ensuite de l'exécution des travaux complémentaires dont nous allons parler.

Il a été, durant l'exercice, consacré 23,461 francs à l'achèvement des voies de transport, et 16,315 fr. ont été employés à compléter les fours de calcination ; on a entrepris la construction de lavoirs et celle de nouveaux fours à réverbère qui sont destinés à la calcination des menus minerais, et enfin, la machine établie pour l'enrichissement des minerais par la séparation et les lavages, a été définitivement terminée. Ces différents travaux ont occasionné un déboursé total d'environ 91,000 francs ; mais les comptes relatifs aux travaux de premier établissement ne se trouvent augmentés que de 36,710 fr., au moyen de ce qu'ils ont été amortis pour 54,380 fr. sur les résultats de l'exercice 4e (1858-1859).

De cette manière, la Société conserve une situation financière satisfaisante, tout en ayant pourvu à des travaux nécessaires d'une importance assez notable.

Le fonds de roulement se décompose de la manière suivante :

Valeur estimative des approvisionnements . . . . fr.	137,167	60
Valeur estimative des minerais bruts et calcinés formant stock au 30 juin 1859	160,009	90
Minerais expédiés et livrés postérieurement à l'inventaire.	20,687	20
Caisse et débiteurs divers	982,529	95
TOTAL. . . . . . fr.	1,300,394	65
Déduisant les dettes du service courant et les comptes créditeurs, y compris la balance qui représente le bénéfice à repartir	405,539	90
Il reste net le fonds de roulement de . . . . fr.	894,854	75

Il nous reste à expliquer le compte des bénéfices de l'exercice :

L'exportation totale a produit . . . . fr.	2,722,497	90
Les frais généraux de l'exercice, détaillés au tableau qui se trouve inséré dans le compte rendu de la gérance, s'élèvent à la somme totale de . . . . fr.	1,903,960	45

Et la différence entre la valeur du stock actuel et celle du stock de l'exercice pré-

A reporter. . . . fr. 1,903,960 45 fr. 2,722,497 90

Report. . . . . fr.   1,903,960 45   fr.   2,722,497 90

cédent, s'élevant à 464,725 95

TOTAL A DÉDUIRE. . . . . fr.   2,368,686 40   fr.   2,368.686 40

Il reste net. . . . . fr.   353,811 50

Mais de ce bénéfice il y a lieu de déduire le montant de divers redressements pour des différences expliquées au compte profits et pertes, et provenant particulièrement de ce que la baisse survenue durant l'exercice a réagi sur certaines des estimations de l'inventaire précédent ; ces redressements s'élèvent à 49,430 95

De manière qu'il est resté définitivement libre. . . . . fr.   304,380 55

Pour la répartition de cette somme, il y avait à peser, d'une part, l'utilité de continuer la règle prudente suivie jusqu'à présent d'un amortissement proportionnel des dépenses de premier établissement, et, d'autre part, la convenance de parfaire pour les actions une distribution rationnelle. La gérance et le Conseil de Surveillance se sont mis d'accord pour vous proposer, comme satisfaisant aux deux intérêts, la distribution d'une somme de 250,000 fr. Cette distribution permet, tout à la fois, de fournir 25 fr. par action, soit cinq pour cent du capital, et de réduire, pour les 54,380 fr. 55 c. qui forment excédent, les comptes qui sont sujets à la règle de l'amortissement. Ces 25 fr. se divisent régulièrement par tiers, soit 8 fr. 35 c. payables à l'époque que déterminera l'Assemblée, 8 fr. 35 c. au 1er janvier 1860 et 8 fr. 30 c. au 1er juillet suivant.

Relativement aux exercices précédents, les bénéfices se trouvent notablement réduits ; mais ce résultat n'a rien d'anormal pour une année qui a été malheureuse pour toutes les industries. Nous avons, comme l'a expliqué le Gérant, subi la loi générale d'une dépression considérable sur la valeur de réalisation de nos produits, et cependant, malgré ce préjudice, les bénéfices se seraient encore élevés à environ 500,000 fr., si nous n'avions eu à supporter, par exception, les effets de la réalisation de la plus grande partie du stock précédent de 624,735 francs ; cette mesure, que le Gérant a expliquée avec détail, était commandée par la prudence, et d'ailleurs, elle n'a préjudicié aux résultats de l'exercice dernier qu'en faveur de l'exercice futur, et surtout en faveur de la consolidation du fonds de roulement de la Société ; à ce double point de vue, on ne peut qu'y applaudir.

L'examen particulier que nous avons fait des comptes relatifs aux frais généraux nous a conduits à reconnaître que, relativement à l'exercice précédent, il y a eu, durant l'exercice dernier, des économies notables réalisées sur les frais de l'extraction, sur ceux de la calcination et des transports, ainsi que sur les dépenses inhérentes aux affrètements, assurances et frais accessoires. Les calculs que le Gérant vous a présentés, pour établir l'importance de cette amélioration de nos prix de revient, nous dispensent de plus amples détails à cet égard. Vous vous féliciterez, comme nous, de ce témoignage irrécusable des perfectionnements qui se sont produits dans nos diverses exploitations.

Nous devons, pour compléter l'examen des frais généraux de l'exploitation, expliquer les raisons qui ont fait varier certains des chiffres compris sous le chapitre des dépenses générales d'administration.

Les dépenses pour honoraires, ports, frais de bureau, frais de voyage s'élèvent à une somme totale de 116,479 fr. qui dépasse le chiffre de l'année précédente de 11,729 fr.; mais, en réalité, il y a plutôt diminution, en ce sens que, par exception, le Gérant n'ayant cette année aucune allocation proportionnelle à recevoir sur les bénéfices, il s'ajoute au compte *honoraires* un débit de 13,000 fr. complétant le traitement fixe du Gérant, conformément à l'article 25 des statuts.

Il y a eu sur le compte *intérêts et changes* une augmentation de 36,906 fr. Elle demeure expliquée par l'importance des escomptes qui, nécessairement, se sont accrus dans une mesure correspondante à l'extension des opérations sociales et au développement du mouvement financier qui en a été la conséquence.

Le compte *frais de contentieux*, qui a subi une augmentation de 39,523 fr. comprend principalement les frais administratifs et judiciaires attachés aux formalités accomplies pour régulariser les droits de concession et de propriété des mines de la Société, et c'est le règlement de ces divers frais qui, opéré dans le cours de l'exercice, a élevé exceptionnellement ce compte particulier.

En résumé, Messieurs, le Conseil de surveillance a examiné avec soin tous les comptes qu'il vient de résumer devant vous; il espère que les explications qui viennent d'être données, seront de nature à rassurer tous les intéressés. La situation financière reste régulièrement établie malgré les circonstances critiques qui sont survenues, et enfin les résultats de cette année, bien compris dans leur raison d'être, doivent être considérés comme suffisants.

Les deux causes, l'une générale, et l'autre particulière qui, cette année, ont déterminé l'amoindrissement du bénéfice, ne sauraient préjuger les résultats de l'avenir, vous reconnaîtrez, au contraire, qu'elles ne sont nullement de nature à faire naître une impression défavorable pour l'avenir de l'exploitation de notre Société.

PROCÈS-VERBAL

L'ASSEMBLÉE GÉNÉRALE

DU 29 OCTOBRE 1859.

L'an mil huit cent cinquante-neuf, le samedi vingt-neuf octobre, à une heure de relevée,

Messieurs les actionnaires de la Société des Mines et Fonderies de la province de Santander, sous la raison CHAUVITEAU ET Ce, se sont réunis en Assemblée générale, rue Richelieu, 100, à Paris.

L'Assemblée procède à la composition du bureau conformément à l'article 50 des statuts, en désignant pour président M. Ernest Musnier; pour scrutateurs, MM. Acar et Heuzey-Depeirouse; pour secrétaire, M. A. Bernière.

Ces membres du bureau ayant pris place, l'Assemblée est constituée après qu'il a été constaté :

1° Que, pour la présente Assemblée MM. les actionnaires ont été convoqués, par insertion régulière faite le 13 octobre 1859, dans les trois journaux d'annonces légales du département de la Seine, *le Droit, la Gazette des Tribunaux* et *les Petites-Affiches*, et en outre dans quatre autres journaux publiés à Paris.

2° Et que la feuille d'émargement, signée par les actionnaires, indique le concours de soixante-deux membres, propriétaires ensemble de 3,698 actions.

Au nombre des présents se trouvent :

1° M. CHAUVITEAU, gérant;

2° M. DE JAURIAS, ingénieur principal de la Compagnie;

3° Et MM. les neuf membres du Conseil de surveillance.

Le Président ouvre la séance et, sur son invitation, M. Chauviteau, gérant de la

Société, donne lecture du compte rendu des opérations du 4ᵉ exercice 1858-1859, expiré le 30 juin 1859.

(Voir le compte rendu dont la copie précède).

Cette communication faite, le Président invite MM. les membres du Conseil de surveillance à présenter le rapport qu'ils ont à faire à l'assemblée, et M. Ch. Lecomte, l'un d'eux, donne, au nom du Conseil, lecture du rapport suivant.

(Voir le rapport dont copie précède).

Cette lecture achevée, le Président offre la parole à ceux des membres qui auraient des explications à demander ou des objections à faire. L'un de MM. les actionnaires fait observer que pour apprécier si les 54,380 fr. prélevés sur les bénéfices pour amortir d'autant les travaux de premier établissement constituent une réserve suffisante, il serait utile d'être édifié sur le cours et les résultats de l'exploitation depuis le 30 juin 1859. Le Gérant fournit, à cet égard, des renseignements détaillés et rassurants. En outre, il est demandé par plusieurs membres, relativement à divers chapitres des dépenses comprises dans les frais généraux, des explications qui sont données les unes par le Gérant, les autres par les membres du Conseil de surveillance.

On procède ensuite au vote sur les comptes et l'inventaire du 4ᵉ exercice, arrêtés au 30 juin 1859, ainsi que sur la répartition des 250,000 francs restant libres sur les bénéfices de l'exercice, et ces comptes, inventaires et répartition sont adoptés par l'assemblée à l'unanimité.

Le Président rappelle que les 25 francs par action que la répartition représente étant payables par tiers, dont 8 fr. 35 le 1ᵉʳ janvier 1860, et 8 fr. 30 le 1ᵉʳ juillet suivant, il reste à décider l'époque du payement des 8 fr. 35 qui complètent les 25 francs et représentent le coupon du 1ᵉʳ juillet 1859; il fait observer que le Gérant et le Conseil sont d'accord pour proposer l'époque du 1ᵉʳ janvier 1860, afin que deux tiers ou 16 fr. 70 puissent être acquittés ensemble. Cette proposition, mise aux voix, est adoptée par la majorité des membres composant l'Assemblée.

Le Président explique que, d'après l'art. 35 des statuts, les cinq ans, durant lesquels le Conseil doit rester en fonction, expirent le 30 juin 1860; que le Conseil en vue d'éviter la convocation d'une Assemblée pour le 30 juin 1860, a décidé de proposer dès aujourd'hui le remplacement de trois membres sortants qui, d'après un tirage au sort, sont MM. Ferdinand Chauviteau, Pothier, et Acar; que ces trois membres sont rééligibles, mais que cependant M. Ferdinand Chauviteau a, par des raisons de convenance personnelle, exprimé le désir de ne pas être réélu.

Sur cette communication, plusieurs des membres de l'Assemblée présentent des objections diverses sur l'opportunité et la régularité d'un vote actuel pour remplacer trois membres du Conseil, dont le mandat de cinq ans, fixé par les statuts, n'est pas encore expiré. Que ce vote comporterait une assemblée générale extraordinaire et que celle présente ne se trouve, d'après la forme des convocations, qu'ordinaire ou annuelle.

A la suite des observations qui s'engagent contradictoirement sur cette question, tendantes, les unes à passer outre, les autres à un ajournement jusqu'à l'époque où l'élection deviendra nécessaire, le Président propose à l'assemblée de décider par un vote, mais après deux tentatives qui, n'étant pas appuyées, demeurent sans résultat, l'assemblée se sépare sans avoir pris de décision relativement au remplacement de trois des membres du Conseil.

Et ont, MM. Musnier, Acar, Heuzey-Deneirouse et Bernière, membres du bureau, signé après lecture, conformément à l'article 34 des statuts.

E. MUSNIER,   *Président.*

ACAR,

HEUZEY-DENEIROUSE,   } *Scrutateurs.*

BERNIÈRE,   *Secrétaire.*

IMP. BÉNARD ET Cie, 7, RUE DAMIETTE.

COMPAGNIE

DES

Mines et Fonderies de la Province de Santander

ASSEMBLÉE GÉNÉRALE DU 30 OCTOBRE 1860

COMPTE RENDU

PAR LE GÉRANT

DU CINQUIÈME EXERCICE 1859-1860

RAPPORT DU CONSEIL DE SURVEILLANCE

PROCÈS-VERBAL DE L'ASSEMBLÉE GÉNÉRALE

Paris

IMPRIMERIE POITEVIN ET COMPAGNIE
RUE DAMIETTE, 2

1860

ASSEMBLÉE GÉNÉRALE DU 30 OCTOBRE 1860

COMPTE RENDU

PAR LE GÉRANT

DU CINQUIÈME EXERCICE 1859-1860

RAPPORT DU CONSEIL DE SURVEILLANCE

PROCÈS - VERBAL DE L'ASSEMBLÉE GÉNÉRALE

PARIS

IMPRIMERIE POITEVIN ET COMPAGNIE

RUE DAMIETTE, 2

1860

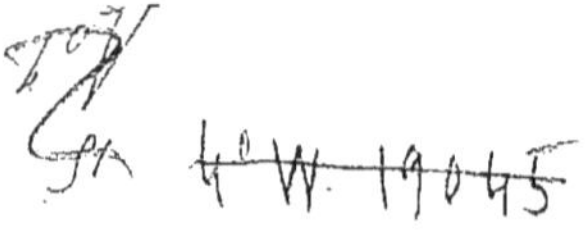

ASSEMBLÉE GÉNÉRALE DU 30 OCTOBRE 1860

COMPTE RENDU

PAR LE GÉRANT

DU CINQUIÈME EXERCICE 1859-1860

Messieurs les Actionnaires,

J'ai l'honneur de vous présenter le compte rendu des opérations de notre Société pendant l'exercice expiré le 30 juin 1860.

PRODUCTION ET EXPORTATION

Notre production en calamine brute, en blende et en plomb a été de 17,181 tonnes 794 kil., dont 2,933 tonnes 168 kil. provenant particulièrement des lavages de terres calaminaires et de la séparation mécanique des minerais mélangés.

Il a été livré à la calcination la quantité brute suffisante pour produire en calamine calcinée 11,694 tonnes 547 kil.

Nous avons exporté :

11,621	tonnes	752 kil.	de calamine calcinée,
305	—	940	de blende.
158	—	176	de minerais de plomb.

Total. 12,084 tonn. 1,868 kil.

Pendant l'exercice antérieur, nous avions exporté près du double de ces quantités. Cette réduction a eu pour cause le besoin de ménager nos mines dans un moment où le peu de latitude laissée par le bas prix du zinc ne permettait plus l'exportation des minerais blancs et nous restreignait à celle de minerais carbonatés plus riches que les premiers.

L'incertitude des circonstances politiques a maintenu en baisse les cours du zinc.

L'exploitation de nos mines de Comillas, d'Udias et de San-Vicente se poursuit avec des conditions alternes d'appauvrissement et d'enrichissement, ce qui, du reste, constitue l'allure naturelle de tous gisements calaminaires.

Nos mines, depuis que nous les exploitons, ont produit :

Pendant le 1er exercice. . . .	12,119	tonnes de minerais.
— 2e —	27,888	—
— 3e —	20,538	—
— 4e —	23,310	—
— 5e —	17,201	—
Total. . . . . , ...	101,056	tonnes.

Les terres calaminaires qui se sont trouvées produites sur le carreau des mines par ces diverses extractions annuelles, forment aujourd'hui des dépôts importants, et, suivant les évaluations de nos ingénieurs, le lavage de ces terres devra produire 36,144 tonnes de calamines propres à la calcination.

Les travaux d'avancement et de recherches sont maintenus dans leur aménagement régulier, et selon toutes les règles admises, ils ne pourront pas manquer, il faut l'espérer, de nous reproduire dans les approfondissements, les richesses que nous avons rencontrées dans les surfaces. Il faut dire que les massifs actuellement préparés sont d'ailleurs suffisants, d'après les mêmes évaluations des ingénieurs, pour représenter à eux seuls une extraction totale qui correspondra à 47,050 tonnes de minerais.

De manière, enfin, qu'en dehors des produits qui seront le résultat des travaux de recherche, nous possédons des existences qui, dès à présent, sont numériquement appréciables dans les quantités que nous venons de citer, c'est-à-dire :

A provenir des terres calaminaires actuellement extraites. . . .	36,144	tonnes.
A provenir du dépilage des massifs préparés	47,050	—
Total.	83,194	tonnes.

Ces chiffres nous permettent de dire hautement qu'avec de telles existences notre exploitation se trouve sauvegardée d'une manière aussi complète qu'exceptionnelle, et que c'est le prix du zinc qui seul devient l'arbitre de nos bénéfices.

Le zinc valait en 1857	fr.	72,72
en 1858		61,88
en 1859		52,86

Aujourd'hui, il est un peu au-dessous de ce dernier prix, autrement dit, à la limite extrême du possible pour la généralité des entreprises minières de la nature de celle que nous exploitons. Une situation pareille, tendue et forcée, n'a ordinairement pas de durée. Mais, au surplus, en ce qui nous concerne, nous devrons, tant que le zinc ne haussera pas, réduire notre exploitation ; outre que nous ménagerons la puissance de nos mines, nous arriverons, par cette mesure, à des résultats plus certains, car il nous sera permis ainsi de réduire la main-d'œuvre, les prix des transports et autres frais généraux, parce que nous dominerons ces éléments de travail, tandis que ce sont eux qui, au contraire, ont commandé les exigences de la situation lorsque notre production était plus puissante.

MINES DE PLOMB

Dans le district de Torre la Véga, à Puente Viesgo, notre Société possède deux mines de plomb auxquelles je suis parvenu, durant l'exercice, à adjoindre soit par voie de dénonciation, soit par voie de location, les mines qui couvrent le prolongement du filon ; de sorte qu'aujourd'hui, nous trouvant en possession d'une grande surface, nous allons pouvoir organiser la mise en valeur de tout le gisement par des travaux d'un très-bel avenir et dont l'issue peut devenir une source de produits d'une haute importance.

MINES DE CUIVRE

A la mine de cuivre de Pico-Jano, la grande galerie a donné dans un terrain quartzeux infiltré de beaucoup d'eau, qui dénote l'approche de la faille métallifère, mais sans que nous puissions encore déterminer la condition de richesse que présentera le filon de cuivre.

MINES NOUVELLES ET PARTICIPATIONS

Les mines de calamine que nous avons acquises à la Cabada ont été préparées pour un commencement d'extraction durant le sixième exercice qui est celui courant.

Les mines de Biscaye, dans lesquelles nous sommes intéressés pour un tiers, ont reçu des développements, en travaux préparatoires, qui permettront une exploitation sérieuse au printemps prochain.

Quant aux mines de manganèse sises à Alevia, et dans lesquelles nous sommes intéressés pour moitié, l'exploitation a dû en être presque constamment suspendue, non par défaut de richesse, mais parce que l'écoulement de leurs produits se trouve trop restreint dans les pays de consommation.

Enfin, pour les mines de houille de Quiros, vous aurez à entendre les propositions qui s'y rattachent, et pour lesquelles je suis d'accord avec MM. les membres du Conseil de surveillance. Je me réfère aux explications qui vous seront données dans les rapports du Conseil.

EXAMEN DES COMPTES

Messieurs les membres du Conseil de surveillance se sont livrés à un examen minutieux de la comptabilité et vous fourniront, dans leurs rapports, les détails les plus complets. Les résultats généraux se trouvent résumés de la manière suivante :

2

ACTIF

§ 1er. Capital immobilisé						
DROITS de concession et de propriété des mines et immeubles sociaux					3,130,000	»
§ 2. Travaux et dépenses de premier établissement						
(COMPTES AMORTISSABLES)						
HABITATION ET CONSTITUTION	Habitation	8,950	96			
	Mobilier	9,800	»	22,936	79	
	Frais de constitution	4,425	85			
TRAVAUX ET AUGMENTATIONS IMMOBILIÈRES	Routes et chemins	230,041	45		808,541	11
	Travaux aux ports d'embarquement	149,102	63			
	Fours de calcination	136,389	04			
	Travaux préparatoires d'extraction	125,543	50	845,604	32	
	Acquisitions de mines et immeubles	44,389	08			
	Constructions, machines et dépenses en travaux et autres objets d'une utilité d'avenir	169,636	62			
§ 3. Matériel et fonds de roulement						
MATÉRIEL DE L'EXPLOITATION			»	»	181,117	33
APPROVISIONNEMENTS			»	»	97,736	80
MARCHANDISES (Estimation de l'existence des minerais au 30 juin 1860)			»	»	116,336	64
CAISSE ET DÉBITEURS DIVERS			»	»	1,205,676	03
				Fr.	5,599,427	63

PASSIF

1° Capital social représenté par 10,000 actions	5,000,000	»
2° Compte de réserves	73,468	55
3° Créanciers divers	325,299	95
	5,398,768	50
Balance représentant, d'après le compte Profits et Pertes, le bénéfice du 5e Exercice 1859-1860	200,662	13

RÉPARTITION

Fr.   93,662 13 réservés pour être portés à compte nouveau.
  107,000 » restant à répartir à raison de 10 fr. 70 c. par action.

200,662 13

	PAR ACTION	
Le 2 janvier 1861	5	85
Le 3 juillet 1861	5	35
	10	70

	Fr.	5,599,427 63

RÉSUMÉ DU COMPTE PROFITS ET PERTES

Durant le Cinquième Exercice d'exploitation, du 30 juin 1859 au 30 juin 1860

DÉBIT.

1° DÉPENSES GÉNÉRALES D'ADMINISTRATION	Honoraires	89,751	39		
	Ports de lettres et Dépêches	6,110	36		
	Change, Commissions, Intérêts	39,474	88		
	Frais de Bureau	7,731	»	223,801	39
	Frais de Voyages	10,754	35		
	Frais de Contentieux	39,731	60		
	Dépenses diverses	30,231	90		
2° FRAIS COMMUNS D'EXPLOITATION	Exploitation des mines	525,769	58		
	— des terres calaminaires	27,187	44		
	— des minerais mélangés	36,816	48	921,536	85
	Frais de Calcination	95,696	40		
	Dépenses pour Transports divers	235,064	75		
TAXE DES MINES	Taxe des Mines durant l'Exercice			11,771	20
FRETS ET ACCESSOIRES	Frets, Chargement, Livraisons, etc.			307,937	91
AMORTISSEMENT	Amortissement sur Dépenses de premier établissement			37,000	»
REMBOURSEMENT	Remboursement de la valeur du Stock de l'Exercice précédent			100,009	85
REDRESSEMENTS	Redressements divers et contrepassements à Profits et Pertes			31,644	62
				1,093,601	62
	Balance représentant le Bénéfice net de l'Exercice 1859-1860			200,662	13
			Fr.	1,894,263	75

(sous-total des Dépenses générales et Frais communs : 1,157,009 21)

CRÉDIT

1° Produits réalisés des Mines	1,777,927	11
2° Produits à réaliser formant Stock au 30 juin 1860	116,336	64
Fr.	1,894,363	75

Ces résultats, Messieurs, sont loin de répondre à ceux que l'état satisfaisant de nos mines à la fin du dernier exercice, que l'amélioration momentanée des cours du zinc et que notre marche générale enfin, nous avaient fait espérer, dans les premiers mois de l'exercice dont nous nous occupons.

Ces espérances, connues et partagées d'un grand nombre de vous, me font un devoir d'expliquer les causes qui ont empêché leur réalisation.

L'abaissement successif des prix du zinc depuis notre fondation, et l'augmentation progressive des prix de main-d'œuvre et de transports, due au développement industriel et à la création des chemins de fer en Espagne, avaient, dès le troisième exercice, attiré mon attention. En juillet 1859, nos mesures étaient prises pour réduire la production mensuelle à 1,000 tonnes par mois, en la composant exclusivement de minerai de haute teneur.

Dans ce même mois, elle atteignait 64 0/0.
En août . . . . 62 0/0.
En septembre. . . . . 60 0/0.
Soit, pour le trimestre, une moyenne de 62 0/0.

A ce moment, la comparaison des dépenses de production avec les prix réalisés correspondant aux teneurs du trimestre, présentait une marge de 45 à 50 fr. par tonne, qui, relativement à 12,000 tonnes, faisait espérer un bénéfice de plus de 500,000 fr. pour l'exercice,

Déjà en novembre, cependant, les circonstances atmosphériques les plus contraires venaient entraver partout et même arrêter complétement, sur quelques points, nos exploitations, nos lavages et nos concentrations, en causant non-seulement un amoindrissement dans les produits, mais encore un appauvrissement de teneur, tout en les rendant plus onéreux sous le rapport de la dépense. Inutile de vous rappeler l'état atmosphérique de toute l'année.

D'autre part la main-d'œuvre, mais surtout les transports sollicités concurremment par d'autres sociétés voisines, s'élevaient dans des proportions inusitées ; en même temps que l'entretien des routes devenait plus coûteux.

D'un autre côté, les procès en cours se prolongeaient et de nouveaux nous étaient suscités injustement.

Pour vous faire apprécier ces fâcheuses circonstances dans leurs résultats, il suffira de vous indiquer sommairement quelques chiffres :

La teneur moyenne du premier trimestre, qui était de 62 0/0, est tombée pour tout l'exercice à 59 0/0, d'où résulte une moins-value de 18 fr. par tonne, soit 216,000 fr. pour 12,000 tonnes.

Dans le quatrième exercice, les transports et l'entretien des routes, déjà très-élevés, avaient coûté 339,926 fr. pour une exportation de 23,710 tonnes, soit

14 fr. 30 par tonne ; pendant le cinquième exercice (1859-1860) pour 12,085 tonnes nous avons dépensé 236,064 fr., soit 20 fr. par tonne, d'où résulte un surcroît de 6 fr. par tonne, ou 72,000 fr. pour l'exercice.

Le contentieux, déjà trop élevé dans le précédent exercice, n'a pu être diminué, malgré le désir et le besoin de réduire les dépenses.

Ces différences, ajoutées au bénéfice qui a été réalisé, représentent plus que l'équivalent des chiffres sur lesquels reposaient nos espérances.

Le bénéfice de l'exercice ne pourra être actuellement réparti dans son intégralité ; des raisons dictées par la prudence et la régularité nous commandent d'en réserver une portion frappée momentanément d'indisponibilité. C'est, au reste, ce qui vous sera expliqué, avec détail, dans le rapport de Messieurs les Membres du Conseil de Surveillance.

Vous avez pu vous rendre compte, par le règlement de nos précédents exercices, que sur nos fonds disponibles à l'origine de la Société, nous avons dû faire face à des travaux et dépenses d'installation générale qui ont absorbé un capital important ; si la partie restée libre suffit à nous constituer un fonds de roulement satisfaisant et même élevé, comparé à celui de la généralité des Sociétés minières, il n'en est pas moins indispensable de le disputer à de nouvelles immobilisations, si on veut sauvegarder l'avenir et le succès de la Société ; et c'est cette nécessité qui donne lieu à la réserve à faire sur le montant du bénéfice de l'exercice.

Quant aux immobilisations qui, comme je viens de le dire, remontent aux exercices précédents, elles ont déjà été expliquées dans leur raison et leur utilité, et, par suite, approuvées par les assemblées précédentes ; je rappellerai, comme appréciation rétrospective, qu'au nombre des sommes qui y sont comprises, figurent 379,643 fr. représentant les dépenses faites pour les routes, chemins et travaux de ports ; or, ce déboursé important a eu des résultats que je tiens à signaler.

On n'exporte pas près de 100,000 tonnes, on ne transporte pas trois fois ce chiffre en minerais et matériaux sans routes et sans ports ; les dépenses que nous y avons consacrées nous ont procuré 6 à 8 fr. d'économie par tonne sur les frets et au moins 10 fr. sur les transports par terre, soit, sur les seuls chiffres exportés, plus de 1,600,000 fr., et nous ajouterons même que sans cette immobilisation vous n'eussiez pas pu réaliser, depuis 1856, les 2,032,895 fr. de bénéfices qui figurent aux inventaires qui se sont succédé.

L'indisponibilité dont se trouve frappée une portion du bénéfice de l'exercice, a pour cause principale les déboursés que l'affaire Quiros a nécessités. Les circonstances politiques et financières nous ont empêché de réaliser cette affaire ou de la constituer avec un capital suffisant. Lorsque nous nous sommes occupés de cette entreprise, dans laquelle nous devions recueillir une si belle part, nous comptions sur des circonstances générales qui alors étaient complétement favorables, et nous étions loin de prévoir le désappointement prolongé que nous avons subi. En tous cas, quelque belle que puisse être cette entreprise de Quiros, la rentrée de nos avances ne devant pas tarder plus longtemps, il devient indispensable de prendre un parti en réalisant par une aliénation qui devra être poursuivie par voie de licitation ou autrement.

DÉMISSION — Le délai de cinq années pour lequel j'ai engagé mes services envers la Société vient d'expirer dans un moment où la santé de ma femme, altérée en Espagne, exige tous mes soins à Paris. Cette triste circonstance m'amène à user de la faculté que me donne l'article 26 des Statuts, et à vous présenter ma démission.

En même temps, et d'accord avec les membres du Conseil de Surveillance, je recommande à votre choix, comme nouveau gérant de la Société, M. Bernière, qui, depuis l'origine, a été initié dans toutes les opérations de notre entreprise, soit comme secrétaire de la Compagnie, soit comme mon fondé de pouvoir à Paris, pendant que je gérais en Espagne. Je dois ajouter que ses antécédents, sa droiture et son mérite personnel lui donnent des titres complets à votre confiance et à vos suffrages.

Pour les modifications statutaires qui seront les conséquences de ma retraite et les autres propositions ayant trait à la réalisation de l'affaire Quiros et autres accessoires, elles sont formulées au rapport du Conseil de Surveillance : je les appuie comme utiles et nécessaires.

J.-J. CHAUVITEAU.

Paris, 30 octobre 1860.

RAPPORT

DU CONSEIL DE SURVEILLANCE

SUR

L'INVENTAIRE ET LES COMPTES ARRÊTÉS LE 30 JUIN 1860

MESSIEURS LES ACTIONNAIRES,

Le Conseil de surveillance vous doit ses explications sur l'examen qu'il a fait de l'inventaire du Cinquième exercice expiré le 30 juin 1860.

Pour faciliter les comparaisons, nous adopterons la marche qui a été suivie dans notre précédent rapport, et nous débuterons par l'examen de la situation financière au 30 juin 1860.

Le capital social et la réserve s'élevant ensemble à 5,073,465 fr. 55, sont représentés ainsi qu'il suit :

1° Droits de concession et de propriété des mines et immeubles possédés dès l'origine de la Société. . . . . fr. 3,130,000   »

2° Travaux et dépenses de premier établissement, savoir :

Routes et chemins. . . . . fr.	230,541	45
Travaux aux ports d'embarquement .	149,102	63
Fours de calcination.	136,389	04
Travaux préparatoires.	125,543	50
Acquisitions nouvelles de mines et immeubles.	44,389	08
Constructions, machines et dépenses pour travaux et autres objets d'un intérêt d'avenir	159,638	62
Frais d'installation restant à amortir.	22,936	79
TOTAL. . .	868,541	11

868,541 . 11

3° Valeur d'après l'inventaire des objets composant le matériel d'exploitation. 181,117 35

4° Et le fonds de roulement de. 893,807 09

TOTAL ÉGAL. . .   5,073,465 55

Les 136,389 fr. 04 qui représentent les dépenses attachées à l'établissement des fours de calcination témoignent d'un excédant sur le chiffre de l'exercice dernier, de 23,157 fr. 90 c. expliqué par le prix de deux fours à reverbère, l'un au district de la Vega, et l'autre à celui d'Udias, qui ont été établis dans le cours de l'exercice. Ces fours étaient indispensables pour calciner ceux des minerais provenant des terres calaminaires, qui se trouvent trop menus pour les fours ordinaires.

En outre, il a été établi des lavoirs qui permettent de tirer un utile parti de ces mêmes terres calaminaires que la Société possède en grande abondance et qui constituent, pour sa production, une réserve très-importante; puis enfin, on a complété, par quelques nouveaux appareils, l'exploitation qui consiste à séparer les minerais mélangés que produisent certaines de nos mines. Ces constructions, qui représentent, avec le prix de quelques installations accessoires, une dépense totale de 33,578 fr. 83 c., auraient augmenté d'autant le chiffre des constructions diverses, s'élevant, dans le dernier inventaire, à 163,059 fr. 79 c.; mais ce compte reste fixé, cette année, malgré les augmentations qui viennent d'être indiquées, à 159,638 fr. 62 c., parce que 37,000 fr. ont été prélevés sur les résultats généraux de l'exercice pour amortir, dans cette proportion, l'un des comptes représentatifs de ces immobilisations.

Vous applaudirez, comme nous, à cette mesure, qui, maintenant l'équilibre de notre situation financière, a conservé à notre fonds de roulement une importance égale à celle qu'il avait lors de la clôture de l'inventaire dernier, autrement dit, l'a maintenu au chiffre de 893,807 fr. 09 c.

Le fonds de roulement se décompose ainsi :

Valeur estimative des approvisionnements . . . . fr.	. 97,756	.50
Valeur estimative des minerais bruts et calcinés formant stock au 30 juin 1860	116,336	64
Caisse et débiteurs divers	1,205,676	03
Total. . . . . . fr.	1,419,769	17

Déduisant les dettes du service courant et les comptes créditeurs, s'élevant à	325,299	95	
Et la balance qui représente le bénéfice de l'exercice	200,662	13	
Ensemble.	525,962	08	525,962 08
Il reste le fonds de roulement de . . . . fr.			893,807 09

Passant maintenant aux explications que comporte le compte des bénéfices de l'exercice, nous nous résumons de la manière suivante :

L'exportation totale a produit . . . . fr. 1,777,927 11

Les frais généraux, suivant le détail déjà donné dans le tableau qui est annexé au rapport de la gérance, s'élèvent ensemble à la somme de. . . . . fr. 1,464,947 01

Et la différence entre la valeur du stock actuel et celle du stock de l'exercice précédent s'élevant à. 43,673 23

Total à déduire. 1,508,620 24   1,508,620 24

Le produit net de l'exploitation a été de. 269,306 87

Nous ferons observer ici que ce produit aurait été plus important, mais que la valeur du matériel, qui se trouvait élevée, par les dépenses de l'année, à 214,738 fr. 65 c., n'est plus portée, dans sa nouvelle estimation, qu'à 181,117 fr. 35 c.; et que cette réduction, accomplie dans le but de régulariser scrupuleusement l'inventaire, affecte les profits de la production pour 33,621 fr.

Ces profits ont, en outre, à supporter :

1° Les 37,000 fr. dont, comme nous l'avons déjà dit, l'un des comptes des immobilisations précédentes se trouve amorti, afin de préserver le fonds de roulement dans son importance antétérieure, ci . . . . fr. 37,000 »

2° Le virement au débit des frais ou de profits et pertes de sept comptes débiteurs qui, par leur nature, s'appliquent à des déboursés qui doivent être considérés comme irrecouvrables et ne peuvent, par conséquent, appartenir à l'ensemble des comptes débiteurs actifs. 17,245 66

3° Et le solde passif du compte Profits et Pertes qui représente des redressements rectificatifs du précédent inventaire. . . fr.   14,398 96

Total à déduire. . .   68,644 62   68,644 62

Reste un bénéfice net de . . . fr.   200,662 25

Mais, pour la disponibilité de ce bénéfice, il reste à faire l'appréciation qui va suivre :

Parmi les comptes ou valeurs actives qui composent le fonds de roulement de 893,806 fr. 73 c. que nous avons indiqué, se trouve le montant des avances que la Société a été appelée à faire au sujet de diverses mines qu'elle possède particulièrement en participation avec autres intéressés. Ces avances s'élèvent ensemble à 357,937 fr. Il est vrai qu'à l'égard de quelques-unes de ces participations, les avances qui les concernent sont représentées par des sommes à encaisser ou des minerais à réaliser ; mais, outre que ces recouvrements n'ont pas un caractère de disponibilité suffisante et telle que le sollicite leur classement dans le fonds de roulement, il faut considérer que la plus forte partie du capital dont il s'agit se trouve engagée dans l'affaire des mines de Quiros ; or, si la haute valeur de ces mines représente, et au delà, l'importance des sommes qui ont été fournies par la Société, il n'en résulte pas moins que ces sommes ne deviendraient disponibles qu'au moyen de la réalisation de cette affaire ; et, sans rien préjuger à cet égard, cette réalisation étant encore à l'état de question et d'éventualité, le Conseil est d'avis qu'il est convenable de conserver, quant à présent, une portion du bénéfice de l'exercice, dans la mesure à peu près nécessaire pour couvrir les avances qui ont été faites cette année, c'est-à-dire :

Pour l'affaire Quiros. . . . . , ... fr.   75,288 70

Et sur 35,200 fr. avancés dans les autres participations. . . .   18,373 55

Ensemble. . . . fr.   93,662 25

Dans cette vue le Conseil propose de ne répartir que 107,000 francs restant libres sur le bénéfice net total, soit 10 fr. 70 c. par action. De cette manière, les 93,662 fr. 25 c. passeront à compte nouveau au crédit du compte Profits et Pertes pour appartenir aux bénéfices subséquents, et par cette mesure, qui n'a pour résultat que de différer la répartition, la partie disponible du fonds de roulement se trouvera préservée dans une importance à peu près égale à celle qui lui avait été ménagée par le règlement de l'exercice dernier.

Nous avons tenu à donner sur ce point les explications les plus complètes, afin qu'il soit bien compris par tous les intéressés que le chiffre réduit de 107,000 fr. n'a aucune signification par rapport aux bénéfices réels de l'entreprise sociale ; que si nous proposons de réduire ainsi la répartition de cette année, c'est uniquement pour rester fidèles à la marche que nous avons suivie avec persévérance, celle de conserver à la Société des ressources suffisantes pour faire face non-seulement aux besoins de tous ses services, mais encore aux éventualités de toute nature.

Nous avons vérifié tous les comptes, et nous devons dire que chacun des articles

les composant est régulièrement établi et justifié ; nous n'avons donc, sous ce rapport, aucune observation à vous présenter ; les objections que nous pourrions faire ne s'adresseraient qu'à la faiblesse des résultats de l'exercice. Nous regretterions que ces résultats fussent de nature à décourager les intéressés. Nous pensons que la marche qui doit être adoptée pour améliorer les bénéfices consiste à limiter la production dans une mesure qui permette, non-seulement de maîtriser les frais généraux pour amoindrir ainsi le prix de revient des minerais exploités, mais encore de perfectionner l'exploitation pour augmenter la teneur et, par conséquent, la valeur de réalisation de ces mêmes minerais ; nous pensons aussi que, pour assurer, dans l'avenir, la complète disponibilité des bénéfices, il ne faut accepter qu'avec une extrême circonspection toutes les affaires qui, bien que rentrant dans le cadre de nos opérations, n'auraient cependant qu'un caractère accessoire. Ces entreprises secondaires ou exceptionnelles arrivent trop souvent à l'état de diversion onéreuse pour la marche de l'entreprise principale. Le mieux est de dégager nos ressources de toutes choses parasites et de concentrer nos efforts actifs et nos moyens financiers, qui, jusqu'à présent, se sont trouvés fâcheusement dispersés.

Ce sont ces appréciations et les raisons qui pourraient les faire prévaloir que nous entreprendrions de développer, si nous devions les opposer comme amendement à la marche de l'entreprise et aux moyens de l'améliorer ; mais une telle discussion serait inopportune en présence de la retraite de M. Chauviteau, et ce que nous venons de dire a surtout pour objet de prémunir le gérant nouveau qui succèdera à M. Chauviteau et de rassurer les actionnaires sur l'avenir de nos opérations.

Le Conseil ne saurait accueillir la démission de M. Chauviteau, sans témoigner ici de l'intégrité qu'il a apportée dans l'exercice de sa gérance, et sans reconnaître que son activité et son entier dévouement n'ont jamais fait défaut aux affaires de la Société ; qu'enfin la création de toute affaire a des écueils et des difficultés, et que, malgré les circonstances contraires qui ont pu traverser la gestion de M. Chauviteau, il laisse, en se retirant, une situation financière régulière et satisfaisante.

Le Gérant qui, avec votre adhésion, pourra succéder à M. Chauviteau est M. Bernière, dont la nomination vous est proposée par l'unanimité des membres du Conseil de surveillance et encore par le Gérant qui nous quitte.

M. Bernière, dont les précédents sont à l'abri de toute discussion, appartient à la Société depuis son origine, tant comme actionnaire que comme fondé de pouvoir de la gérance à Paris. C'est vous dire que toutes les affaires de la Société lui sont familières, et qu'avec lui nous sommes garantis contre les écoles et l'inexpérience. La proposition s'appuyant de l'avis complétement favorable de M. de Jauriss, ingénieur principal de notre Société, vous voyez qu'elle est le résultat d'un accord dont l'unanimité doit avoir, à vos yeux, une signification entièrement rassurante, et nous espérons que vous compléterez volontiers, par votre approbation, la nomination qui vous est offerte.

Avec le même accord, il a été convenu que les allocations antérieurement stipulées, tant en faveur de la gérance qu'en faveur de l'ingénieur principal et du Conseil de surveillance, seraient modifiées et réduites, et dans ce but nous aurons à vous proposer, à la fin de ce rapport, les changements statutaires qui consacrent ces réductions.

Avant d'aborder ces questions de détail, nous appellerons l'attention de l'Assemblée sur la participation des mines de Quirós, et sur le parti à prendre au sujet de cette affaire.

Préalablement, nous rappellerons sommairement les faits suivants :

Notre Société se trouve intéressée pour moitié dans la propriété des mines de houille et quelques mines de fer, chute d'eau et diverses installations formant aujourd'hui dépendances, le tout situé dans le bassin de Quiros et celui voisin de Teberga, province des Asturies. Nous ne dissimulons pas que ces objets ont une grande importance d'avenir, mais leur mise en valeur sollicite des ressources financières qui dépassent celles dont notre Société peut actuellement disposer.

Dans l'Assemblée générale du 30 octobre 1858, on avait approuvé la proposition de céder notre moitié indivise à une Société projetée alors, qui, en échange, devait nous fournir 750,000 fr. en actions faisant partie de celles qu'elle se proposait de créer; mais les circonstances générales qui se sont produites ont empêché la formation de cette Société cessionnaire, et notre Compagnie a dû continuer à posséder sa part dans les mines et dépendances de Quiros, et desservir les dépenses attachées à cette possession.

Ces dépenses sont la cause principale qui s'oppose à la répartition de l'intégralité des bénéfices de l'exercice qui vient de s'écouler, et elles deviennent pour nous une charge d'autant plus lourde, qu'il nous faut subvenir non-seulement à la moitié qui nous incombe, mais encore à la part contributive de presque tous nos coassociés.

On comprend que cette situation commande d'aviser, au plus tôt, sur le meilleur parti à adopter. La gérance et le conseil sont d'avis que la mesure qui paraît urgente et rationnelle consisterait dans une vente immédiate faite en la forme publique. La mise en vente des mines et dépendances de Quiros aboutira nécessairement à ceci :

Ou les acquéreurs feront défaut, et alors, notre Société restera, par voie de licitation, seule et unique propriétaire de ces mines, à l'exclusion des autres copropriétaires actuels;

Or, ce qui est présumable, des acquéreurs se présenteront, et, alors, selon le prix qui sera obtenu, la Société sera remboursée ou partiellement ou largement et avec bénéfice des avances qu'il lui a fallu faire.

Dans le premier cas, la Société restée seule propriétaire aura conquis un droit en rapport avec ses avances intégrales et une complète indépendance pour aviser, soit quant aux mesures propres à la simple conservation de l'affaire, soit quant aux moyens nécessaire pour une mise en valeur provisoire, s'il est permis de la tenter avec des ressources de modeste importance.

Dans le deuxième cas, la Société sera dépossédée de sa part actuelle dans l'affaire; mais si, d'un côté elle se trouve privée des espérances qui s'attachent à l'avenir de Quiros, d'un autre côté, elle sera affranchie de nouvelles dépenses, et, en outre, elle aura recouvré les avances qui se trouvent présentement indisponibles, et cette rentrée reconstituant le fonds de roulement dans son élasticité normale, permettra sans doute de s'occuper d'une mesure qui se rattache à notre entreprise calaminaire d'une manière bien plus intime que l'opération houillère de Quiros; c'est-à-dire de l'établissement des fonderies destinées à la réduction de nos minerais.

Sans doute il serait heureux et désirable que nous fussions à la hauteur, tout à la fois, de l'entreprise houillère et de celle de la fonderie; mais ces deux exploitations dépassant nos moyens financiers, ce serait à tort qu'on tenterait de suivre deux opérations dont l'importance cumulée serait de nature à nous créer des embarras et des difficultés onéreuses. La prudence et la raison nous commandent, au contraire, d'opter, sans hésitation, pour la marche qui nous conduit le plus sûrement, et avec le plus d'indépendance, sur la voie des bénéfices, autrement dit, pour les moyens d'arriver le plus promptement à l'établissement de nos fonderies.

Tout ce que nous venons de dire au sujet de la participation Quiros s'applique à peu près identiquement aux diverses autres participations contractées par notre Société, et qui, jusqu'à présent stériles en bénéfices, ont l'inconvénient d'engager nos fonds d'une manière improductive et inopportune. Nous admettons exception pour la participation faite avec MM. Basterretche et Baignol, qui ne nous engage que pour un tiers et dont les résultats, négatifs jusqu'ici, présentent cependant une expectative assurée de bénéfices prochains.

En conséquence, la gérance et le Conseil de Surveillance sont d'accord pour soumettre à l'approbation de l'Assemblée les diverses propositions suivantes :

1° Le Gérant de la Société est autorisé à réaliser, vendre, liciter, partager ou acquérir au mieux des intérêts de la Société, les mines et dépendances de Quiros, ainsi que toutes ou partie des mines et dépendances possédées par celle-ci en participation avec autres intéressés ; sont exceptées les mines qui font partie de la participation existante avec MM. Basterretche et Baignol.

2° Attendu la démission de M. J. Chauviteau, M. Albert Bernière est nommé Gérant de la Société, en remplacement de M. Chauviteau.

3° Le traitement de M. Bernière est fixé à douze mille francs par an, outre l'allocation proportionnelle sur les bénéfices, sans que, dans aucun cas, le traitement total puisse être inférieur à dix-huit mille francs.

4° Les quinze pour cent alloués au gérant, à l'Ingénieur principal et au Conseil de surveillance, tant par l'article 43 des Statuts que par délibération modificative du 30 octobre 1858, ne seront plus calculés sur l'intégralité des bénéfices, mais seulement sur les bénéfices restants après déduction des cinq pour cent qui reviennent aux actionnaires, suivant l'article 42 des Statuts.

Un chiffre minimum pourra être garanti à l'Ingénieur principal pour le cas où l'allocation proportionnelle le concernant se trouverait nulle ou insuffisante.

5° M. Bernière devra rester propriétaire, durant tout le temps de sa gestion, d'au moins soixante actions de la Société. Toutes les autres dispositions des Statuts qui concernent M. Chauviteau seront applicables à M. Bernière. La raison sociale sera BERNIÈRE ET Cⁱᵉ.

6° Le premier paragraphe de l'article 35 des Statuts est, pour plus de clarté, remplacé par la rédaction suivante :

« Trois membres du Conseil de surveillance seront remplacés chaque année,
« à partir de l'expiration du cinquième exercice, c'est-à-dire, que le rempla-
« cement ou la réélection auront lieu, pour la première fois, dans l'assemblée
« du mois d'octobre, chargée d'entendre et d'arrêter les comptes du 5ᵉ exercice,
« et ainsi de suite pour les années suivantes. »

PROCÈS-VERBAL

DE

L'ASSEMBLÉE GÉNÉRALE

DU 30 OCTOBRE 1860.

L'an mil huit cent soixante, le mardi 30 octobre, à une heure de relevée,

Messieurs les actionnaires de la Société des Mines et Fonderies de la province de Santander, sous la raison CHAUVITEAU ET Cᵉ, se sont réunis en Assemblée générale, rue de Richelieu, n° 100, à Paris.

L'Assemblée procède à la composition du bureau conformément à l'article 50 des Statuts, en désignant pour président M. Labelonye; pour scrutateurs, MM. Féline et H. Du Roselle; pour secrétaire, M. A. Bernière.

Ces membres du bureau ayant pris place, l'Assemblée est constituée après qu'il a été constaté que, pour la présente Assemblée, MM. les Actionnaires ont été convoqués par insertion régulière faite le 14 octobre courant, dans *la Gazette des Tribunaux*, et le 15 dans deux autres journaux d'annonces légales, *le Moniteur universel* et *les Petites Affiches*, et en outre, dans les journaux *la Patrie* et *le Constitutionnel*.

Au nombre des présents se trouvent M. CHAUVITEAU, gérant, et MM. ACAR, POTHIER, HEUZEY-DENEIROUSE, CH. LECOMTE, H. DU ROSELLE et le comte de BOUGY, membres du Conseil.

Le Président ouvre la séance en faisant observer que l'Assemblée va d'abord procéder comme assemblée annuelle ordinaire, suivant l'article 48 des Statuts, et qu'elle peut, sous ce rapport, délibérer valablement, quel que soit le nombre des membres présents, suivant l'article 52 des Statuts.

Sur l'invitation du président, M. Chauviteau, gérant de la Société, donne lecture du compte rendu du 5ᵉ exercice 1859-1860, expiré le 30 juin 1860.

(Voir le compte rendu dont copie précède)

Ensuite le Président invite MM. les membres du Conseil de surveillance à présenter le rapport qu'ils ont à faire à l'Assemblée, et M. Du Roselle, l'un d'eux, donne, au nom du Conseil, lecture du rapport suivant.

(Voir le rapport dont copie précède).

Cette lecture achevée, et sur l'offre que fait le Président de donner la parole à ceux des membres de l'Assemblée qui auraient des observations à présenter ; les seules objections qui se produisent sont relatives aux participations diverses dont il est parlé dans le rapport du Conseil ; et après que le gérant a fourni des explications à cet égard, on procède au vote sur les comptes et l'inventaire du 5ᵉ exercice arrêtés au 30 juin 1860, ainsi que sur la répartition des 107,000 fr. qui font partie des bénéfices de cet exercice ; et ces comptes, inventaire et répartition sont adoptés par l'Assemblée à l'unanimité.

Le Président explique que l'Assemblée, continuant à procéder comme assemblée ordinaire annuelle, a pour mission de pourvoir à la nomination de trois membres du Conseil de surveillance, attendu qu'à partir du 5ᵉ exercice, trois membres du Conseil doivent être remplacés chaque année, suivant l'article 35 des Statuts. Il ajoute que les trois membres désignés sortants par le sort sont : MM. Acar, Pothier et Ferdinand Chauviteau ; que ces membres sortants sont rééligibles, mais que M. Ferdinand Chauviteau est démissionnaire, ainsi qu'il l'a déjà déclaré dans l'Assemblée précédente du 29 octobre 1859.

D'après décision conforme de l'Assemblée, la réélection de MM. Acar et Pothier donne lieu à un seul vote, et MM. Acar et Pothier sont réélus par l'unanimité (moins deux) des membres présents de l'Assemblée.

Quant à la nomination d'un membre du Conseil, en remplacement de M. Ferdinand Chauviteau, démissionnaire, il est procédé à un scrutin d'après le dépouillement duquel M. H. Cambronne se trouve élu comme ayant obtenu la majorité des voix.

Le Président annonce que l'Assemblée va continuer de procéder comme assemblée extraordinaire, et qu'elle peut, dans cette condition, valablement délibérer, suivant l'article 53 des Statuts, attendu que le dépouillement fait par le bureau de la feuille d'émargement signée par MM. les Actionnaires indique le concours de 67 membres propriétaires, ensemble de 3,455 actions, soit 3,355 actions, en déduisant 100 actions qui se trouvent insuffisamment représentées par un mandataire qui n'a pas justifié être lui-même membre de l'Assemblée, et s'est retiré ; le Président explique que ce nombre dépasse le tiers des actions émises exigé par l'article 53 des Statuts.

En conséquence, le Président soumet à l'Assemblée les propositions suivantes, qui, après délibération et discussion, donnent lieu chacune à un vote séparé, et sont toutes approuvées successivement à l'unanimité, après avoir été formulées définitivement, ainsi qu'il suit :

1° Le Gérant de la Société est autorisé à réaliser, vendre, liciter, partager ou acquérir au mieux des intérêts de la Société, les mines et dépendances de Quiros, ainsi que toutes ou partie des autres mines et dépendances possédées par celle-ci en participation avec autres intéressés ; sont exceptées les mines qui font partie de la participation existante avec MM. Basterretche et Baignol.

2° Attendu la démission de M. J. Chauviteau, M. Albert Bernière est nommé Gérant de la Société, en remplacement de M. Chauviteau.

3° Le traitement de M. Bernière est fixé à douze mille francs par an, outre l'allocation proportionnelle sur les bénéfices, sans que, dans aucun cas, le traitement total puisse être inférieur à dix-huit mille francs.

4° Les quinze pour cent alloués au gérant, à l'Ingénieur principal et au Conseil de surveillance, tant par l'article 43 des Statuts, que par délibération modificative du 30 octobre 1858, ne seront plus calculés sur l'intégralité des bénéfices, mais seulement sur les bénéfices restants après déduction des cinq pour cent qui reviennent aux actionnaires, suivant l'article 42 des Statuts.

Un chiffre minimum pourra être garanti à l'Ingénieur principal pour le cas où l'allocation proportionnelle le concernant se trouverait nulle ou insuffisante.

5° M. Bernière devra rester propriétaire, durant tout le temps de sa gestion, d'au moins soixante actions de la Société. Toutes les autres dispositions des Statuts qui concernent M. Chauviteau seront applicables à M. Bernière. La raison sociale sera BERNIÈRE ET Cⁱᵉ.

6° Le premier paragraphe de l'article 35 des Statuts est, pour plus de clarté, remplacé par la rédaction suivante :

Trois membres du Conseil de surveillance seront remplacés chaque année à partir de l'expiration du cinquième exercice, c'est-à-dire que le remplacement ou la réélection auront lieu, pour la première fois, dans l'assemblée du mois d'octobre, chargée d'entendre et d'arrêter les comptes du 5ᵉ exercice, et ainsi de suite pour les années suivantes.

Et ont, MM. Labelonye, Feline, Du Roselle et Bernière, signé le présent procès-verbal conformément à l'article 34 des Statuts.

LABELONYE *Président,*
FELINE
DU ROSELLE } *Scrutateurs,*
BERNIÈRE *Secrétaire.*

Paris. — Imp. Poit vin et Cie, rue D.miette, 2.

COMPAGNIE

DES

Mines et Fonderies de la Province de Santander

ASSEMBLÉE GÉNÉRALE DU 30 OCTOBRE 1861

COMPTE RENDU

PAR LE GÉRANT

DU SIXIÈME EXERCICE 1860-1861

RAPPORT DU CONSEIL DE SURVEILLANCE

PROCÈS-VERBAL DE L'ASSEMBLÉE GÉNÉRALE

IMPRIMERIE POITEVIN

RUE DAMIETTE, 2

1861

ASSEMBLÉE GÉNÉRALE DU 30 OCTOBRE 1861

COMPTE RENDU

PAR LE GÉRANT

DU SIXIÈME EXERCICE 1860-1861

RAPPORT DU CONSEIL DE SURVEILLANCE

PROCÈS-VERBAL DE L'ASSEMBLÉE GÉNÉRALE

PARIS

IMPRIMERIE POITEVIN

RUE DAMIETTE, 2

1861

ASSEMBLÉE GÉNÉRALE DU 30 OCTOBRE 1861

COMPTE RENDU

PAR LE GÉRANT

DU SIXIÈME EXERCICE 1860-1861

MESSIEURS LES ACTIONNAIRES,

J'ai l'honneur de vous présenter le compte rendu de l'exercice social expiré le 30 juin 1861.

Les opérations qui me concernent sont celles accomplies durant les huit mois courus du 30 octobre 1860, jour de ma nomination, au 30 juin 1861; celles des quatre premiers mois appartiennent à la gestion de M. Chauviteau mon prédécesseur; mais je me trouve appelé à rendre compte de l'année entière.

Mon premier soin a été d'étudier les conditions de la production et les moyens d'améliorer les prix de revient; mais, en outre, j'ai eu à me préoccuper très-activement de la liquidation de diverses affaires indépendantes de l'exploitation proprement dite et qui, déjà embarrassantes et onéreuses pour la Société, menaçaient d'aggraver, en pure perte, de premiers sacrifices. Je n'ai pas tardé en effet à reconnaitre combien était fondé l'avis que le Conseil de surveillance a, dans son rapport de l'année dernière, exprimé de la manière suivante :

« Nous pensons que, pour assurer dans l'avenir la complète disponibilité des « bénéfices, il ne faut accepter qu'avec une extrême circonspection toutes les « affaires qui, bien que rentrant dans le cadre de nos opérations, n'auraient « cependant qu'un caractère accessoire. Ces entreprises secondaires ou excep-

« tionnelles arrivent trop souvent à l'état de diversion onéreuse pour la marche
« de l'entreprise principale; le mieux est de dégager nos ressources de toutes
« choses parasites et de concentrer nos efforts actifs et nos moyens financiers
« qui, jusqu'à présent, se trouvent fâcheusement dispersés. »

Pour bien entendre la vérité de ces conseils, il faut comprendre qu'en Espagne l'industrie est à l'état naissant; que les moyens de communication y sont
imparfaits, coûteux, lents et difficiles; que le contrôle et la surveillance y sont
choses toujours pénibles et parfois impossibles, et que toute affaire entreprise
hors de la conduite et des investigations suivies du maître ne peuvent guère
enfanter que des frais abusifs, des mécomptes et des pertes.

Premièrement. — J'ai trouvé en cours une affaire dite : *Participation des
mines de Biscaye*, remontant à plusieurs années, et dont le compte est isolé de
celui de l'exploitation générale. Il s'agit de mines éparses situées, les unes en
Biscaye, les autres à l'extrémité de la province de Santander, sur les confins de
la Biscaye, et toutes, par conséquent, très éloignées du rayon dans lequel peut
efficacement s'exercer le contrôle de la direction générale. Ces mines ont été
prises à bail moyennant redevances diverses au profit des cédants, par une participation composée de notre Société pour deux tiers, et d'un banquier d'Espagne pour l'autre tiers. Il ne s'agit pas de mines à l'état d'exploitation et de produit, mais bien de gisements restés, jusqu'à présent, à l'état d'investigation, sans
qu'aucun ait révélé jusqu'ici une puissance productrice suffisamment avantageuse.

Nos avances personnelles dans cette entreprise qui, au 30 juin 1860, s'élevaient
à 37,578 fr. 98 c., se trouvent, au 30 juin 1861, portées à 45,172 fr. 15 c.,
soit avec une progression de 7,593 fr. 17 c., qu'il a fallu débourser durant l'exercice pour desservir cette affaire. Le seul actif qui représente ces debours se
compose d'existences de minerais de peu de valeur et de quelques objets de
matériel : quant aux mines, elles ne constituent qu'un actif parfaitement nul,
car, d'une part, leur possession implique la continuation de travaux d'investigation qui, jusqu'à présent, n'ont rien révélé d'intéressant, et, d'autre part, l'exploitation demeurée au rang des éventualités, reste, dans tous les cas, grevée au
profit des cédants, des redevances qui, d'après les prix actuels du zinc, sont
devenues trop lourdes. Si, enfin, on considère qu'à ces désavantages se joint
l'impossibilité de satisfaire aux dépenses dans de bonnes conditions économiques
pour des gisements ainsi éloignés et dispersés, on reconnaîtra qu'il est urgent de
liquider cette entreprise, et, déjà, mes mesures ont été prises, de concert avec
notre coparticipant, pour arriver à ce résultat aussi promptement qu'il sera possible.

Je n'ai pas hésité à suivre la même voie à l'égard des autres gisements épars.

pris également à bail et ayant le même inconvénient de nous grever de dépenses plus profitables à autrui qu'à nous-mêmes, les travaux de découverte demeurant à notre charge exclusive et les espérances très-incertaine de l'avenir restant, dans tous les cas, partageables avec des cédants, qui, sans debours et sans risques aucuns, se sont fait la plus belle part.

Notre Société doit s'affranchir d'autant plus promptement de ces sortes de traités, qu'aux conditions abusives qui y sont attachées, il se joint un danger. La loi des mines a, pour les travaux préparatoires ou d'exploration, des exigences impérieuses qui, dans la pratique, admettent quelques accommodements; mais pour ces mines prises à bail, il faut redouter sans cesse que la moindre infraction puisse compromettre la propriété de la mine, car alors on se trouverait en présence des cédants qui ne manqueraient pas d'en abuser pour réclamer avec exagération des dommages-intérêts.

Au surplus, nos propres gisements sont bien assez abondants; ce sont eux qui ont fourni tous nos produits, tandis que les autres n'ont jamais enfanté que de lourdes et fâcheuses dépenses. Si un jour nous devons étendre le cercle de nos travaux d'exploration hors de notre domaine minier actuel, il est certain que, profitant de l'expérience du passé, nous n'accepterons de telles tentatives et les risques éventuels qui y sont attachés, que pour notre compte exclusif et sur des gisements dont nous serons seuls propriétaires.

Deuxièmement. — A Puente Viesgo, sur un point également éloigné du siége de la direction, on a entrepris, il y a aussi plusieurs années, l'exploitation particulière de gisements de plomb, dont les principaux ont été pris à bail, moyennant diverses charges et redevances réservées aux cédants. Cette exploitation, dont les dépenses se trouvent, dès l'origine, confondues dans les frais de notre exploitation générale, a été et est restée séduisante par les espérances qui s'attachent théoriquement à certaines apparences géologiques; mais cependant on est resté jusqu'à présent dans le domaine des travaux d'exploration. Si on compare la valeur des faibles produits qui ont été obtenus jusqu'ici avec le montant des dépenses qu'il a fallu faire, on trouve que le service de ce district a pesé sur les résultats généraux pour 60,533 francs jusqu'au 30 juin 1860, et pour 27,433 fr. 70 c. depuis cette époque.

J'ai pris, aussitôt mon arrivée à Comillas, les mesures les plus énergiques pour maitriser le cours de ces dépenses improductives et amoindrir la perte qu'elles nous causent : c'est ainsi que les dépenses s'élevant pour le premier semestre à 21,359 fr. 56 c., sont descendues, pour le second semestre, à 6,074 fr. 14 c.

La continuation des travaux sur ces gisements de plomb ou leur abandon constituent une alternative assez délicate pour solliciter une décision de l'Assemblée

générale. D'une part, il est pénible d'abandonner les espérances qui ont été conçues et desservies si chèrement ; d'autre part, si on considère que les principaux
de ces gisements sont possédés par autrui ; que les lourdes dépenses qu'il faut
faire sont péniblement défendues, à cause du point écarté où elles s'accomplissent ; que ces dépenses se font pour un espoir éloigné et incertain ; que cet
espoir, arrivant à se réaliser, les résultats sont, pour les gisements principaux,
partageables avec ceux qui ont cédé partie des mines, et, qu'enfin, la Société
n'a pas son indépendance vis-à-vis de ces mêmes cédants pour diriger les travaux
à sa guise, on arrive à reconnaître que l'entreprise, toute séduisante qu'elle soit,
ne doit être poursuivie que s'il est permis de dominer les dépenses dans une
mesure suffisante pour qu'elles ne puissent déranger nos moyens financiers ou
peser trop lourdement sur nos prix de revient ; et que, dans le cas contraire,
cette entreprise devenant compromettante, la Société doit l'abandonner totale-
ment ou partiellement.

C'est pour pouvoir agir en ce sens, avec une parfaite liberté, que je compte
prier l'Assemblée de me donner son adhésion.

Troisièmement. — Une autre affaire entreprise en dehors de notre exploitation
courante est celle importante des mines de houille de Quiros, en Asturie.

Nos déboursés, au 30 juin 1859, s'élevaient, suivant l'inventaire, à 111,890 fr. 73 c.
L'année suivante, qui expirait le 30 juin 1860, il a été dépensé par notre Société
67,358 fr. 59 c., dont 53,792 fr. 14 c. constatés par l'inventaire et 13,566 fr. 45 c.
payés depuis sa clôture.

Durant l'exercice dont nous nous occupons, la dépense s'est élevée à 49,812 fr. 85 c.,
et la différence de 17,545 fr. 74 c. avec le montant de l'année précédente, est
le fruit des efforts que j'ai faits pour maîtriser les frais inhérents à cette affaire
de Quiros. S'il ne m'a pas été permis d'obtenir une réduction plus considérable,
cela tient a ce que les mines, qui sont au nombre de cinquante-trois, arrivant
successivement à un état de régularisation qui implique une progression dans les
dépenses et les travaux exigés par la loi des mines, il est indispensable d'obéir à
ce mouvement et d'en subir les conséquences financières.

Notre intérêt dans ces mines est de moitié ; l'autre moitié se subdivise entre plusieurs co-associés ; mais les avances qui ont été faites engendrant un droit supplémentaire et particulier, les droits de chacun se trouvent modifiés par rapport à
l'ensemble de l'affaire qui se compose aujourd'hui tant de la valeur des mines,
que des fonds avancés et des objets représentant ces avances. Quant à la part
revenant à notre Société, elle est basée : 1° sur notre moitié dans la valeur des
mines ; 2° et sur le montant de nos déboursés en principal et intérêts.

Pour les mêmes causes il revient à l'un des co-associés une autre part pour les avances qu'il a faites comme nous et qui s'élèvent, au 30 juin 1860, en principal et intérêts, à 28,938 fr. 85 c.

En résumé, notre part dans l'affaire de Quiros devient beaucoup plus intéressante que dans l'origine, et un parti définitif sur le sort de notre intérêt devient chose importante et sérieuse.

Les cinquante-trois mines de houille de Quiros composent un groupe compact de 178 pertenancias espagnoles et occupent une superficie de 2,670 hectares, c'est-à-dire tout ce qu'on connaît, jusqu'à présent, de terrain riche en combustible mineral dans le bassin. Ces mines forment un ensemble de 114 couches dont la plupart sont déjà reconnues par de nombreux travaux superficiels, et dont le cubage, d'après les calculs les plus circonspects, conduit à la constatation évidente, qu'avec les seules existences reconnues dès aujourd'hui, les concessions peuvent subvenir à une production annuelle et minima de 300,000 tonnes, pendant plus de cinquante années.

Si on tient compte :

Que le charbon est de très-bonne qualité;

Que dans la puissance productrice qui vient d'être indiquée, il s'agit des seules parties constatées et exploitables au-dessus du niveau des vallées, c'est-à-dire dans les conditions les plus sommaires et dans les prix les plus économiques;

Que sans aborder, dès à présent, une mise en valeur totale basée sur le raccordement à la mer et sur l'exportation des charbons, on peut débuter par une exploitation plus modeste fondée sur une consommation locale;

Que grâce au voisinage de la fonderie gouvernementale de Trubia, cette consommation locale n'attend, pour pouvoir être développée dans la mesure de 40 à 50,000 tonnes par an, que l'achèvement de voies de communication qui, pour la partie raccordant le bassin de Quiros, ne dépassent pas 20 kilomètres;

Et qu'enfin les municipalités que ces voies de communication intéressent s'occupent de leur confection et des moyens de la hâter par des traités et engagements.

On comprend, par toutes ces raisons, que notre Société ne saurait commettre la faute de sacrifier légèrement une affaire de cette valeur et de cet avenir.

C'est pourquoi bien qu'investi de pouvoirs spéciaux les plus entiers pour la réalisation de notre part, je tiendrai à n'en user qu'avec une entière circonspection. Je crois que notre Société doit conserver sa position.

Il est aujourd'hui démontré qu'avec un capital complémentaire relativement restreint que notre Société et ses co-associés pourront arriver à fournir pour la presque totalité, il sera permis d'abord de préparer les travaux de mise en valeur, et ensuite de hâter, par de simples avances de fonds, la confection du chemin dont se chargent les communes et la Commission provinciale des Asturies et au moyen duquel les gisements houillers de Quiros se trouvent reliés avec le réseau de viabilité qui dessert la province.

Si comme il est prévu, le tout s'achève en deux années, nous entrerons alors dans la voie féconde de l'exploitation régulière, et cette exploitation du début développée seulement pour 40 à 50,000 tonnes suffira selon les calculs les plus modestes pour fournir un bénéfice annuel d'au moins 200,000 fr.

Une telle solution étant ouverte, notre part dans l'avenir de l'affaire peut devenir une richesse sociale de la plus haute valeur et alors il faut considérer que nos avances du passé se trouveront complétement utilisées et que de plus nous devrons, pour les fonds qui restent à fournir, y participer aussi largement que nos ressources courantes le permettront, car nous aurons intérêt à ce que notre part dans l'affaire demeure aussi élevée que possible.

Si, comme je dois l'admettre, ces vues sont accueillies par l'Assemblée générale, je m'appliquerai à en suivre activement la réalisation.

Quatrièmement. — Il me reste à citer plusieurs affaires qui se trouvaient encore entreprises hors du domaine de notre exploitation courante, et auxquelles j'ai dû couper court immédiatement pour éviter des déconvenues et des pertes.

Il s'agissait d'abord de mines diverses éloignées et dispersées, dont l'exploration se trouvait à entreprendre, toujours en vertu de ces traités nous laissant la charge des dépenses avec tous les risques et réservant en cas de succès une part à autrui. Pour donner suite à ces affaires, complétement assimilables à celle de la participation des mines de Biscaye, il fallait une agence à Santander qui déjà se trouvait installée, et dont les nécessités devenaient une lourde charge.

Il s'agissait ensuite d'une autre agence créée dans l'Andalousie pour des achats de minerais qu'on espérait revendre avec bénéfice; mais l'affaissement des cours est venu dès le début donner tort à cette combinaison qui, dans tous les cas, avait l'inconvénient de nous imposer des intermédiaires éloignés et des frais généraux trop élevés.

J'ai dû procéder sans retard aux résiliations et règlements propres à nous sortir de ces opérations diverses qui déjà nous avaient engagés en pure perte : celle des mines éparses de l'agence de Santander pour 8,879 fr. 26 c.; et celle des achats de l'Andalousie pour 7,511 fr. 58 c.; ensemble un déboursé total de 16,390 fr. 84 c.

Cinquièmement. — Pour ne rien omettre des affaires qui forment accessoire à notre exploitation, je dois dire qu'il nous reste en cours :

1° Une exploitation de mines de manganèse sises à Cabadonga et Alevia en

Asturie. Cette exploitation faite en participation absorbait, au 30 juin 1860, un déboursé total de 47,177 fr. 59 c.; mais durant l'exercice, nous avons fait des réalisations dont le produit net s'élevant à 5,384 fr. 34 c., réduit nos déboursés à 41,793 fr. 25 c. Il faut pour cette affaire étudier les débouchés de la production et je ne saurais dès à présent me prononcer sur la valeur de cette exploitation qui, dans tous les cas, ne sera suivie désormais que très-économiquement.

2° La mine de cuivre de Pico-Jano dans laquelle se poursuit chaque année l'avancement d'une galerie dirigée dans le but d'arriver au filon pour constater sa puissance. La dépense consacrée à ce travail s'est élevée, durant l'exercice, à 3,968 fr.

3° Et une exploitation de mines de calamine, sises en Biscaye, faite en participation de MM. Basterretche et Baignol, et dans laquelle nous ne sommes intéressés que pour 1/3. Jusqu'à présent cette affaire nous a engagé pour 49,089 fr. 84 c., mais les réalisations qui successivement ont été obtenues ayant été employées dans les frais de premier établissement, il est permis d'admettre que les objets actifs qui représentent tout à la fois les versements des participants et le montant des réalisations, sont de suffisante valeur pour couvrir l'importance des versements effectués. On espérait que nos avances allaient enfin devenir productives de bénéfices, mais la baisse du zinc est survenue et cet espoir est encore ajourné. Au surplus s'il devenait démontré que cette participation de la Biscaye n'est pas susceptible de conquérir des proportions assez intéressantes pour pouvoir influer d'une manière sérieuse sur nos résultats généraux, il serait fâcheux que nous fussions enchaînés à cette affaire, alors qu'il nous deviendrait permis d'en sortir et de recouvrer les sommes que nous y avons engagées.

Aussi, je crois devoir en référer à l'Assemblée générale et lui demander l'autorisation de suivre ou de de liquider au besoin, l'intérêt que nous avons dans cette exploitation de la Biscaye.

J'ai terminé ce que j'avais à dire sur les différentes affaires qui ont été entreprises incidemment, et j'arrive enfin à ce qui concerne notre exploitation originaire et principale.

Cette exploitation se compose aujourd'hui de la manière suivante :

1° Nos mines groupées, savoir :

A Orena, 10 pertenances, superficie. . . . .   49 hectares.
Aux environs de Comillas, 20 pertenances, superficie.   100
A Udias et environs, 54 pertenances, superficie.   271
A la Florida, près Celis, 8 pertenances, superficie.   40

Total . . . .   460 hectares.

2° Nos fours et dépendances pour la calcination établis : les uns, à la Vega près Comillas, les autres, au centre des mines d'Udias, et d'autres à la Florida et à San-Vicente.

3° Les bassins, canaux et appareils servant au lavage des minerais menus ou terres calaminaires et établis à la Vega, à Dolores près Udias et à la Florida.

4° Et enfin les ateliers, machine à vapeur et appareils divers fonctionnant à la Vega pour le triage ou la séparation manuelle et mécanique de ceux des minerais qui ne s'obtiennent qu'à l'état mélangé.

Le tout desservi par deux ports d'embarquement, celui de San-Vicente de la Barquera, pour les exploitations de la Florida, et celui de Comillas pour les autres. L'exploitation d'Udias étant reliée à celle de Comillas par un chemin de parfaite viabilité qui est l'œuvre de notre Société.

C'est cette exploitation de l'origine qui déjà a fourni plus de 100,000 tonnes de minerais à nos précédents exercices, et qui dans le présent nous offre encore avec évidence les ressources les plus avérées et les plus importantes, d'abord, les résultats nouveaux que procureront les explorations qui restent permanentes, et ensuite, les existences d'une constatation actuelle et qui dépassent 61,000 tonnes, sur lesquelles 14,000 au moins sont à l'état d'abattage préparé, 16,000 environ reconnues approximativement et 31,000 qui sont à provenir des minerais menus ou terres calaminaires extraits dès aujourd'hui et destinés à l'exploitation des lavages.

Avec un aussi beau domaine réservé à nos explorations de l'avenir et avec des existences de cette valeur, il est certain qu'il y aurait faute et imprudence à disperser nos moyens actifs et financiers sur d'autres points écartés, où nos dépenses seraient mal défendues : ce serait évidemment compromettre le certain, pour affronter sans nécessité la voie toujours dangereuse des complications de l'inconnu et du hasard.

Ce qui doit nous préoccuper avant tout, c'est l'amélioration constante et progressive de l'exploitation que je viens de décrire, et qui jusqu'à présent est restée l'unique base de nos bénéfices : pour mon compte, c'est ainsi que je l'ai compris dès le début de ma gestion.

Je me suis d'abord attaché à réduire le chapitre des dépenses générales d'administration. Ce chapitre, pour l'exercice dernier, s'est élevé à 245,572 fr. 59 c., y compris la taxe des mines et environ 10,000 fr. arriérés payés depuis le 30 juin 1860. Pour les quatre mois déjà courus au 30 octobre 1860, ces dépenses (y compris les 10,000 fr. arriérés) s'élevaient à 100,900 fr. 58 c. ; or, continuées sur ce pied elles représentaient pour les huit mois subséquents une dépense de 181,800 fr., tandis que grâce aux réformes et suppressions qui ont de suite été faites il a été permis de réduire le chiffre de ces huit mois à 80,218 fr. 85 c., c'est-à-dire d'arriver à une économie, en huit mois, de 101,581 fr. 15 c.

J'ai dû veiller à régulariser le cours des travaux d'exploration pour les maintenir dans une extension raisonnable et telle, que le présent ne soit pas sacrifié à l'avenir : or, ces travaux ayant pour le premier semestre absorbé 67,415 fr. 06 c., je me suis empressé de les réduire dans le cours des mois suivants, et les dépenses du second semestre ne se sont élevées qu'à 31,761 fr. 34 c., avec une économie sur le premier semestre de 35,653 fr. 72 c.

Enfin, la production des minerais à l'état brut par les mines, les lavages et la séparation, a été suivie avec des réductions notables sur les prix de cette production durant l'exercice précédent. Ces réductions se traduisent par une différence de 14 fr. par tonne, soit, pour les 14,438 tonnes qui ont été produites dans l'exercice, une économie générale de 202,132 fr.

Vous voyez, Messieurs, par cet exposé de tout ce qui a été fait pour l'exploitation et pour les autres affaires incidentes, que rien n'a été négligé pour dégager nos moyens financiers et pour obtenir toutes les économies qui se trouvaient praticables. Il a fallu pour y arriver affronter bien des difficultés et subir, en outre, une indispensable transition qui comportait des ménagements et des charges; et, sous l'empire de ces considérations, le chiffre des économies réalisées a une importance très-significative. Ce chiffre, en récapitulant tout ce qui a été épargné, dépasse 380,000 fr.

Cette énumération des réformes et des économies qui ont été faites pourrait faire naître une impression au devant de laquelle je dois aller. On pourrait inconsidérément supposer que ces réformes sont la condamnation de l'état de choses qui se trouvait établi, et une telle supposition serait injuste.

Le passé se trouvait constitué dans un ordre d'idées qui a été et devait être celui des débuts de la Société. La richesse exceptionnelle de nos gisements de fondation et la haute valeur du zinc avaient enfanté d'ardentes compétitions et des aspirations de toute sorte. Il s'agissait de richesses nouvelles que chacun, à l'envi, poursuivait à l'aventure, sans qu'il fût possible de mesurer suffisamment ce qu'il adviendrait de toutes les choses qui étaient entreprises, et c'est de ce milieu d'idées et de circonstances qu'est résulté une organisation des travaux de l'exploitation qui, plus tard, est devenue trop large et trop dispendieuse.

Si donc aujourd'hui s'accomplissent les réformes nombreuses que j'ai citées, c'est uniquement parce que le temps et l'expérience ont permis d'apprécier le choses avec plus de maturité et qu'aux idées d'extension succèdent, dans le présent, les idées plus sûres de la concentration.

Je crois, en résumé qu'admettre que le programme du passé a eu sa raison d'être, comme celui du présent à la sienne, c'est s'arrêter à une saine appréciation, à celle qui s'éloigne le moins de la justice et de la vérité.

Revenant à ce que je disais des améliorations importantes qui ont été obtenues, je dois ajouter que pour fruit de mes efforts je comptais, et à juste titre, sur des résultats largement satisfaisants, et c'était là, je puis le dire, mon plus puissant encouragement dans l'accomplissement de la tâche difficile qui m'était départie. Je ne devais pas m'attendre qu'une crise violente et prolongée amènerait le zinc à des prix déplorables et viendrait, neutralisant la valeur de nos réformes, nous enlever la meilleur part des bénéfices de l'année.

Ainsi que le rappelait le dernier compte rendu, le zinc brut qui en 1857 valait 72 fr. 72, en 1858 61 fr. 88, était en 1859 descendu au prix qui paraissait le plus extrême pour rester rémunérateur, c'est-à-dire à 52 fr. 86 c. Cependant l'exercice dont nous nous occupons a subi, pour le premier semestre, le taux moyen de 51 fr. 32 c.; et ce prix, grâce à nos améliorations, serait devenu satisfaisant, mais la baisse a persisté, et dans de telles proportions, que, durant le second semestre, nous avons subi le prix désastreux de 41 fr. 49 c., qui ressort de la moyenne des cours.

Pour parer autant qu'il était possible à cette situation onéreuse, nous avons restreint les exploitations et réduit les expéditions autant que nous l'ont permis nos traités d'affrétement et nos autres nécessités, c'est-à-dire que l'exportation totale de 8,654 tonnes ne comprend, pour la période de dépression des cours, que 3,663 tonnes.

En définitive, nous n'avons, dans ces circonstances, obtenu que le bénéfice de 115,828 fr. 91 c., qui se trouve établi dans le résumé du compte profits et pertes que je produis à l'appui et comme annexe du présent compte rendu.

Quelques mots suffiront pour expliquer les causes de la déconvenue qui s'attache à ce résultat de 115,828 fr.

1° Les réalisations du deuxième semestre n'ont pu se faire qu'avec une différence de 53 fr. 64 c. par tonne de minerai sur les prix du premier semestre, de sorte que la baisse nous a enlevé une différence totale de. . . . , ... 196,483 fr.

2° Les dépenses générales des quatre premiers mois ont été

A reporter. . . . 196,483 fr.

Report. . . .   196,483 fr.

de 100,900 fr. au lieu de 40,109 fr. : la différence est de.   60,791

   3° Enfin, les travaux d'exploration du premier semestre ont coûté de plus que dans le deuxième.   35,653

   Si donc nous n'avions pas encouru les trois sortes de préjudice qui viennent d'être expliquées, l'exportation de 8,654 tonnes de minerai, au prix basé sur le taux peu élevé de 51 fr. 32 c. par 100 kilogrammes de zinc, aurait suffi pour nous procurer le bénéfice de . . . .   108,755 fr.

   Une telle appréciation est au moins très-rassurante pour l'avenir; car la baisse excessive que nous avons subie est le résultat d'une crise toute accidentelle. Par nos réformes, les deux autres causes de préjudice se trouvent désormais anéanties, et, enfin, le taux de 51 fr. 32 c., sur lequel est fondé le calcul qui précède, est lui-même au-dessous du cours attaché à une reprise normale sur les marchés du zinc.

   Il nous faut maintenant examiner tous les amortissements qu'il est régulier de faire pour constituer notre inventaire d'une manière tout à fait conforme.

   1° J'ai dit ce qu'était l'affaire dite *Participation des Mines de Biscaye*, et comment elle a cessé d'être un actif réel; il faut donc amortir le compte débiteur qui lui a été ouvert et représente notre part des déboursés. . . . .   45,172 fr. 15

   2° L'affaire Puente Viesgo est à citer pour ordre, les déboursés figurant dans nos frais généraux.

   3° Les 16,390 fr. 84 c. déboursés dans l'entreprises des deux agences de Santander et de l'Andalousie qui ont été supprimées, doivent être amortis   16,390   84

   4° Il faut ajouter un compte particulier de 2,105 fr. 26 c., qui ont été déboursés depuis le 30 juin 1860 pour une affaire litigieuse entreprise avec la participation d'un tiers. Je n'ai pas voulu donner suite à cette participation, qui déjà dans le passé a pesé sur nos frais généraux pour environ 12,000 fr., sans que la solution de l'affaire puisse, en aucun cas, devenir aujourd'hui pour nous d'un intérêt démontré, ci.. . . .   2,105 fr. 26

   5° Il faut amortir 3,720 fr., qui sont la différence entre la valeur au pair de trente-deux actions de notre Société, et 19,720 fr. formant le prix du rachat de ces titres, et figurant

A reporter. . . .   63,668 fr. 25

Report. . . .   63,668 fr. 25

comme actif dans le précédent inventaire.   3,720   »

6° Si nous voulons nous dégager complétement des charges du passé il faut apprécier que nos minerais formant stock au 30 juin 1861, ressortent à 178,129 fr. 17 c., d'après les prix de revient de l'exercice, mais que, réestimant ces minerais aux prix de revient qui résultent actuellement de nos réformes et économies, on trouve 158,112 fr. 86 c., avec une différence à amortir de.   20,016   31

Enfin, il nous reste à faire face à l'amortissement important nécessité par la révision du compte *Matériel* et du compte *Approvisionnements*, et par la réestimation faite avec un soin scrupuleux des objets qui représentent les débits de ces deux comptes.

J'ai dû, pour la régularité des mouvements de ces comptes importants, qui, dans l'inventaire dernier, représentaient ensemble 278,873 fr., fonder un service particulier de contrôle et de comptabilité consacré à suivre exactemeut les entrées et les sorties de chaque chose, et à constater la nature et la valeur de toutes les consommations. Ce travail ne pouvant s'établir utilement que sur une étroite estimation des existences constatées dans l'inventaire dernier, on a dû, contrairement à ce qui avait été fait dans le passé, réestimer l'outillage en le divisant par catégories, selon la qualité des objets et leur degré d'usure; et, quant aux articles de l'approvisionnement, ils ont, autant que possible, été ramenés aux prix marchands actuels, en tenant compte des détériorations engendrées par la vétusté ou autres causes. On a, de cette façon, procédé avec une parfaite régularité; mais il en est résulté que les différences reconnues se composent :

Pour le matériel, de 7,771 fr. 06 c.. valeur de certains objets figurant à tort dans l'inventaire du 30 juin 1860, quoique déjà débités dans les comptes qui les concernent . . . .   7,771 fr. 06

Et de 60,465 fr. 03 c., formant la différence entre l'estimation donnée, le 30 juin 1860, à d'autres objets, et celle donnée aux

A reporter. . . . . .   7,771 fr. 06   87,404 fr. 56

	Report. . . .	7,771 fr. 06	87,404 fr. 56

mêmes objets dans l'inventaire du 30 juin 1861. . . . . **60,465   03**

Et , quant aux approvisionnements, de 22,087 fr. 16 c., formant la différence entre l'estimation du 30 juin 1860 et celle donnée aux objets de cette époque le 30 juin 1861, en tenant compte cependant que, dans les 22,087 fr. 16 c., sont compris 5,144 fr. 25 c., qui sont : frais de sciage, transports, magasinage, etc., et formant augmentation à la différence des deux estimations, ci. **22,087   16**

Total et amortissement sur le matériel et les approvisionnements. **90,323   25   90,323   25**

Ce qui compose un total général d'amortissement s'élevant à. **177,727   81**

Ayant pour ressource :

1° Notre bénéfice de l'année, de. . . . . **115,828 fr. 91**

2° Et la réserve qui a été faite sur les bénéfices de l'année précédente , s'élevant à **93,662   13**

Ensemble. . . . . **209,491 fr. 04   209,491   04**

Il ne reste libre que. . . . . **31,763 fr. 23**

Outre que cette somme ne constituerait qu'une répartition trop infime pour chacune des actions, la Société se trouve dans le cas de réserver ses ressources intégrales pour accomplir deux choses du plus haut intérêt : l'achèvement de la mise en valeur du bassin houiller de Quiros, selon les explications données plus haut, et l'établissement d'une usine à zinc dont il va être parlé. Il est dès lors indiqué que, dans l'intérêt commun, il convient de laisser à compte nouveau ce solde de 31,763 fr. 23 c.

Il est assurément fâcheux que les amortissements dont je viens d'expliquer l'importance et la nécessité viennent précisément se produire et nous peser dans une année comme celle-ci, où, déjà, nous nous trouvons si maltraités ; mais cependant nous ne devons pas hésiter devant la loi de la régularité et de l'intérêt social, qui sont étroitement subordonnés à la défense d'une situation financière parfaitement irréprochable.

D'ailleurs, chaque chose apportant son enseignement, l'épreuve que nous venons de subir démontre une fois de plus que notre Société ne saurait demeurer plus longtemps à la merci des seules exportations. Elle est ainsi déshéritée : d'abord, d'une part des bénéfices auxquels elle peut et doit prétendre, et, ensuite, des conditions d'indépendance et de sécurité qui sont la base nécessaire de toute entreprise sérieuse. Si nous voulons échapper à la domination des affrétements et à l'arbitraire de certains cours du zinc, il faut que nous puissions établir une usine destinée à la réduction d'une partie de nos minerais ; et, grâce à la préservation de nos moyens financiers, il va nous être permis d'aborder cette entreprise et de satisfaire aux dépenses qui y sont inhérentes. Dès le mois de juin dernier j'ai entretenu le Conseil de surveillance de cette nécessité, et je lui ai soumis le rapport que, dans ce but, M. de Jaurias, l'ingénieur principal de notre Société, avait déjà préparé. L'avis du Conseil ayant été sur tous les points favorable à ce projet, on s'est depuis et sans désemparer livré aux études et aux autres mesures qui sont les préliminaires obligés d'une création de cette nature, très-incessamment les travaux seront commencés, pour être poussés aussi activement qu'il sera possible. C'est à Comillas, au siége même de nos exploitations, que l'usine sera établie. Entre autres avantages, nous trouvons dans nos installations actuelles le moyen d'éviter la plus grande partie des constructions qui seraient à faire sur un autre point, et nous obtenons ainsi une économie considérable sur les dépenses de premier établissement. On pourrait peut-être regretter qu'on ait tardé jusqu'ici pour l'établissement d'une fonderie ; mais, d'un autre côté, on a, dans ces derniers temps, perfectionné sensiblement le travail de réduction, et alors il va nous être permis d'organiser nos constructions en conformité des nouveaux systèmes.

Il a été dressé deux documents qui forment annexes au présent rapport, et qui détaillent, en les résumant au 30 juin 1861, l'un, le compte de production et de profits et pertes, l'autre, le bilan ou l'inventaire de l'actif et du passif de la Société.

Par le premier, se trouve établi le chiffre des bénéfices et le solde de 32,763 fr. 23, qui reste libre, sous déduction des divers amortissements dont le détail a été donné.

Par le deuxième, on voit qu'abstraction faite des articles
de l'actif immobilisé il reste un actif de roulement de. . . . . 1,245,501 fr. 87
qui, sous déduction du passif, montant à. 154,531 22
s'élève à la somme nette de. . . . . 1,090,970 fr. 65

Il est vrai que, sur cette somme, le matériel et les trois affaires, mines de Quiros, mines de Biscaye et de Maganèse, engagent ensemble 483,748 fr. 32;

mais, en tous cas, les 607,222 fr. 33 qui restent libres, nous constituent un fonds disponible largement suffisant pour satisfaire à nos besoins courants.

Je dois profondément regretter que l'avilissement des prix du zinc ait fâcheusement coïncidé avec les débuts de ma gestion; mais, du moins, j'ai la satisfaction d'avoir sauvegardé une situation périlleuse. Il est certain que si de la caisse sociale étaient sorties les sommes qui ont été épargnées, ce n'est pas en un faible bénéfice que se résumerait l'exercice, mais bien par une perte qui deviendrait aujourd'hui un embarras sérieux.

Je dois me féliciter que la situation difficile que j'ai rencontrée m'ait encore permis de satisfaire à tous les utiles amortissements qui sont énumérés plus haut et sollicitent le sacrifice important de 177,727 francs, et de produire un inventaire justifiant d'un actif social entièrement préservé et suffisamment dégagé pour satisfaire à tous nos besoins du présent.

Cette disponibilité de nos ressources a d'autant plus de prix, qu'elle permet l'établissement d'une usine à zinc, au moyen de laquelle nous complétons notre organisation, et consolidons notre avenir et en nous créant une nouvelle source de bénéfices.

Et que, contribuant à compléter le capital qui va servir à la mise en valeur du bassin houiller de Quiros, nous conservons dans cette affaire une large part suffisante pour augmenter notre actif social de la manière la plus notable tout en nous fournissant une autre source de bénéfices dont la progression peut atteindre des proportions considérables.

Si enfin on tient compte que nos prix de revient sont aujourd'hui sensiblement réduits et que nos existences en calamine sont constatées, pour le présent seulement, dans leur quantité considérable de 61,000 tonnes au moins.

On peut conclure que la moindre reprise dans le prix du zinc nous donnera complète et entière satisfaction, et que les prix se relevant lorsque reviendra une situation normale, nous serons mieux préparés que jamais pour recueillir de larges profits et réaliser toutes les espérances qui s'attachent à notre exploitation sociale.

Pour toutes les mesures importantes que j'ai dû prendre, j'ai sollicité les avis de Messieurs les membres du Conseil de surveillance et ceux de M. de Jaurias, l'ingénieur principal de la Société. Des deux parts, j'ai recueilli des conseils aussi empressés que bienveillants, pour lesquels je tiens à exprimer ici ma parfaite reconnaissance.

Les notables économies qui ont été obtenues sur l'exploitation sont dues surtout au zèle et aux soins persévérants des deux ingénieurs qui dirigent sur les lieux. Il y a justice à leur en laisser le mérite.

J'ai l'honneur de rappeler à l'Assemblée, qu'outre les comptes et l'inventaire de l'exercice, j'ai à soumettre à son adhésion :

Premièrement. — Que le gérant pourra abandonner :

1° Toutes mines faisant partie de l'entreprise faite en participation de l'un des banquiers d'Espagne, dont 1/3 pour ce dernier et 2/3 pour la Société;

2° Et toutes autres mines se trouvant au seul état d'exploration ou d'exploitation improductive, possédées, soit par bail, moyennant redevance, soit autrement.

Deuxièmement. — Que le gérant pourra suivre et abandonner tout ou partie :

1° Des gisements ou mines de plomb qui composent l'exploitation du district de Puente Viesgo;

2° Et des mines de Biscaye, faisant partie de l'entreprise faite en participation de MM. Basterretche et Baignol.

Troisièmement. — Que le gérant suivra l'établissement de l'usine à zinc, et satisfera à toutes les mesures ainsi qu'aux déboursés et avances qui seront propres à conduire à la mise en valeur la plus prompte du bassin houiller de Quiros.

LE GÉRANT,

A. BERNIÈRE.

ACTIF

§ 1er. Capital immobilisé

DROITS de concession et de propriété des mines et immeubles sociaux . . . . 3,130,000 »

§ 2. Travaux et dépenses de premier établissement

(COMPTES AMORTISSABLES)

HABITATION ET CONSTITUTION
- Habitation 8,980 95
- Mobilier . . . . 9,060 » — 23,086 79
- Frais de constitution 4,485 84

TRAVAUX ET AUGMENTATIONS IMMOBILIÈRES
- Routes et chemins 250,258 67
- Travaux aux ports d'embarquement . . . . 152,072 »
- Fours de calcination 150,361 91
- Travaux préparatoires d'extraction . . . . 125,842 60 — 861,921 34
- Acquisitions de mines et immeubles 46,816 48
- Constructions, machines, et dépenses en travaux et autres objets d'une utilité d'avenir 136,173 81

— 884,238 13

§ 3. Matériel et fonds de roulement

- MATÉRIEL DE L'EXPLOITATION 163,803 00
- APPROVISIONNEMENTS 62,368 23
- COMPTES DÉBITEURS pour l'affaire Quiros 229,062 17
- » pour l'exploitation des manganèses 44,793 26
- » pour la participation de Biscaye 49,089 81
- MARCHANDISES (Réestimation de l'existence des minerais au 30 juin 1861) 156,112 86
- CAISSE ET DÉBITEURS DIVERS 861,973 44

— 1,245,861 87

Fr. 5,259,760 »

PASSIF

- 1° Capital social . . . . 5,000,000 »
- 2° Compte de réserve 73,485 55
- 3° Créanciers divers 6,976 12
  147,555 0

5,227,996 77

Balance représentant, d'après le compte Profits et Pertes, le solde du bénéfice du 6e Exercice 1860-1861 . . . . 31,763 23

Fr. 5,259,760 »

RÉSUMÉ DU COMPTE PROFITS ET PERTES

DÉBIT — Durant le Sixième Exercice d'exploitation, du 30 Juin 1860 au 30 Juin 1861. — **CRÉDIT**

DÉBIT

1° DÉPENSES GÉNÉRALES D'EXPLOITATION		
Honoraires du Gérant et des Ingénieurs et Employés	63,158	80
Ports de lettres et Dépêches	2,008	51
Change, Commissions, Intérêts	31,557	98
Frais de Bureau en Espagne et à Paris	12,150	78
Frais de Voyages	6,728	64
Frais de Contentieux	34,008	11
Dépenses diverses	15,897	32
— imprévues à régler		
	165,584	83
	6,976	14
2° FRAIS COMMUNS D'EXPLOITATION		
Exploitation des Mines 161,959,97		
— des Terres calaminaires 62,700,68		
— des Minerais mélangés 75,330,12		
	295,990	07
Frais de Calcination	75,229	22
Transports des Mines et Fours au ports d'embarquement	130,099	44
Dépenses pour Travaux d'exploration ou d'avenir	69,170	40
Taxe des Mines à droits divers	8,558	40
	532,047	06
Frets, Chargements, Livraisons et Accessoires	222,328	26
Amortissements, suivant le Compte rendu du Gérant, folios 13, 15 et 15	177,727	81
Remboursement de la valeur du Stock de l'Exercice précédent	116,386	64
Solde créditeur du compte Profits et Pertes au 30 juin 1861	31,703	23
Fr.	**1,252,758**	**97**

CRÉDIT

1° Produits réalisés des Mines	978,022	61
2° Solde créditeur du Compte Profits et Pertes au 30 Juin 1860 .... 93,662 13		
3° Solde créditeur du Compte Profits et Pertes du 30 Juin 1860 au 30 Juin 1861 .... 2,945 03		
	96,607	16
3° Produits à réaliser formant Stock au 30 Juin 1861	178,129	17
Fr.	**1,252,758**	**97**

ASSEMBLÉE GÉNÉRALE DU 30 OCTOBRE 1862

COMPTE RENDU

PAR LE GÉRANT

DU SEPTIÈME EXERCICE 1861-1862

RAPPORT DU CONSEIL DE SURVEILLANCE

PROCÈS-VERBAL DE L'ASSEMBLÉE GÉNÉRALE

IMPRIMERIE POITEVIN
RUE DAMIETTE, 2

1862

SOCIÉTÉ DES MINES ET FONDERIES DE LA PROVINCE DE SANTANDER

ASSEMBLÉE GÉNÉRALE DU 30 OCTOBRE 1862

COMPTE RENDU

PAR LE GÉRANT

DU SEPTIÈME EXERCICE 1861-1862

RAPPORT DU CONSEIL DE SURVEILLANCE

PROCÈS-VERBAL DE L'ASSEMBLÉE GÉNÉRALE

PARIS

IMPRIMERIE POITEVIN

RUE DAMIETTE, 2

1862

ASSEMBLÉE GÉNÉRALE DU 30 OCTOBRE 1862

COMPTE RENDU

PAR LE GÉRANT

DU SEPTIÈME EXERCICE 1861-1862

MESSIEURS LES ACTIONNAIRES,

J'ai l'honneur de vous soumettre les comptes et bilan du septième exercice social, expiré le 30 juin 1862. Je dois en même temps rendre compte des opérations principales accomplies durant cet exercice.

Tout d'abord, je rappellerai que, d'après les résolutions prises en l'Assemblée générale de l'année dernière, la gérance se trouvait en présence de deux choses très-importantes à accomplir : Premièrement, fonder une usine à zinc à Comillas; deuxièmement, satisfaire aux mesures et déboursés nécessaires pour arriver à la mise en valeur du charbonnage de la vallée de Quiros en Asturies.

Ces deux choses, il fallait impérieusement les aborder et les conduire à bonne fin, et j'ai la satisfaction d'y être parvenu.

A l'égard de l'usine, elle est devenue fort utile par les raisons suivantes : On a déjà, l'année dernière, expliqué d'une manière générale que, privée de fonderie, la Société se trouvait à la merci des seules exportations, déshéritée d'abord d'une partie des bénéfices auxquels elle peut prétendre, et, ensuite, des conditions d'indépendance qui sont la base indispensable de toute entreprise sérieuse; j'ajouterai que si, en effet, l'exportation de nos minerais riches a été et peut demeurer encore une opération normale, alors que nous obtenons, des destinataires, des conditions fondées sur une juste pondération des profits réciproques, il faut cependant apprécier qu'à certaines conditions, dans certains cours du zinc et pour des mi-

nerais moins riches, l'exportation pourrait devenir stérile ou trop peu rémunératrice, et que, pour ces cas spéciaux, c'est la réduction des minerais qui reste
comme seul élément de bénéfice, c'est-à-dire que c'est l'usine qui devient alors
le moyen nécessaire.

Les bâtiments et le four qui constituent l'usine avec toutes ses dépendances
utiles sont à peu près complètement terminés; mais le travail et le séchage des
produits réfractaires comportent des délais qui ne permettront la mise à feu que
dans les premiers mois de l'année prochaine.

Les dépenses de construction, les approvisionnements et frais accessoires s'élevaient, au 30 juin dernier, jour de l'inventaire, à 92,286 fr. 07 c., et les dépenses
faites et à faire depuis cette époque sont estimées à environ 37,000 fr.

C'est donc incessamment que la Société se trouvera en pleine possession d'un
établissement qui lui faisait défaut.

Quant au charbonnage de Quiros, je dois rappeler qu'il s'agissait, pour notre
Société, d'un intérêt de moitié dans la possession de mines de houille dont la mise
en valeur restait à l'état d'étude ou de projet, et que, pour desservir l'affaire
dans cet état de possession préliminaire, remontant déjà à plusieurs années, notre
Société avait fait des déboursés successifs qui s'élevaient, au 30 juin 1861, à
229,062 fr. 17 c., indépendamment de faux frais et intérêts dont le compte restait à établir.

Si, à ce découvert, on ajoute la suite des dépenses courantes à partir du
30 juin 1861, on peut chiffrer un capital d'environ 300,000 fr., qui se trouvait
compromis dans une affaire toute précaire.

Pour l'affaire, comme pour l'argent qui y était versé, se présentait l'alternative,
soit d'obtenir une valeur importante et sérieuse à la suite d'une organisation définitive, marchant avec ressources suffisantes vers un but déterminé et productif,
soit de périr entièrement si cette organisation ne pouvait réussir; il fallait donc
sortir de cette position transitoire et sans issue dans laquelle l'affaire de Quiros
se trouvait stérilisée depuis trop longtemps. Il fallait réunir le capital nécessaire
pour accomplir deux choses essentielles :

Premièrement. Les travaux préparatoires d'une exploitation régulièrement amé-
nagée;

Deuxièmement. Un moyen de viabilité suffisamment perfectionné pour conduire
la houille économiquement de la vallée de Quiros dans les parties inférieures de la
même vallée, à la distance d'environ 24 kilomètres où se rencontrent des débouchés, particulièrement la fabrique gouvernementale de Trubia, qui est très-grande
consommatrice. Jusqu'à présent, cet établissement se trouve alimenté, mais à
grands frais, parce que la houille qui lui arrive provient de charbonnages qui sont

séparés de Trubia par des distances et des difficultés de viabilité beaucoup plus grandes que celles qui existent entre Quiros et Trubia.

Ceci compris nous nous sommes occupés des mesures les plus sûres et les plus pratiques pour arriver à conquérir ce moyen de viabilité nécessaire ; et c'est ainsi qu'en fournissant aux communes un prêt de 121,052 fr., remboursable en vingt annuités, nous avons obtenu l'adoption et l'établissement d'un chemin vicinal de première classe de cinq mètres de largeur avec pentes ne dépassant pas trois pour cent et reliant Quiros à Trubia.

L'affaire se dessinant de cette manière, il m'a été permis de négocier et de conclure la formation de la Compagnie houillère de Quiros au capital de un million de francs représentant tout à la fois la valeur des mines, les déboursés déjà faits et ceux restant à faire pour marcher, sans désemparer, à la mise en exploitation. Cette Société qui a été fondée provisoirement sous ma gérance se trouve appuyée d'un Conseil de surveillance qui se compose de personnes hautement placées dans le monde et les affaires et dont le concours devient un témoignage aussi honorable que rassurant pour le but de l'entreprise et l'avenir qu'on peut en espérer.

Le chemin dont je viens de parler est aujourd'hui en pleine voie d'exécution à la suite des adjudications qui ont été prononcées et avec le concours financier tant des communes qui y sont intéressées que de la députation provinciale des Asturies ; et après l'achèvement de ce chemin, à la fin de 1863, l'entreprise de Quiros se trouvera fondée avec sécurité sur des éléments bien complets, savoir :

Une extraction des plus sommaires et dès lors à bas prix dans des gisements nombreux affleurant au-dessus du niveau de la vallée et à attaquer sans puits, sans nécessité d'épuisement, sans risques d'aucune sorte ; un chemin de parfaite viabilité à pente générale constamment descendante de Quiros à Trubia et par conséquent un moyen de transport suffisamment économique dans une contrée où l'élevage des bœufs fournit avec excès l'instrument de traction admis par la pratique et l'habitude.

Les moyens enfin de produire une houille de parfaite qualité et de la transporter au lieu de consommation, le tout moyennant des frais très-inférieurs au prix moyennant lequel la houille y est, et peut y être actuellement vendue.

Je devais ici ma pensée sur l'affaire de Quiros, parce que notre Société y conserve quant à présent un intérêt de 675,000 fr. composé de la manière qui va être expliquée ultérieurement.

La fondation de la Compagnie houillère a eu pour notre Société un avantage particulier. Les droits que nous avions tant pour la co-propriété des mines que pour nos déboursés du passé et de l'avenir ne se trouvaient établis par aucune convention précise, et leur définition était sujette alors à des règlements de pure équité qne des contestations pouvaient compliquer ou compromettre. La fondation de la Société a mis un terme à ces incertitudes regrettables; elle a eu pour effet très-utile de fixer les droits de tous les communistes et par conséquent les nôtres en particulier.

En résumé, je dois m'applaudir des efforts que j'ai faits pour constituer la Compagnie houillère et du succès qui en a été le prix ; car si j'avais échoué, notre Société serait fatalement retombée dans les embarras et les difficultés de la situation précaire que j'ai retracée plus haut ; et, au lieu de la part importante que nous conservons dans cette intéressante affaire, il en serait résulté un abandon forcé de l'opération et des espérances qui s'y attachent ; et, je dirai plus, il en serait résulté la perte plus que probable de la totalité des fonds qui s'y trouvaient engagés.

Pour établir l'usine et pour aider à la fondation de la Compagnie houillère il fallait des ressources ; et ces ressources, nous ne pouvions les emprunter qu'au fonds de roulement dont nous disposons, ou bien aux bénéfices de l'exercice ; or, le fonds de roulement nous est chose fort précieuse ; et tout intéressantes que soient l'usine et la Compagnie houillère, elles perdraient beaucoup de leur prix si le fonds de roulement eût dû en faire les frais. Mais ce fonds est demeuré intact et les bénéfices ont suffi et au delà pour procurer toutes les sommes nécessaires.

En consultant le compte profits et pertes, dont un résumé que vous avez sous les yeux forme annnexe du présent Rapport, on voit un profit général de 547,399 fr. 34 c. Ce profit se compose ainsi qu'il suit :

1° 30,243 fr. 25 c. qui forment le solde du bénéfice mis en réserve de l'exercice précédent;

2° 319,071 fr. 75 c. qui composent les profits nets obtenus sur les exploitations du présent exercice ;

3° 198,084 fr. 34 c. représentés par des actions de la Compagnie houillère et provenant, tant du prix assigné à l'apport de notre part dans les mines de Quiros que des prime et du règlement des faux frais et intérêts dont le compte était demeuré en suspens. Toutes choses qui n'ayant pas été chiffrées dans nos inventaires précédents sont devenues un profit dans les comptes de la présente année.

C'est au moyen de ce bénéfice qu'il m'a été permis de consacrer à l'établissement de l'usine les 92,286 fr. 07 c. déboursés au 30 juin 1862, et à la fondation de la Compagnie houillère une somme de 180,517 fr. 69 c.

Quant à cette dernière somme, elle a été engagée de la manière suivante : Pour compléter 1,000,000 fr., composant le capital de la Compagnie houillère, il fallait 279,875 fr. qui restaient à souscrire dans la proportion de 200,000 fr.

Cette souscription a été rendue publique par insertions et circulaires, et les demandes qui en ont été la suite ayant complété 101,000 fr. sur les 279,875 fr., l'excédant de 178,875 fr. est resté pour le compte de notre Société et constitue l'engagement de 180,517 fr. 69 c., en y ajoutant 1,642 fr. 69 c. dont nos déboursés originaires se sont trouvés augmentés depuis le 30 juin 1861.

C'est ainsi que notre intérêt, dans la Compagnie houillère, s'élève, aujourd'hui, comme il a été dit, à 675,000 fr. représentés par 1,350 actions de 500 fr. Cet actif, ramené dans l'inventaire à la valeur d'émission, n'y figure que pour 607,664 fr. 20 c., savoir : 198,084 fr. 34 c. pour 440 actions, valeur de notre part dans les mines, primes et règlement sus indiqués, et compris dans le profit général détaillé plus haut, et 409,579 fr. 86 c. pour 910 actions, valeur de nos déboursés faits jusqu'au 30 juin 1861, ainsi que de l'engagement nouveau de 180,517 fr. 69 c.

Par suite des emplois que je viens d'expliquer, le profit général de 547,399 fr. 34 c. se trouve représenté et converti de la manière suivante :

1° Actions de la Compagnie houillère, 440, qui entrent dans la composition des profits pour 198,084 fr. 34 c., et 401, qui proviennent de l'engagement nouveau de 180,517 fr. 69 c., ensemble 841 actions pour. . . . . . . fr. 378,602 03

2° Déboursés pour l'usine. 92,286 07

3° Valeur disponible. 76,511 24

Total. . . . . . fr. 547,399 34

C'est assez dire que les 547,399 fr. 34 c. ne sont pas actuellement disponibles pour une répartition de dividende en argent; mais comme une répartition constitue cependant, pour les Actionnaires, un intérêt actuel qu'il est désirable de satisfaire, nous avons dû chercher le moyen de concilier cet intérêt avec celui général qui commande un amortissement à la charge du bénéfice, dans une mesure nécessaire, pour préserver nos ressources de roulement, et avec la stricte légalité qui s'oppose à toute répartition qui ne serait pas disponible.

Cette conciliation des deux intérêts, nous l'avons rencontrée dans les propositions que, d'accord avec MM. les Membres du Conseil de surveillance, j'ai l'honneur de soumettre à l'approbation de l'Assemblée, et qui sont formulées dans les sept articles suivants :

ARTICLE PREMIER

Le Gérant est autorisé à réaliser sur le pied d'une Action de prime pour cinq actions, ou, ce qui est la même chose, au prix de 416 fr. 67 c. cinq cents actions de la Compagnie Houillère de Quiros à prendre sur les 841 actions qui se trouvent entrer dans la composition du profit général.

Art. 2.

Ceux des actionnaires qui voudront recèvoir, en nature, leur part dans les 500 actions dont il s'agit, pourront échanger les coupons de 20 de leurs actions, représentant le dividende du 7ᵉ exercice (voir article 5), contre une action libérée de 500 francs de la Compagnie Houillère, c'est-à-dire que, pour eux, le dividende du 7ᵉ exercice sera de 25 francs par action fournis en action de la Compagnie Houillère

Ceux qui n'auront pas 20 actions, ou dont la quantité d'actions ne se fractionnera pas par le nombre 20, pourront demander une action de la Compagnie Houillère en échange, 1° des coupons de leurs actions représentant le dividende du 7ᵉ exercice; 2° et d'autant de fois 20 fr. 85 c. qu'il sera nécessaire pour compléter le nombre de 20.

Les droits ci-dessus réservés aux Actionnaires pourront être exercés pendant les quinze jours qui suivront l'avis, qui en sera rendu public par insertions faites dans trois des journaux quotidiens de Paris, et, passé ce délai, tout autant seulement qu'il restera des actions de la Compagnie Houillère disponibles sur les 500 que le Gérant est autorisé à réaliser.

Les échanges ci-dessus prévus se feront immédiatement, sans attendre les échéances des 1ᵉʳˢ janvier et juillet 1863.

Art. 3.

Ceux des Actionnaires qui n'useront pas des droits réservés par l'article précédent, recevront en argent, pour tout dividende, les versements ci-après, savoir :

Le 1ᵉʳ Janvier 1863, 10 francs par action à prendre sur le produit des ventes accomplies jusque-là; et le 1ᵉʳ juillet 1863, le solde provenant du produit des ventes accomplies jusqu'à cette époque; mais si, pour cette échéance, la somme à répartir ne suffisait pas pour un versement minimum de 5 francs par action, la différence serait fournie par la Société sur les 76,511 fr. 24 c. qui font partie du bénéfice, et dont il sera parlé article 7ᵉ; d'un autre côté, la Société aura la propriété et le profit de celle des actions de la Compagnie Houillère de Quiros, dont la vente ne se trouverait pas réalisée le 1ᵉʳ juillet 1863.

Art. 4.

Si, à la suite des ventes d'actions et échanges de coupons qui sont prévus articles 1 et 2, il n'avait pas été réalisé d'ici au 15 décembre 1862, la somme nécessaire pour fournir 10 francs par action aux actionnaires désignés article 3, les 500 actions de la Compagnie Houillère seraient réparties en nature à tous les actionnaires, mais à la condition de n'admettre que 20 coupons de dividende pour chaque action à répartir, sauf aux actionnaires à vendre ou à acheter des coupons lorsqu'ils ne réuniraient pas le nombre 20.

Art. 5.

Les coupons représentatifs du dividende du septième exercice seront ceux qui sont à l'échéance des 1er janvier et juillet 1862, et 1er janvier et juillet 1863.

Art. 6.

Les droits de transmissions dus à l'État sur les Actions au porteur et avancés par la Société pour compte des Actionnaires grèveront le dividende de chaque Action pour 0 fr. 80 c.

Art. 7.

Sur les 297,399 fr. 24 c. qui forment le complément du profit général, il sera mis en réserve, pour être portés à compte nouveau, les 76,511 fr. 24 c. qui sont disponibles, sous la déduction, au besoin, de ce qui pourra être fourni selon ce qui est prévu à l'article 3, et il en sera de même pour celles des Actions de la Compagnie houillère qui resteraient la propriété de la Société en conformité du même article.

Quant aux 220,888 fr. composant le solde du profit général, ils seront consacrés à amortir, jusqu'à due concurrence, celles des valeurs sociales qui en sont susceptibles.

Telles sont, Messieurs, les dispositions que nous avons cru devoir adopter pour satisfaire, autant que possible, l'intérêt commun et l'intérêt actionnaire. Elles sont formulées d'une manière très-détaillée, pour que chacun puisse se rendre un compte parfaitement exact de l'option qui lui reste à faire; mais, en fait, elles se résument d'une manière assez simple :

Ou le dividende sera réparti pour tous en Actions de la Compagnie houillère de Quiros, et alors il sera, pour chaque Action de notre Société, de 1/20 d'une Action houillère de 500 fr.

Ou, ce qui est plus probable, il sera, pour les uns en Actions de la Compagnie houillère, et pour les autres, en argent, selon le désir et les convenances de chacun. Dans ce cas, il restera, pour les premiers, de 25 fr. en Action, et pour les autres, soit de 20 fr. 83 c., si la totalité des 500 Actions de la Compagnie houillère se trouve vendue et attribuée en échange de coupons, soit de moins si le contraire arrive, mais sans pouvoir cependant descendre au-dessous de 15 fr.

D'un autre côté, la Société arrive par un amortissement important à réduire utilement son actif de premier établissement, que les bénéfices ont la charge d'amortir d'une façon échelonnée; puis à conserver la quantité *minima* de 851 Actions de la Compagnie houillère, soit un intérêt d'au moins 4 dixièmes 1/2 dans l'affaire, pour ne pas dire la moitié.

Ensuite on ajoute aux ressources de roulement, sous forme de réserve, un capital de 76,511 fr. 24 c., qui pourra se réduire selon le sort des réalisations sur lesquelles on base la répartition, mais qui, dans tous les cas, s'augmentera de l'importance des Actions de la Compagnie houillère qui pourront se trouver invendues à l'époque du 1er juillet 1863.

Au nombre des amortissements que les 220,888 fr, doivent desservir, il en est deux que je dois particulièrement signaler.

1° Je rappellerai que l'affaire participation de Biscaye, qui nous intéresse pour deux tiers, a donné lieu l'année dernière à l'amortissement des déboursés faits par notre société dans cette entreprise jusqu'au 30 juin 1861, et que j'ai été autorisé à liquider celle-ci. J'ai donc eu à poursuivre dans ce but toutes les réalisations amiables ou judiciaires des traités qui avaient été faits pour les mines. Cette liquidation touche à sa fin; mais, durant l'exercice, il a fallu y dépenser, pour notre part de frais divers, une somme totale de 4,572 fr. 87 c. qui, n'ayant pas de représentation active, doit être amortie.

2° Je dois aussi rappeler que dans le compte-rendu de l'année dernière je signalais une exploitation de manganèse en Asturies dont la valeur restait à étudier.

L'examen complet de l'opération et la révision des comptes s'y rattachant me permettent de conclure aujourd'hui et d'apporter les explications suivantes :

Les fonds qui se trouvaient engagés dans cette affaire jusqu'au 30 juin 1861 constituaient un total de 50,110 fr. 55 c.; en ajoutant les dépenses de l'année, ce total s'est élevé, au 30 juin 1862, à 51,950 fr. 97 c. Cette dernière somme forme la différence entre le produit net et général des ventes de manganèse qui ont été réalisées et le montant des déboursés qu'il a fallu faire depuis 1856 jusqu'à présent, tant pour la possession des mines que pour la production et le transport des minerais. Il en résulte que, sauf une somme de 11,250 fr. qui représente, par évaluation, la valeur nette de 150 tonnes de manganèse qui sont en existence, la différence de 40,700 fr. 97 c. forme une perte complètement définie. Je conserve l'espoir de ramener cette opération à meilleure fortune en modifiant, pour l'exploitation de l'avenir, les errements du passé ; mais, quoi qu'il arrive, on ne peut régulièrement se reposer sur des bénéfices encore éventuels pour éteindre une perte actuellement consommée, et je considère en conséquence que les 40,700 fr. 97 c. doivent être amortis.

Les deux articles que je viens d'indiquer absorbant ensemble 45,273 fr. 84 c., il en résulte que les 220,888 fr. qui sont destinés aux amortissements seront employés pour les 175,614 fr. 16 c. d'excédant, à l'amortissement particulier des objets actifs composant le paragraphe des travaux et dépenses de premier établissement et sont, par leur nature, amortissables successivement.

Je dois maintenant fournir des renseignements sur chacune de nos entreprises.

Nos exploitations dans les gisements plombifères de Puente-Viesgo seront limitées à un seul travail, celui d'une galerie destinée à constater le filon et sa puissance. Ce travail sera d'un prix peu élevé, et nous n'y donnerons de l'extension que si les recherches donnent satisfaction et l'assurance d'une exploitation sérieusement rémunératrice. Dans tous les cas, nous nous bornons à conserver dans ce district celles des mines qui sont la propriété exclusive de notre Société, abandonnant toutes celles possédées du chef de tiers et nous assujétissent à des risques et frais, avec partage des produits en cas de succès.

L'exploitation de calamine en Biscaye, entreprise en participation avec MM. Basterretche et Baignol, et dans laquelle nous sommes intéressés pour un tiers, suit son cours régulier, nous engageant au 30 juin 1862 pour 55,230 fr. 17 c. Ce déboursé est représenté par notre part dans l'actif net de la participation composé de l'achat de sept mines, matériel, approvisionnements, recouvrements et minerais. Cette part est d'une valeur, d'après l'inventaire de cette participation, de 24,311 fr. 67 c. Ce qui nous laisse à découvert de 30,918 fr. 50. Mais en présence de l'expectative avantageuse qui se révèle actuellement pour l'exploitation de l'une des mines particulièrement, il y a lieu d'espérer que ce découvert sera promptement comblé et qu'ensuite nous obtiendrons, du chef de cette affaire, une part intéressante de bénéfice.

Pour la mine de cuivre de Pico-Jano il a été, comme dans les années précédentes, donné suite à l'avancement de la galerie investigatrice du filon. Ce n'est que dans dix-huit mois ou deux ans que ce travail sera achevé et qu'il sera permis d'être alors fixé sur la valeur de la mine.

Quant à l'exploitation générale de nos districts principaux, nous la suivons avec beaucoup de soins et de ménagements ; notre production de l'année a été de 10,214 tonnes en calamine crue, blende et plomb. Nous avons obtenu quelques résultats de nos explorations nouvelles ; et il en est résulté que nos existences constatées de l'année dernière ne se trouvent réduites que de 6,000 tonnes, c'est-à-dire qu'elles demeurent constatées pour 55,000 tonnes dont 29,500 sont à l'état les unes d'abattage préparé, et les autres de reconnaissance approximative, et 25,500 tonnes à provenir de lavage des minerais menus ou terres calaminaires.

Nos exportations de l'année composées de calamine calcinée, blende et plomb se sont élevées à 8,722 tonnes et nous ont procuré le bénéfice net de 319,071 fr. 75 c., qui fait partie de nos profits généraux.

Dans le compte rendu que j'ai présenté le 30 octobre de l'année dernière, j'entrevoyais une prompte réhabilitation de nos résultats de l'avenir ; je me fondais d'abord sur les réformes que je comptais poursuivre avec constance, et ensuite sur une amélioration des prix du zinc. Je prenais pour base de mes calculs le taux probable et minimum de 51 fr. 32 c.

Cette espérance ne s'est pas réalisée, la crise a continué ; les cours sont restés dépréciés ; et nos exportations de l'exercice n'ont pu être réalisées que d'après un cours moyen, pour le zinc, de 43 fr. 82 c.

Sur le chiffre que j'espérais c'est une différence qui, pour chaque tonne de minerai, correspond à 31 fr. 95 c., autrement dit une déconvenue pour notre exportation totale de 278,635 fr...

Si, dans ces conditions, il a été permis de réaliser un bénéfice de 319,071 fr. 75 c., ce bénéfice est le témoignage de tous les efforts qui ont été faits sous le rapport des économies et des améliorations de toutes sortes.

Nos ingénieurs de l'exploitation ont été, par leur zèle et leur activité, à la hauteur des circonstances difficiles qui pèsent sur notre industrie ; ils ont perfectionné avec persévérance tous les services de l'exploitation, et sont arrivés à des réductions très-notables de nos prix de revient. En comparant ces prix avec ceux de l'exercice précédent il en ressort une différence avantageuse qui a réagi sur les résultats de notre exercice dans la proportion, savoir : de 190,013 fr. pour nos produits de calamine, et de 9,523 fr. pour nos produits en blende et plomb, soit une différence totale de 199,536 fr.

Quant aux dépenses générales d'administration, qui sont celles rentrant le plus spécialement dans ma sphère de contrôle et d'action, elles ont été défendues avec la même rigueur. Ces dépenses s'élevaient, dans l'exercice précédent, à 172,560 fr. 97 c., et ce chiffre était lui-même le résultat d'une économie de 101,581 fr. 15 c. obtenue sur l'exercice antérieur. Or, ces mêmes dépenses sont descendues, pour l'exercice dont nous nous occupons, à 70,793 fr. 81 c., ou mieux à 65,922 fr. 31 c. en appréciant que le chapitre change et intérêt, qui jusqu'ici constituait un débit, s'est converti, durant l'exercice, en un profit de 4,871 fr. 50 c.; il s'agit donc, comme vous le voyez, d'une économie nouvelle de 106,638 fr.

La conclusion de ces explications, c'est que le bénéfice de 319,071 fr. 75 c. a été conquis à peu près intégralement sur les économies et les perfectionnements qu'il a été permis d'accomplir;

Que, dans cette marche progressive de l'exploitation, la Société peut affronter les cours du zinc, même à l'état de dépréciation, et y rencontrer un bénéfice;

Que si ce bénéfice n'est pas assez élevé pour donner complète satisfaction, on doit envisager qu'il s'agit d'une situation anormale et transitoire, et que, avec le rétablissement des cours réguliers, on arrivera facilement à des bénéfices complets.

Dans tous les cas, il faut reconnaître que si la satisfaction qu'il est permis de donner aux intéressés n'est pas aussi entière qu'on pourrait le désirer, on est cependant arrivé durant l'exercice et malgré des circonstances bien contraires, à des résultats généraux d'une importante valeur pour l'intérêt commun. Les ressources conquises permettent de faire face :

1° A une répartition qui représente plus de 200,000 fr.;

2° A une dépense de 92,286 fr. 07 c. pour l'usine à zinc;

3° A un amortissement de 220,888 fr. 10 c., qui, pour la plus grande partie, se traduit en un enrichissement de l'actif social;

4° Et enfin, à une augmentation de 52,738 fr. 79 c. dans les ressources courantes de roulement, car le bilan du 30 juin 1861 accusait un fonds de roulement s'élevant (abstraction faite du matériel et des trois affaires : Participation Quiros, celle Basterretche et celle des manganèses) à 607,222 fr. 83 c., tandis que le bilan du 30 juin 1862, qui est joint au présent Rapport, justifie d'un fonds de roulement s'élevant (abstraction faite des mêmes objets) à 659,961 fr. 12 c., augmentation qui provient tant de la réserve nouvelle sur le bénéfice que des réalisations faites sur le matériel.

M. de Jaurias, notre ingénieur-conseil, et MM. les membres du Conseil de surveillance, ont suivi toutes les affaires de l'exercice avec une sollicitude égale à la mienne, et je ne voudrais pas terminer ce Rapport sans leur exprimer tous mes remerciements pour le concours et les bons avis qu'ils m'ont donnés avec une parfaite bienveillance.

LE GÉRANT,

A. BERNIÈRE.

ACTIF

§ 1er. Capital immobilisé

DROITS de concession et de propriété des mines et immeubles sociaux . .	»	»	3,130,000 »

§ 2. Travaux et dépenses de premier établissement

(COMPTES AMORTISSABLES)

HABITATION ET CONSTITUTION	Habitation.	10,274 00		
	Mobilier	9,772 73	24,473 17	
	Frais de constitution . . .	4,426 44		
TRAVAUX ET AUGMENTATIONS IMMOBILISÉES	Routes et chemins.	225,573 72		
	Travaux aux ports d'embarquement . . .	132,811 62		
	Fours de calcination	146,032 45		969,464 21
	Travaux préparatoires d'extraction. . .	123,543 50		
	Acquisitions de mines et immeubles . .	47,088 07	944,991 04	
	Appareils de sondage . . .	8,032 »		
	Usine à zinc (constructions et approvisionnements)	98,286 07		
	Constructions, machines, et dépenses en travaux et autres objets d'une utilité d'avenir. . .	143,223 61		

§ 3. Matériel et fonds de roulement

MATÉRIEL DE L'EXPLOITATION	142,021 35	
APPROVISIONNEMENTS.	39,443 08	
COMPTES DÉBITEURS pour 850 actions dans la Compagnie houillère de Quiros.	357,664 20	
» 500 d° destinées à la répartition . . . . 250,000 »	607,664 20	1,700,953 45
» pour l'exploitation des manganèses.	11,250 »	
» pour la participation de Biscaye.	55,230 47	
MARCHANDISES (Réestimation de l'existence des minerais au 30 juin 1862).	77,374 35	
CAISSE ET DÉBITEURS DIVERS.	767,970 »	

Fr.	5,800,417 36

PASSIF

§ 1er. Passif envers la Société.

1° CAPITAL SOCIAL. . . . . 6,000,000 »	5,073,465 65		
2° COMPTE DE RÉSERVE. 73,465 55		5,325,591 05	
3° PRÉLÈVEMENT SUR LE BÉNÉFICE consacré à l'amortissement.	175,614 15		
4° — — mis en réserve à compte nouveau	76,341 34		

§ 2. Créanciers divers.

PASSIF COURANT	80,583 33	224,826 31	
SOLDE non échu de notre souscription dans la Cie houillère Quiros.	118,960 33		
DIVIDENDES ARRIÉRÉS.	25,282 65	5,550,417 36	
BALANCE représentant le solde du compte Profits et Pertes restant libre pour une répartition en 500 Actions de la Compagnie houillère de Quiros.		250,000 »	

Fr.	5,800,417 36

RÉSUMÉ DU COMPTE PROFITS ET PERTES

DÉBIT — Durant le Septième Exercice d'exploitation, du 30 Juin 1861 au 30 Juin 1862. — **CRÉDIT**

DÉBIT

DÉPENSES GÉNÉRALES D'ADMINISTRATION			
Honoraires du Gérant et des Ingénieurs et Employés		32,508	40
Ports de lettres et Dépêches		1,076	71
Frais de Bureau en Espagne et à Paris		5,273	80
Frais de Voyages		3,417	64
Frais de Contentieux		3,528	76
Dépenses diverses		4,964	48
		70,793	**84**

FRAIS COMMUNS D'EXPLOITATION			
Exploitation des Mines	86,678,45		
— des Terres calaminaires	61,697,04	168,769	32
— des Minerais mélangés	20,393,83		
Frais de Calcination	73,255	78	
Transports depuis les Mines et Fours jusqu'aux ports	35,190	26	
Dépenses pour Travaux d'exploration ou d'avenir	14,064	27	
Taxe des Mines et droits divers	8,381	93	
		299,061	**56**
Frets, Chargements, Livraisons et Accessoires		213,979	86
Remboursement de la valeur du Stock de l'Exercice précédent		168,112	86
Balance représentant le Profit général		547,399	34
	Fr.	**1,289,947**	**53**

1° Amortissements détaillés au compte rendu de la gérance		220,888	00
2° Réserve à compte nouveau		76,511	34
Solde restant libre et disponible		250,000	00
	Fr.	**547,399**	**34**

CRÉDIT

1° Solde créditeur du Compte Profits et Pertes du 30 Juin 1861		30,243	25
2° Produits réalisés des Mines		979,374	09
3° Produits à réaliser formant Stock au 30 Juin 1862		77,374	35
4° Solde créditeur du Compte Apport à la Société Houillère de Quiros		198,084	34
5° — du paragraphe Change, Commission et Intérêts du compte Frais généraux		4,871	50
	Fr.	**1,289,947**	**53**
Report du profit général ci-contre		547,399	34
	Fr.	**547,399**	**34**

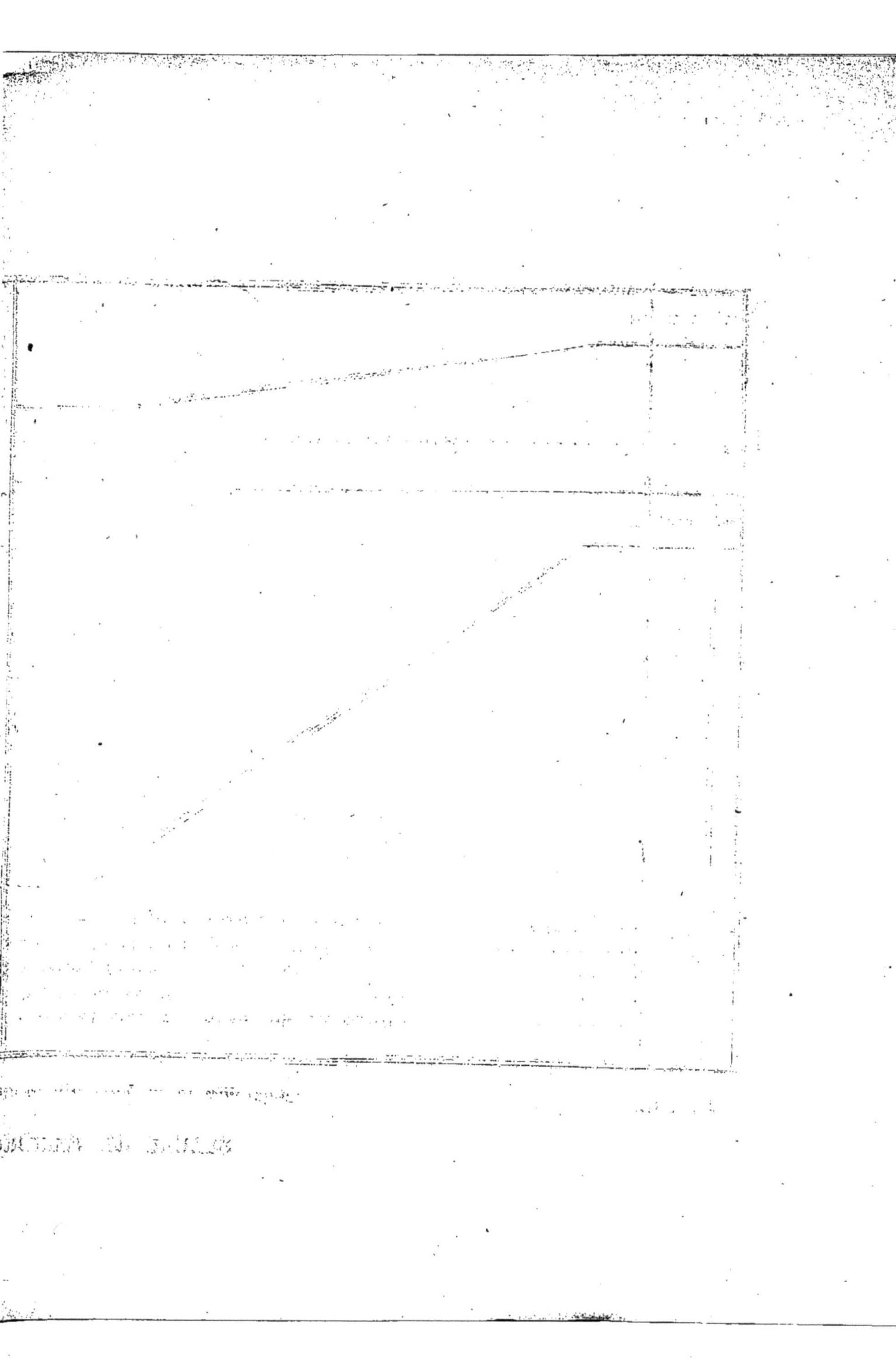

RAPPORT

DU CONSEIL DE SURVEILLANCE

SUR

L'INVENTAIRE ET LES COMPTES ARRÊTÉS LE 30 JUIN 1862

Messieurs les Actionnaires,

Le Conseil a fait les vérifications qui lui sont dévolues, et il vient vous présenter son Rapport sur l'inventaire du 30 juin 1862, et sur les propositions de distribution de dividende qui vous sont faites par le Gérant de la Société.

L'inventaire se résume de la manière suivante :

Chapitre 1er. Les droits de concession et de propriété des mines et immeubles.................................... fr. 3,130,000 »

Chapitre 2. Travaux et dépenses de premier établissement. . . . . fr. 969,464 21

Qu'un prélèvement sur le bénéfice permet d'amortir pour. 175,614 16

Reste. : . . . 793,850 05   793,850 05

Chapitre 3. Matériel et fonds de roulement. 1,700,953 15

Sous déduction du passif courant et autre de.. . . . . . . fr. 224,826 31

Et de 250,000 fr. dont la répartition est proposée. 250,000 »   474,826 31

Soit net. . . . 1,226,126 84   1,226,126 84

Total.. . . . . 5,149,976 89

Représenté par :

1° Le capital social et le fonds de réserve.. . . . . 5,073,465 55

2° Et la réserve, à compte nouveau, sur le bénéfice de. . 76,511 34

Égal.. . . . . 5,149,976 89

Le chapitre premier reste invariable et ne comporte aucune explication.

Le chapitre deuxième s'élevait l'année dernière à 884,258 fr. 13 c., et, par conséquent, il se trouve réduit de 90,408 fr. 08 c., c'est-à-dire que :

D'une part, la Société a augmenté son actif :

1° D'objets mobiliers, de constructions diverses et d'achats de terrains pour. . . . . fr. 10,097 42

2° D'appareils de sondage pour . . . . 8,932 »

3° Et des dépenses pour l'usine à zinc s'élevant au 30 juin 1862, à. : 92,286 07

TOTAL. 111,315 49

Et d'autre part, il a été réalisé sur la dépense des chemins, et sur autre objet, un total de.. . . . . 26,109 41

Reste une augmentation d'actif de. 85,206 08
Mais le bénéfice fournissant amortissement, de. . . 175,614 16

C'est ainsi que la Société se trouve enrichie par l'usine et autre actif pour 85,206 fr. 08 c., tout en pouvant réduire l'estimation de ses travaux et frais de premier établissement, de.. . . . . . . 90,408 08

Quant aux matériel et fonds de roulement détaillés sous le chapitre 3, et s'élevant à . . . . fr. 1,226,126 84
Ils s'élevaient, l'année dernière, à. 1,090,970 65

D'où il résulte qu'il y a une augmentation de 135,156 19

Cette augmentation est égale à la réduction sus-indiquée, qu'a subie l'actif immobilisé de. . . . . fr. 90,408 08

En ajoutant la réserve nouvelle de bénéfice, qui s'élève à 44,748 fr. 11 c., c'est-à-dire à la différence entre les 31,763 fr. 23 c. réservés l'année dernière, et les 76,511 fr. 34 c. réservés cette année, ci. 44,748 11

Égal. 135,156 19

On voit en résumé :

1° Que l'actif immobilisé se trouve enrichi de . . . . fr.   85,206   08
2° Que le matériel et fonds de roulement sont enrichis de. . .   135,156   19
3° Et qu'il y a provision pour une répartition de   250,000   »
Si on ajoute que de l'inventaire ont disparu deux articles
d'actif devenus sans valeur, et amortis, suivant le compte
rendu du Gérant, pour.   45,273   84

On trouve un total de 515,636 fr. 11 c., égal au bénéfice,
abstraction faite des 31,763 fr. 23 c. provenant de l'exercice
dernier.   515,636   11

Telle est la situation qui ressort, avec une parfaite exactitude, des comptes et de l'inventaire arrêtés le 30 juin 1862. C'est avec une véritable satisfaction que le Conseil l'a constatée, et il est autorisé à admettre que l'Assemblée l'accueillera avec la même faveur.

Pour apprécier ces résultats à leur juste valeur, il faut se reporter, par la pensée, à l'époque de l'Assemblée dernière, et envisager ce qu'était alors la situation des affaires sociales.

La Société, depuis la baisse du zinc, avait cessé de faire des bénéfices. On espérait mieux de l'avenir, mais on le subordonnait à une reprise des prix du zinc; or, au lieu du prix de 50 à 51 fr. qu'on jugeait être celui *minimum*, c'est celui moyen de 43 fr. 82 c. qui est resté acquis.

Si, dans ces circonstances, la gérance était demeurée impassible et s'était résignée aux conditions de l'exploitation telles qu'elles se trouvaient établies, l'exercice se serait bien tristement résumé. Il aurait fallu ajourner la construction de l'usine à zinc; puis on n'aurait pu songer à l'organisation de la Compagnie houillère. Le capital engagé déjà dans cette opération et la nécessité de desservir celle-ci par de nouveaux déboursés auraient donné lieu aux questions les plus épineuses; car on se trouvait en présence d'éventualités dangereuses qu'il fallait encourir, ou en présence d'une perte si l'on voulait en sortir par une liquidation de l'affaire.

Mais qu'est-il arrivé?

Le Gérant s'est montré à la hauteur de toutes ces difficultés.

Par sa persévérance dans les réformes et les économies, il est parvenu à des améliorations dont l'importance dépasse 300,000 fr., et c'est ainsi qu'il a pu obtenir un bénéfice pour ainsi dire inattendu.

Puis tirant parti de cette ressource, il a marché résolument à la construction de l'usine et à l'organisation de la Compagnie houillère. Au moyen de cette dernière opération il a obtenu deux résultats des plus heureux : d'une part, il a converti vos déboursés et les éventualités qui vous menaçaient en un intérêt social parfaitement défini, et qui, sans risques nouveaux, vous offre des avantages d'avenir de la plus haute valeur ; d'autre part, votre moitié dans les mines de houille et la portion qui vous revenait dans la prime que les statuts ont fixée et allouée, ont engendré un profit particulier de 198,084 fr. 34 c., et, à la place de la perte qu'on pouvait encourir, vous avez recueilli ce nouveau bénéfice.

En résumé, au lieu de la situation difficile qui aurait pu se produire, on apporte aujourd'hui une situation très-apurée et toute rassurante ;

Une exploitation complètement amendée et perfectionnée, marchant avec profit malgré l'amoindrissement considérable des prix de réalisation.

L'édification d'une usine à zinc qui devient un nouvel élément de sécurité et de profit ;

L'organisation normale et rationnelle de la Compagnie houillère qui règle et résume vos droits dans l'avenir de l'opération et fournit le capital utile pour conduire à une exploitation profitable ;

Une distribution aux Actionnaires, soit de 500 actions de 500 fr. de la Compagnie houillère, soit du produit de la réalisation de ces actions.

Et enfin des amortissements et réserves qui aboutissent à augmenter votre actif immobilisé de 85,206 fr. 08 c., et votre actif matériel et fonds de roulement de 135,156 fr. 19 c., tout en faisant la part de deux amortissements particuliers s'élevant ensemble à 45,273 fr. 84 c.

Si donc on compare ce qui pouvait advenir avec ce qui a été obtenu, on est certes autorisé à applaudir sincèrement aux résultats de l'exercice ; et il y a justice à reconnaître que si le Gérant a rencontré une situation pleine de difficultés, il a fait preuve, en les surmontant avec autant de bonheur, de beaucoup d'expérience et d'une grande activité.

Quant à la distribution de dividende qui vous est proposée, le Conseil y donne son approbation et vient fournir, à cet égard, ses raisons et ses explications.

Il s'agit de la distribution d'une partie du profit général, autrement dit de la partie qui, suivant la bonne règle et la loi, se trouve parfaitement disponible.

Or, le profit en espèces comprend : Premièrement, les 30,243 fr. 25 c. formant le solde du bénéfice mis en réserve l'année dernière, ci . . fr. 30,243 25

Deuxièmement, et les 319,071 fr. 75 c. montant du bénéfice obtenu sur l'exploitation de cette année 319,071 75

Ensemble. . . . 349,315 »

Mais pour constituer la Compagnie houillère, il a été employé

	349,315	»
180.517 fr. 69 c., pour lesquels on a reçu 401 Actions de cette Compagnie.	180,517	69
Il est alors resté : 1° En espèces.	168,797	31

2° Et en Actions Compagnie houillère 401

En outre, le profit général se complète par 198,086 fr. 34 c., qui proviennent, comme on l'a expliqué, de la formation de la Compagnie houillère, et qui ont été recueillis en 440 Actions de cette Compagnie. . . . , ... 440

C'est ainsi que le profit général de 547,399 fr. 34 c. s'est trouvé représenté :

1° En espèces, pour. 168,797   31

2° En actions, pour 378,602 fr. 03 c. 841

La Gérance et le Conseil proposant de consacrer à l'amortissement 220,888 fr., qui absorberont :

1° Le solde en espèces dans la proportion des déboursés faits pour l'usine, soit de 92,286   07

2° Et 341 des 841 Actions 341

Il reste définitivement disponible :

En espèces. 76,511   24

En Actions 500

Rien ne s'oppose à la répartition de ce disponible, qui est de nature à donner satisfaction aux droits actuels des Actionnaires, et, à cet effet, le Gérant fait une proposition qui se résume dans les termes suivants :

Le bénéfice à répartir se composera de 500 actions de la Compagnie houillère de Quiros.

Ceux qui voudront recevoir directement leur part proportionnelle dans les 500 actions, pourront user de ce droit légitime. Les 250,000 fr., valeur nominale des 500 actions représentant 25 fr. par chacune de leurs actions de notre Société, il leur reviendra 1 action de 500 fr. de la Compagnie houillère pour le dividende attaché à 20 de leurs actions. En conséquence, ils recevront de suite, sans attendre les échéances des 1er janvier et juillet 1863, 1 action houillère par 20 coupons remis par eux.

Quant à celles des actions de la Compagnie houillère qui ne seront pas réparties directement comme il vient d'être dit, elles seront vendues par le Gérant au prix d'émission de la Compagnie houillère elle-même, c'est-à-dire au taux de

416 fr. 67 c.; et sur le produit de ces ventes, il sera payé à ceux des Actionnaires qui n'auront pas demandé leur payement en action houillère, 10 fr. par chacune de leurs actions le 1er janvier 1863. A l'égard du solde du produit des ventes, il sera réparti aux mêmes actionnaires le 1er juillet 1863.

Ce solde à répartir le 1er juillet 1863 pourra s'élever à 10 fr. 83 c., si les actions à vendre sont intégralement réalisées; mais cependant ce solde ne pourra être déterminé que le 1er juillet 1863, puisque c'est à cette époque seulement qu'on connaîtra le montant des ventes accomplies. Dans tous les cas, si le produit des ventes se trouvait inférieur à la somme nécessaire pour fournir 5 fr. par action, notre Société resterait propriétaire des actions invendues et paierait la différence, de telle façon que le dividende à recevoir en argent sera pour le 1er janvier 1863 de 10 fr. par action, et pour le 1er juillet suivant de 10 fr. 83 c. au plus et de 5 fr. au moins, soit au total de 20 fr. 83 ou de 15 fr. par action.

Enfin, quant à ceux dont le nombre d'action fractionnera le nombre 20, ils auront l'option : soit de s'en tenir au dividende en argent, soit de prendre leur part dans les 500 actions en obtenant 1 action de la Compagnie houillère en échange : 1° des coupons de leurs actions, 2° et d'autant de fois 20 fr. 85 c. qu'il leur manquera de coupons pour compléter le nombre 20.

Le Conseil n'a pas à insister sur le mérite d'une combinaison qui fournit aux intéressés leur part de bénéfice, soit en action de la Compagnie houillère, soit en argent, et cela au choix de chacun. Il y a là évidemment satisfaction donnée à la convenance générale. Cette combinaison, pour demeurer entière, reste, il est vrai, subordonnée à une expectative, celle de la vente et de l'attribution des actions de la Compagnie houillère dans une mesure suffisante; mais nous devons dire que cette expectative n'est plus aujourd'hui aussi éventuelle qu'on pourrait le supposer.

La Compagnie houillère de Quiros, présentée sagement, organisée avec prudence et économie, a conquis l'attention et le concours de personnes éminentes; au Conseil de surveillance figurent les noms les plus honorables; des capitalistes de premier ordre, un ingénieur distingué et des plus autorisés. A l'époque présente, qui est celle du doute et de la circonspection, un tel patronage a une signification qui n'échappera à personne : il est tout un témoignage pour l'affaire et pour la moralité de son organisation. Déjà, une forte partie des 500 Actions a trouvé preneurs, et la réalisation intégrale par voie de vente et d'attribution devient actuellement une chose des plus probables.

Il nous reste à expliquer les raisons pour lesquelles nous avons admis, d'accord avec la gérance, qu'il y avait convenance à prélever sur le bénéfice : 1° un amortissement de 220,888 fr.; 2° et une réserve de fr. 76,511,24.

Particulièrement, il y avait d'abord régularité nécessaire pour les deux amortissements de 45,273 fr. 84 c., et, ensuite, il y avait convenance à réserver la somme qui est utile pour compléter l'usine, et que le Gérant estime à 37,000 fr.

Et, dans un ordre d'idée générale, il était convenable pour l'avenir de la Société que celle-ci pût conserver dans la Compagnie houillère un intérêt d'à peu près moitié, et cela au moyen d'un amortissement qui, dans tous les cas, a pour effet très-utile de réduire, dans son estimation, la partie du capital social qui se trouve immobilisée sous forme de travaux d'installation ou de frais de premier établissement.

Il est, au surplus, une appréciation que l'Assemblée voudra bien faire. Les statuts de la Société réservaient à la gérance 10 pour cent et au Conseil 2 pour cent des sommes qui ont été distraites de la répartition ; mais le Gérant et le Conseil n'ont voulu consulter que l'intérêt général, et n'ont pas hésité dans le sacrifice de leur intérêt propre. Ils n'ont pas à douter du sentiment qu'éprouvera l'Assemblée pour une mesure qui est tout à la fois préservatrice et avantageuse pour la Société, et qui profite, en conséquence, à tous ceux qui y sont intéressés.

En résumé, Messieurs, le Conseil est d'avis que les comptes et l'inventaire du 30 juin 1862 sont parfaitement exacts et réguliers, et que, par conséquent, il y a lieu de les approuver : quant aux amortissements, réserve et distribution de dividende, le Conseil estime qu'ils sont de nature à concilier, le mieux possible, l'intérêt de la Société et l'intérêt actuel des actionnaires ; qu'alors il y a convenance à les approuver aussi, tels qu'ils sont proposés par la gérance.

En ce qui touche la marche générale de l'exploitation et des affaires de la Société, le rapport du Gérant et celui du Conseil permettent à chacun de les apprécier, et nous n'avons pas à douter de votre complet assentiment.

En effet, Messieurs, notre situation était bien précaire il y a deux ans ; il y a eu amélioration l'année dernière ; mais cette année, nous sommes complètement rentrés dans un état normal ; que le prix des zincs s'améliore un peu, et nous reverrons les beaux jours qui ont signalé les premières années de notre Compagnie.

Ces résultats, disons-le hautement, nous les devons à l'esprit d'économie et au travail soutenu de notre Gérant ; nous les devons aussi au zèle de M. de Jaurias et de nos autres ingénieurs. Ils ont tous des droits à l'encouragement de nos félicitations et c'est là une impression que le Conseil tient à consigner ici, parce qu'il n'hésite pas à croire que l'assemblée s'y associera volontiers.

PROCÈS-VERBAL

DE L'ASSEMBLÉE GÉNÉRALE

DES ACTIONNAIRES DU 30 OCTOBRE 1862

L'an mil huit cent soixante-deux, le jeudi 30 octobre, à une heure de relevée, Messieurs les Actionnaires de la Société des mines et fonderies de la province de Santander, sous la raison Bernière et Cie, se sont réunis en Assemblée générale, rue Richelieu, n° 100, à Paris.

L'Assemblée procède à la composition du bureau, conformément à l'article 50 des statuts, en désignant pour président, M. *Ch. Lecomte;* pour scrutateurs, MM. *Foy et Heuzey Deneirouse;* pour secrétaire, M. *H. Duroselle.*

Ces membres du bureau ayant pris place, l'Assemblée est constituée après qu'il a été constaté que, pour la présente assemblée, MM. les Actionnaires ont été convoqués par insertion régulière faite le 12 octobre courant, dans le *Constitutionnel, la Patrie, le Droit, la Gazette des Tribunaux, et les Petites Affiches.*

Au nombre des présents, se trouvent M. *A Bernière*, gérant, et MM. *Ch. Lecomte, Cambronne, Foy, Pothier, A. Béchet, Heuzey Deneirouse et H. Duroselle*, membres du Conseil.

Le président ouvre la séance en faisant observer que l'Assemblée ayant à procéder comme Assemblée annuelle ordinaire, elle peut délibérer valablement, quel que soit le nombre des membres présents, suivant l'article 52 des statuts.

Après la lecture donnée par le secrétaire du bureau du procès-verbal de la précédente Assemblée générale du 30 octobre 1861 et sur l'invitation du président, M. Bernière, gérant de la Société, donne lecture du compte rendu du septième exercice 1861-1862, expiré le 30 juin 1862.

Voir le compte rendu dont la copie précède.

Ensuite le Président invite MM. les membres du Conseil de surveillance à présenter le Rapport qu'ils ont à faire à l'Assemblée, et M. Duroselle, l'un d'eux, donne, au nom du Conseil, lecture du Rapport suivant.

Voir le Rapport qui précède.

Cette lecture achevée, le Président offre la parole à ceux de MM. les membres de l'Assemblée qui auraient des observations à faire.

L'un d'eux expose que la répartition à faire se composant de 500 actions de la Compagnie houillère de Quiros, ou du produit de celles de ces actions qui seront vendues pour être distribuées à ceux qui désireraient recevoir leur dividende en argent, il pourrait arriver que cette vente ne fût pas praticable, et qu'alors il serait peut-être préférable de répartir à tous la partie du bénéfice qui se trouve disponible, sauf à réserver à la Société la propriété des 500 actions dont il s'agit.

Mais cette proposition est retirée sur l'observation faite par le Gérant de la Société que, d'une part, la partie du bénéfice qui se trouve disponible en argent ne s'élevant qu'à 76,511 fr., il ne serait possible de fournir à chacun un dividende suffisant qu'en le complétant avec les ressources du fonds de roulement, ce qui serait irrégulier ; et que, d'autre part, le projet de répartir un dividende en espèces à ceux qui ne réclameront pas leur part des 500 actions, n'est pas subordonné à une expectative chimérique, attendu que déjà il s'offre des preneurs pour les actions de la Compagnie houillère, dans une proportion qui paraît suffisante pour assurer le premier payement de 10 fr. par action du 1er janvier 1863, payement qui, selon ce qui est proposé, en implique un deuxième d'au moins 5 fr. pour le 1er juillet suivant.

D'autres membres de l'Assemblée prennent la parole mais uniquement pour applaudir à la mesure qui est proposée, et qui, laissant à chacun le droit d'opter à sa guise, leur paraît très-heureusement combinée pour donner la plus entière satisfaction aux convenances comme aux intérêts de tous les Actionnaires.

Aucune autre observation n'étant présentée, il est procédé à la mise aux voix des diverses propositions qui composent l'ordre du jour ; et, par un vote unanime, l'Assemblée approuve les comptes et inventaire du septième exercice, arrêtés le 30 juin 1862, la réserve à compte nouveau et les divers amortissements prélevés sur le montant du bénéfice, et enfin la répartition du dividende telle qu'elle est proposée par le Gérant et formulée dans son compte rendu.

Le Président explique que l'Assemblée a, en outre, pour mission de pourvoir à la nomination de trois membres du Conseil de surveillance, MM. le comte de Bougy, Ch. Lecomte et Heuzey Deneirouse qui sont désignés sortants par le sort, et il ajoute que les trois membres sortants sont rééligibles.

D'après décision conforme de l'Assemblée, la réélection de MM. *le comte de Bougy, Ch. Lecomte, et Heuzey Deneirouse* donne lieu à un seul vote suivant lequel ces trois membres du Conseil de surveillance sont réélus à l'unanimité.

Le Président fait part à l'Assemblée de la perte bien regrettable qu'a faite le Conseil de surveillance en la personne de M. Acar, décédé dans le cours de l'exercice, et qu'il y a lieu pour l'Assemblée de pourvoir à son remplacement.

L'un des membres de l'Assemblée propose la nomination de M. Labelonye, et, sur cette proposition, qui est appuyée par un grand nombre des membres présents, il est procédé à un vote suivant lequel M. Labelonye est élu à l'unanimité membre du Conseil de surveillance en remplacement de M. Acar.

Sur la proposition de plusieurs membres de l'Assemblée, celle-ci vote à l'unanimité des remerciements et félicitations à la Gérance, au Conseil de surveillance et aux Ingénieurs de la Société.,

Et ont : MM. *Ch. Lecomte, Foy, Heuzey-Deneirouse et Duroselle*, signé après lecture conformément à l'article 54 des statuts.

CH. LECOMTE, *Président;*
FOY-LEMERCIER,
HEUZEY-DENEIROUSE, *Scrutateurs;*
H. DU ROSELLE, *Secrétaire.*

Imp. Poitevin, rue Damiette, 2.

COMPAGNIE

DES

Mines et Fonderies de la Province de Santander

ASSEMBLÉE GÉNÉRALE DU 25 NOVEMBRE 1863

COMPTE RENDU

PAR LE GÉRANT

DU HUITIÈME EXERCICE 1862-1863

RAPPORT DU CONSEIL DE SURVEILLANCE

PROCÈS-VERBAL DE L'ASSEMBLÉE GÉNÉRALE

Paris

IMPRIMERIE POITEVIN
RUE DAUPHINE, 2 ET 4

1863

SOCIÉTÉ DES MINES ET FONDERIES DE LA PROVINCE DE SANTANDER

ASSEMBLÉE GÉNÉRALE DU 25 NOVEMBRE 1863

COMPTE RENDU

PAR LE GÉRANT

DU HUITIÈME EXERCICE 1862-1863

RAPPORT DU CONSEIL DE SURVEILLANCE

PROCÈS-VERBAL DE L'ASSEMBLÉE GÉNÉRALE

PARIS

IMPRIMERIE POITEVIN

RUE DAMIETTE, 2 ET 4

1863.

ASSEMBLÉE GÉNÉRALE DU 25 NOVEMBRE 1863

COMPTE RENDU

PAR LE GÉRANT

DU HUITIÈME EXERCICE 1862-1863

MESSIEURS LES ACTIONNAIRES,

Notre huitième exercice est expiré le 30 juin 1863. C'est le troisième qui se trouve accompli sous ma gestion.

J'ai l'honneur de vous soumettre, avec le présent rapport, deux tableaux de comptabilité, l'un résumant notre compte général de profits et pertes, et l'autre présentant, sous forme de bilan ou d'inventaire, la situation active et passive de la Société.

Vous voyez par le premier de ces documents que notre profit général, au 30 juin 1863, s'élève à 408,173 fr. 68 c. qui sont composés :

1° Des 52,689 fr. 22 c. formant le solde du bénéfice mis en réserve de l'exercice précédent ;

2° Et de 355,484 fr. 46 c. montant des bénéfices nets obtenus de l'exploitation dans l'exercice qui vient d'expirer.

Ce bénéfice de l'exploitation est supérieur à celui obtenu dans l'exercice précédent qui ne s'est élevé qu'à 319,071 fr., et ce progrès a une valeur intéressante, car, d'une part, le prix du zinc n'a pas augmenté, le prix moyen de l'année servant de base au règlement de nos livraisons est de sept centimes au-dessous de celui de l'exercice antérieur, et d'autre part, en ramenant calamine, blende et plomb à une valeur commune de livraison, et en comparant ce qui a été expédié dans les deux exercices, on trouve que, dans celui qui vient d'expirer, nous avons expédié 908 tonnes de moins que dans celui précédent.

Cette différence dans les expéditions n'a pas été causée par la production, car celle-ci, au contraire, a dépassé de 1,500 tonnes celle de l'exercice antérieur; mais nos expéditions ayant à subir les irrégularités naturelles du transport maritime, il est arrivé que des expéditions de juin ont été contrariées dans leur départ et ajournées ainsi au cours de l'exercice suivant.

Quant au bilan ou résumé de l'inventaire du 30 juin 1863, il témoigne, dans sa comparaison avec celui du 30 juin 1862, de modifications avantageuses que je dois vous signaler :

1° Du capital de 3,130,000 fr. immobilisé dans l'achat statutaire des mines, nous avons déduit 50,000 fr., montant de la valeur nominale de cent de nos actions qui avaient été réservées à la souche pour prix de l'une des mines du district d'Udias, dont l'apport n'était qu'éventuel. La Société n'ayant pas été mise en possession de cette mine, il en résulte que les cent actions doivent être annulées, et qu'à la fois le compte débiteur de l'apport des mines pour 3,130,000 fr. doit être réduit à 3,080,000 fr., et que le compte créditeur du fonds social pour 5,000,000 de fr. doit être réduit à 4,950,000 fr., ce qui permet les distributions de dividende entre 9,900 actions au lieu de 10,000;

2° Nos travaux et dépenses de premier établissement s'élevaient au 30 juin 1862, distraction faite de 8,932 fr. applicables à des appareils de sondage classés ultérieurement dans le matériel, à 960,532 21

Pour travaux neufs durant l'exercice expiré le 30 juin 1863, nous avons eu à dépenser 40,712 fr. 95 c. consacrés principalement à l'achèvement de l'usine et au nouvel atelier de lavage destiné à l'exploitation de nos gisements de la Rasa 40,712 95

Total 1,001,245 16

Pour la régularité absolue de l'inventaire on a procédé à la description et à l'estimation des immeubles, constructions et ouvrages de toute nature appartenant à la Société, y compris le mobilier, en ramenant la valeur de chaque chose à celle qu'elle a conservée d'après son état actuel, et l'ensemble de l'estimation s'étant élevé, suivant le détail que fournit le résumé de l'inventaire, à une somme générale de. 788,281 50

Il y avait utilité à amortir de suite la différence, s'élevant à .   212,963 66

Il a été pourvu à cet amortissement important avec les 175,614 fr. 11 c. mis en réserve à cet effet et prélevés sur les profits de l'exercice dernier, en fournissant le complément de 37,349 fr. 50 c. sur le profit général de l'exercice qui vient d'expirer le 30 juin 1863.

Nous ferons remarquer ici que la nouvelle gérance a débuté en 1860, trouvant une immobilisation totale de premier établissement qui absorbait 868,541 fr.; que durant les trois exercices qui ont suivi, il a fallu pourvoir à l'établissement de l'usine et à divers autres ouvrages représentant ensemble 164,550 fr., et que l'ensemble de 1,033,091 fr. se trouvant réduit à 788,281 fr., il est satisfaisant de constater que les réalisations et amortissements ont permis de dégager, en trois ans, la somme importante de 244,810 fr. qui, rendue à l'état réalisable ou disponible, a enrichi d'autant l'actif de roulement;

3° Enfin, suivant le bilan du 30 juin 1862, notre actif matériel et fonds de roulement s'élevait, déduction faite du passif, de la répartition et de la réserve à compte nouveau, à 1,158,547 fr. 50 c.; or, comparant l'importance du même actif au 30 juin 1863, on peut constater que la répartition qui va être proposée laissera libre 1,161,034 fr., c'est-à-dire un actif en matériel et fonds de roulement qui ne sera pas amoindri.

Vous voyez, d'après ces explications, que notre situation financière est toujours très-satisfaisante et que, désormais, il nous sera permis d'arriver à des répartitions annuelles ayant, plus que par le passé, le caractère de la stabilité.

Quant à la répartition que l'exercice aura pour résultat, elle va faire les derniers frais de l'apurement du passé.

Elle est basée sur un profit général de . . .   408,173 68

Sur lequel il nous faut prélever :

1° Selon ce qui est expliqué plus haut, les 37,349 fr. 50 c. qui complètent l'amortissement nécessaire pour ramener tout l'actif de premier établissement à une estimation basée sur l'état actuel de chaque chose 37,349 50

2° Et une somme de 30,824 fr. 18 c. que nous réservons à compte nouveau pour couvrir l'*aléa* que nous allons expliquer 30,824 18

Total à prélever 68,173 68   68,173 68

Reste à répartir 340,000 00

Ainsi qu'il a été exprimé au compte-rendu de l'année dernière, l'exploitation de calamine, en Biscaye, entreprise depuis 5 à 6 ans avec MM. Basterretche et Baignol, et dans laquelle nous sommes intéressés pour un tiers, n'a pas jusqu'à présent donné de résultats profitables, et, d'après l'inventaire de cette entreprise au 30 juin 1862, nous nous trouvions, pour notre part, en présence d'un découvert de 30,918 fr. Depuis cette époque il n'apparaît pas des comptes qui nous ont été présentés que cette situation se soit améliorée, car, au 30 juin 1863, ce découvert restait calculé à 30,824 fr. Nous avons, dans ces derniers temps, entrepris la direction par nous-mêmes de l'exploitation du principal gisement, dans l'epérance de ramener l'opération à meilleure fortune. Si, durant l'exercice qui est en cours, nous réalisons cette espérance, la somme aujourd'hui réservée sera réunie à nos profits de l'année prochaine ; mais, dans le cas contraire, nous aurons provision régulière pour amortir le découvert ou la perte qui se trouveraient définitivement constatés.

Notre usine à zinc est en activité ; mais, au jour de notre inventaire, il n'y avait encore que deux mois de mise à feu, et, dans cette courte période, les résultats n'ont pu être qu'insignifiants. Au moment actuel, l'usine n'est pas encore arrivée à une allure parfaitement industrielle ; il nous faut expérimenter les différentes qualités de charbon, former progressivement les ouvriers et subir ainsi une marche transitoire dont nous ménageons les effets en nous bornant, jusqu'a présent, à la mise à feu d'un seul de nos fours.

Quant à l'exploitation générale de nos mines, elle se suit très-régulièrement dans l'ordre de son aménagement, et, comme il est témoigné par les résultats de l'exercice, dans de bonnes conditions de profit. En examinant le résumé du compte général de profits et pertes, on peut apprécier que si nous avons contre nous le prix du zinc, qui persiste dans son affaiblissement, nous opposons avec persévérance et succès tout ce qui peut combattre cet état de malaise, c'est-à-dire la voie des économies et l'amélioration constante de toutes les branches de notre exploitation. Si, dans les circonstances actuelles, nous maintenons nos bénéfices dans la voie du progrès, c'est une marche très-encourageante pour l'avenir, car nous devrons profiter largement d'une reprise dans l'état général des affaires qui, nécessairement, devra déterminer une amélioration dans les cours du zinc.

En outre, il ne faut pas oublier que dans notre actif social se trouvent compris les 425,000 fr., montant de la valeur nominale de nos 850 actions de la Compagnie houllière de Quiros et que, si ce capital est demeuré jusqu'à présent improductif, le moment arrive où la mise en valeur devra nous fournir une part intéressante de bénéfice qui s'ajoutera à nos profits actuels sur la calamine.

J'ai la satisfaction de vous annoncer que tout est préparé pour commencer, dès janvier prochain, l'exploitation des houilles de Quiros. C'est l'accomplissement exact de ce qui avait été prévu, et cependant il y avait beaucoup à faire pour arriver à ce but. On se rappelle qu'on avait à accomplir les travaux nécessaires pour préparer l'abattage des charbons; puis à concourir activement et financièrement à l'établissement d'une route nécessaire aux transports et conduisant de Quiros à Trubia; or, dès le 30 juin dernier, on avait exécuté, dans cinq des gisements, 1,300 mètres de galeries et 400 mètres de cheminées de ventilation, et en janvier prochain on aura préparé un abattage dépassant les besoins de l'exploitation de l'origine; on s'occupe en même temps de ménager à la sortie du charbon des emplacements pour les triages et chargements, et on s'occupe aussi des chemins nécessaires pour relier les bouches-mines avec les places de chargement et avec la route qui doit servir aux transports. Quant à cette route, on peut la considérer comme achevée, car, ce qui reste à faire jusqu'en janvier, se réduit aujourd'hui à la construction de parapets dans les parties escarpées et à la rectification d'une section de chemin, en plaine, de 2 kilomètres 1|2.

Si on se rend compte que la route dont il s'agit mesure 26 kilomètres et rencontre, pour épargner les pentes, des passages très-difficiles qu'il a fallu franchir en roche vive aux flancs presque verticaux des escarpements qui se trouvent dans les gorges de Carenga et de Tuñon, il est permis de s'applaudir des résultats qui viennent d'être indiqués, d'autant mieux que la route va se trouver terminée dans des conditions irréprochables de pente et de solidité, et que, pour les délais d'exécution comme pour le prix des travaux, on n'a pas eu à subir les déceptions qu'on pouvait redouter.

En résumé, les travaux préparatoires ont complétement justifié les espérances qu'on avait conçues tant sur l'abondance et la bonne quantité du charbon que sur la marche régulière des couches; le prix des travaux préparatoires et de l'abattage reste au-dessous de celui qui se trouvait prévu, et, enfin, on a déjà la disposition d'un marché qui assure le placement entier de la production originaire, et fixe un prix de vente très-rémunérateur. Dans des conditions aussi satisfaisantes, on voit que l'entreprise va, dès le début, se trouver favorisée d'une manière toute exceptionnelle.

La Compagnie houillère qui avait du être fondée transitoirement sous la forme de la commandite, va être incessamment convertie en Société à responsabilité limitée, et acquérir, sous cette forme nouvelle, les avantages et les garanties de la Société anonyme.

J'ai, Messieurs, l'espérance que toutes les indications que je viens de fournir seront accueillies avec faveur et satisfaction.

J'aime à dire une fois de plus que j'ai continué à rencontrer de la part des ingénieurs de la Société et de tout le personnel en général, autant de probité que de zèle et de dévouement.

Je puis dire aussi que c'est toujours dans des termes de parfaite bienveillance et avec la même unité de vues que le Gérant, le Conseil de surveillance et l'Ingénieur principal ont échangé des rapports et des avis, et se sont cordialement concertés pour la meilleure marche des opérations sociales.

Ici se trouve terminé ce que j'avais à dire touchant l'ordre du jour de l'Assemblée générale ordinaire, et il ne me reste qu'à formuler les propositions que, d'accord avec le Conseil de surveillance, je crois devoir soumettre à la décision de l'Assemblée générale extraordinaire.

D'après les statuts de la Société, le bénéfice annuel doit, avant tout, servir à donner 5 0/0 du montant des actions.

Sur l'excédant, le gérant et l'ingénieur principal ont droit à une allocation de 13 0/0 du montant de ce bénéfice annuel.

Et ce qui reste revient partie à la réserve, partie aux actionnaires et une fraction aux employés intéressés.

Par une modification statutaire qui remonte au 30 octobre 1858, les 13 0/0 ci-dessus ont été portés à 15 0/0 pour fournir une part, à titre de jetons de présence, aux membres du Conseil de surveillance.

Je viens proposer de maintenir les règles que je viens de rappeler, mais en réduisant les 15 0/0 à 10 0/0 qui seraient répartis ainsi : 5 0/0 au gérant, 3 0/0 aux membres du Conseil de surveillance et 2 0/0 à l'ingénieur principal.

Comme première application de cette règle, les 340,000 fr. qui sont à répartir pour le dernier exercice seraient distribués ainsi qu'il suit :

1° Aux actions 5 0/0 de 4,950,000 fr. : capital social . . 247,500 »»
Et 88 0/0 du reliquat de 58,500 fr. . . . . 51,480 »»

Total à raison de 30 fr. 20 c. par action . . . 298,980 »»

2° Au Gérant , 5 0/0 des 340,000 »» — 17,000 »» ⎞
3° Au Conseil , 3 0/0 des 340,000 »» — 10,200 »» ⎬ 34,000 »»
4° A l'Ingénieur, 2 0/0 des 340,000 »» — 6,800 »» ⎠
5° A la réserve 10 0/0 du reliquat de 58,500 fr. . . . . 5,850 »»
6° Aux employés 2 0/0 de ce reliquat selon les statuts . . . 1,170 »»

Total . . . . 340,000 »»

Si cette proposition nouvelle est acceptée, elle abrogera une modification du

30 octobre 1860, qui avait maintenu l'allocation sus-indiquée de 15 0/0 que nous demandons de réduire à 10, mais stipulait que les 15 0/0 ne seraient plus à calculer sur le montant du bénéfice, mais seulement sur le reliquat de ce bénéfice, après déduction des 5 0/0 revenant aux actions.

Si on persistait dans cette modification du 30 octobre 1860, le gérant aurait droit, sur la répartition dont nous nous occupons, à une part bénéficiaire de 3,500 fr. qui serait la première depuis trois années qu'il administre.

Les neuf membres du Conseil qui, depuis 1858, n'ont reçu aucun jeton, recevraient 1900 fr., soit environ 200 fr. chacun et pour cinq années.

Et enfin l'ingénieur principal, M. de Jaurias, recevrait 2,850 fr. pour allocation bénéficiaire de cinq années.

Je considère que ces chiffres démontrent suffisamment que la règle introduite par la modification du 30 octobre 1860 ne saurait être maintenue; elle froisse les intentions et l'esprit du contrat social qui, avec raison, a voulu que le gérant et l'ingénieur principal fussent intéressés dans les bénéfices; elle froisse l'équité en ce sens que, depuis 1860, les cours du zinc ayant notablement baissé, il en est résulté une réaction imprévue sur l'importance des profits sociaux, et qu'en outre il était complétement imprévu, à cette époque de 1860, que le nouveau gérant se trouverait dans le cas d'appliquer une notable partie des bénéfices (466,789 fr. 49) c. à des amortissements qui ont été jugés utiles.

Sous l'empire de ces considérations, l'Assemblée devra trouver juste la proposition nouvelle qui a le mérite de restituer aux statuts leur saine et véritable application, tout en introduisant une réforme en faveur des actionnaires, puisqu'elle réduit à 10 0/0 l'allocation générale qui avait été précédemment fixée à 15 0/0; et que cette proposition ne touche en rien à la disposition des statuts qui, dans tous les cas, stipule que le bénéfice doit, avant tout partage, desservir 5 0/0 au montant des actions.

Enfin, il me reste à soumettre une modification de détail se bornant à reporter en novembre l'époque, fixée en octobre, de l'Assemblée générale annuelle. Cette proposition est fondée sur ce motif, qu'en octobre beaucoup d'actionnaires se trouvent absents de Paris, tandis qu'en novembre beaucoup d'entr'eux y sont rentrés.

Quant au vote nécessaire pour réaliser les propositions ci-dessus, il peut se résumer dans les termes suivants :

1° Est et demeure abrogée la disposition modificative des statuts introduite le 30 octobre 1860, et ainsi conçue :

« Les 15 0/0 alloués au gérant, à l'ingénieur principal et au Conseil de surveil-
« lance, tant par l'article 43 des statuts, que par délibération modificative du
« 30 octobre 1858, ne seront plus calculés sur l'intégralité des bénéfices, mais

« seulement sur les bénéfices restants, après déduction des 5 0/0 qui reviennent
« aux actionnaires, suivant l'article 42 des statuts. »

2° La modification abrogée sera remplacée par celle suivante :

« Les 15 0/0 alloués au Gérant, à l'Ingénieur principal et au Conseil de sur-
« veillance, tant par l'article 43 des statuts que par délibération modificative du
« 30 octobre 1358, sont réduits à 10 0/0, savoir : 5 0/0 pour le Gérant, 2 0/0
« pour l'Ingénieur principal et 3 0/0 pour le Conseil de surveillance ; »

3° La modification qui précède sera applicable à la répartition des résultats de
l'exercice expiré le 30 juin 1863 et aux répartitions subséquentes ;

4° L'article 48 des statuts est modifié ainsi : « L'Assemblée générale sera con-
« voquée chaque année dans le cours du mois de novembre. »

LE GÉRANT,

A. BERNIÈRE.

ACTIF   BILAN AU   30 JUIN 1863   PASSIF

ACTIF

§ 1er. Capital immobilisé

DROITS de concession et de propriété des mines (déduction faite des 50,000 fr. s'appliquant à la mine Aparecida « excepter de l'apport)	3,080,000	»

§ 2. Dépenses de premier établissement

(COMPTES AMORTISSABLES)

MOBILIER	9,093	78	
ROUTES ET CHEMINS	195,777	80	
TRAVAUX aux ports d'embarquement	136,072	36	
FOURS de calcination, magasins et dépendances	111,278	22	
TRAVAUX préparatoires d'extraction	71,586	82	788,281 50
ATELIERS de lavage, de séparation et dépendances	89,596	82	
IMMEUBLES, constructions et ouvrages divers	62,790	55	
USINE à zinc et ateliers en dépendant	112,155	15	

§ 3. Matériel et fonds de roulement

MATÉRIEL DE L'EXPLOITATION		158,247	31
APPROVISIONNEMENTS		97,111	05
COMPTES DÉBITEURS pour 850 actions de la Compagnie houillère	357,644 16		
» pour l'exploitation de Manganèse	11,798 87	426,734	37
» pour la participation de Biscaye	57,291 34		
MINERAIS (Réestimation de l'existence des minerais au 30 juin 1863)		100,695	70
CAISSE ET DÉBITEURS DIVERS		1,022,588	77

1,795,397 70

	Fr.	5,663,679	20

PASSIF

§ 1er. Passif envers la Société.

1° CAPITAL SOCIAL représenté par 10,000 actions de 500 fr., dont 9,900 émises et 100 restant à la souche, applicables à la mine Aparecida	4,950,000	»	
2° COMPTE DE RÉSERVE	73,465	53	5,054,289 73
3° PRÉLÈVEMENT SUR LE BÉNÉFICE mis en réserve pour représenter le découvert existant sur l'affaire : Participation de Biscaye	30,824	18	

§ 2. Créanciers divers.

PASSIF COURANT	166,750	02	
SOLDE non échu de notre souscription dans la C^e houillère Quiros	20,250	»	269,389 47
DIVIDENDES arriérés et ceux échéant le 1er juillet 1863	82,389	45	
BALANCE représentant, d'après le compte Profits et Pertes, le bénéfice net à répartir		340,000	»

	Fr.	5,663,679	20

RÉSUMÉ DU COMPTE PROFITS ET PERTES

DÉBIT — Durant le Huitième Exercice d'exploitation. — du 30 Juin 1862 au 30 Juin 1863. — **CRÉDIT**

	Désignation			
DÉPENSES GÉNÉRALES D'ADMINISTRATION	Honoraires du Gérant, des Ingénieurs et Employés	45,985 69		
	Ports de lettres et Dépêches	730 79		
	Frais de Bureau en Espagne et à Paris	7,720 63	63,040 35	
	Frais de Voyages	2,437 85		
	Frais de Contentieux	1,446 05		
	Dépenses diverses	5,019 34		
FRAIS COMMUNS D'EXPLOITATION	Exploitation des Mines 127,899 50 — des Terres calaminaires 59,372 60 — des Minerais mélangés 27,673 95	214,946 05		
	Frais de Calcination	80,509 19	368,086 05	
	Transports depuis les Mines et Fours jusqu'aux ports	46,182 19		
	Dépenses pour Travaux d'exploration ou d'avenir	13,330 29		
	Amortissement ou usure du matériel	6,807 83		
	Taxe des Mines et droits divers	6,812 40		
FRAIS PARTICULIERS	Frets, Chargements, Livraisons et Accessoires		200,837 06	
	Remboursement de la valeur du Stock de l'Exercice précédent		77,374 35	
	Solde débiteur du Compte des Profits et Pertes exceptionnels de l'exercice		6,319 74	
	Balance représentant le Profit de l'exercice		355,484 46	
	Fr.		**1,071,142 61**	

1° Amortissements détaillés au compte-rendu de la gérance		37,349 50
2° Réserve à compte nouveau		30,824 18
Solde restant à répartir		340,000 00
Fr.		**408,173 68**

CRÉDIT :

1° Produits réalisés des Mines		967,069 79
2° Produits à réaliser formant Stock au 30 Juin 1863 (à prix de revient)		100,695 70
3° Solde créditeur du paragraphe Change, Commission et Intérêts du compte Frais généraux		3,377 12
Fr.		**1,071,142 61**

Report du profit de l'exercice		355,484 46
Solde créditeur du Compte Profits et Pertes le 1er Juillet 1862 76,541 34 Sous déduction de diverses redressements au débit de ce Compte 23,899 12		52,689 22
Fr.		**408,173 68**

RAPPORT

DU CONSEIL DE SURVEILLANCE

SUR

L'INVENTAIRE ET LES COMPTES ARRÊTÉS LE 30 JUIN 1863

MESSIEURS LES ACTIONNAIRES,

Le Conseil de surveillance a examiné les livres et les écritures de la Société, et il est en mesure de vous déclarer que les comptes et l'inventaire, dressés au 30 juin 1363, sont parfaitement exacts.

Quant à la répartition de 340,000 fr., qui vous est proposée, elle a été déterminée, d'un commun accord, entre le Gérant et le Conseil de surveillance; c'est assez vous dire que le Conseil y donne son adhésion.

Vous remarquerez, en effet, que ces 340,000 francs font partie d'un bénéfice parfaitement acquis, et, en outre, qu'ils se trouvent entièrement disponibles, ainsi qu'il est facile de l'établir.

Au 30 juin 1862, l'inventaire social justifiait d'un actif en matériel et fonds de roulement (y compris 8,932 francs, valeur d'appareils de sondage appartenant au matériel) de . . . . fr. 1,709,885 15

Grevé d'un passif de. . . . . fr. 224,826 31 }
De la valeur des actions à répartir. . . . 250,000 » } 551,337 65
Et d'une réserve à compte nouveau de . . 76,511 34 }

                     Soit net. 1,158,547 50

Au 30 juin 1863, l'inventaire social justifie d'un actif en matériel et fonds de roulement de 1,795,397 70

Grevé d'un passif de . . . . 269,389 47 }
D'une réserve à compte nouveau de. . . . 30,824 18 }
Et des 340,000 francs sur lesquels on propose une réserve de 5,850 francs, et une répartition de . . . . 334,150 » } 634,363 65

                     Soit net . . . . 1,161,034 05.

On voit, dès lors, par cette seule comparaison, que la répartition qui est proposée a tout le caractère de la disponibilité, puisque, d'une part, l'actif matériel et fonds de roulement du 30 juin 1862 était largement suffisant pour les besoins de la Société, dans son importance de 1,158,547 francs, et d'autre part, que la répartition déduite, le même actif reste établi, au 30 juin 1863, à 1,161,034 francs, soit avec une augmentation de 2,487 francs.

Quant aux résultats financiers de l'exercice qui vient d'expirer le 30 juin 1863, ils se résument ainsi :

1° Nouvel amortissement des travaux immobilisés pour. . . fr.   37,349 50

2° Réserve ou provision pour parer à la perte qui viendrait à se confirmer sur l'ancienne entreprise de Biscaye 30,824 18

3° Et répartition en numéraire, y compris 5,850 francs, profitant au fonds de réserve, de. . . . .   340,000 »

                    TOTAL égal au profit général 408,173 68

L e gérant a eu, dans son rapport, l'occasion de dire que, depuis trois ans, il a été pourvu à des amortissements importants; c'est là une vérité qu'il est intéressant de mettre en lumière. En effet, en se reportant aux détails qui ont été fournis sur les inventaires des trois derniers exercices, il est facile de rappeler ce qui suit :

Pour l'exercice du 30 juin 1861, le bénéfice a servi à amortir le matériel, les approvisionnements et autres objets, dans la proportion de. . .   177,727 81

Sur les bénéfices de l'exercice expiré le 30 juin 1862, on a amorti les travaux et ouvrages immobilisés, et divers autres objets, dans la proportion de. . . . .   220,888 »

Et, enfin, sur les bénéfices du dernier exercice, on amortit aujourd'hui. . . . . , ...   68,173 68

                    TOTAL. 466,789 49

Si on ajoute la répartition aux actionnaires de l'année dernière . . . . fr.   250,000)

Et celle du dernier exercice . . . .   340,000)   590,000 »

On voit que les bénéfices ont dû produire, en trois ans, la somme importante de 1,056,789 49

Et que ce chiffre est tout un témoignage pour les efforts actifs et intelligents qui ont valu un tel résultat, dans une période où, précisément, les cours du zinc se sont affaissés dans une proportion qui menaçait de tarir la source de nos bénéfices.

Il nous reste à parler de la proposition qui vous est faite, et qui a pour but de modifier la répartition des bénéfices. Cette proposition intéresse le Gérant, l'Ingénieur principal et le Conseil de surveillance. En ce qui touche le Conseil, l'Assemblée comprendra qu'il n'appartient pas à ses membres de formuler aucune opinion, et qu'il est de leur dignité de s'en rapporter entièrement à la décision de l'Assemblée.

Mais, à l'égard du Gérant et de l'Ingénieur principal, le Conseil considère qu'il est de son devoir non seulement d'approuver la proposition, mais encore de l'appuyer devant l'Assemblée.

Il a toujours été stipulé et entendu que le Gérant aurait un intérêt dans le bénéfice annuel; or, cet intérêt, tel qu'on l'a réduit dans un changement statutaire du 30 juin 1860, s'est trouvé jusqu'ici aboutir à néant, et cela par suite des amortissements sus-indiqués de 466,789 francs. Si cet utile emploi des profits sociaux a eu le mérite de préserver l'intérêt commun, on ne peut que féliciter le Gérant d'avoir sacrifié à cet intérêt le sien propre; mais, cependant, il serait hors de toute justice et de toute convenance qu'un pareil état de choses arrivât à se perpétuer, alors surtout que la Société se trouve ramenée à meilleure fortune, et que chacun des intéressés va recevoir une satisfaction convenable.

En ce qui touche l'Ingénieur principal, la proposition ne saurait s'appuyer de meilleures raisons que celles qui viennent d'être produites pour le Gérant.

PROCÈS-VERBAL

DE L'ASSEMBLÉE GÉNÉRALE

DES ACTIONNAIRES DU 25 NOVEMBRE 1863

L'an 1863, le mercredi 25 novembre, à une heure après midi, MM. les Actionnaires de la *Société des Mines et Fonderies de la province de Santander*, sous
la raison Bernière et Cie, se sont réunis en Assemblée générale au Grand-Hôtel, à
Paris, boulevard des Capucines n° 12.

L'Assemblée procède à la composition du bureau, conformément à l'article 50
des Statuts, en désignant pour président, M. Ch. Leconte; pour scrutateurs,
MM. Foy et Heuzey Deneirouse, et pour secrétaire, M. Duroselle.

Ces membres du bureau ayant pris place, le président donne la parole à M. Bernière, gérant, qui fait observer ce qui suit :

« D'après la liste des actions qui se trouvaient représentées pour le 30 octobre
« 1863, jour de la première convocation de l'Assemblée générale, il n'a été dé-
« posé, avant le 27 octobre, dernier délai, que 395 actions présentées par dix
« actionnaires. Si on ajoute le nombre des actions possédées par ceux qui se
« trouvent naturellement dispensés du dépôt spécial, savoir : les actionnaires par
« titres nominatifs propriétaires de 10 actions et plus et représentant ensemble
« 2,094 actions, ainsi que le gérant et ceux des membres du Conseil qui ont
« déposé des titres au porteur à l'appui de leurs fonctions et représentent en-
« semble 260 actions, on n'arrivait, pour le tout, qu'à 2,749 actions, nombre
« insuffisant pour satisfaire à l'article 53 des Statuts qui, pour une Assemblée
« appelée à modifier ces Statuts, exige la présence d'actionnaires représentant le
« tiers des actions émises, soit 3,300 actions.

« C'est par suite de cette insuffisance qu'une deuxième convocation de l'Assem-
« blée a été faite pour aujourd'hui. »

Le gérant ajoute que d'après l'article 53 des Statuts, l'Assemblée d'aujourd'hui
peut valablement délibérer, quel que soit le nombre des membres présents et des
actions représentées.

A l'appui de ces déclarations, le gérant dépose sur le bureau :

1° Les journaux du 13 octobre 1863, dans lesquels l'Assemblée générale a été convoquée pour le 30 octobre, et qui sont : le *Moniteur universel*, la *Gazette des Tribunaux*, le *Journal général d'affiches*, le *Constitutionnel* et la *Patrie* ;

2° Les journaux du 28 octobre 1863, dans lesquels l'Assemblée générale a été convoquée à nouveau pour le 25 novembre, et qui sont les journaux sus-indiqués.

3° Un exemplaire de la circulaire qui a été adressée pour rappeler le jour de l'Assemblée aux actionnaires nominatifs et à ceux des actionnaires au porteur dont la demeure est connue ;

4° Et la liste des actionnaires qui, par le nombre de leurs actions nominatives ou des actions au porteur par eux déposées, réunissaient ensemble, pour l'Assemblée du 30 octobre, la quantité de 2,749 actions.

Cela fait, l'Assemblée est constituée après qu'il a été constaté que, pour la présente Assemblée et d'après la feuille de présence, MM. les Actionnaires présents ou représentés par mandataire, sont au nombre de 57, propriétaires ensemble de 2,637 actions. Au nombre des présents se trouvent M. A. Bernière, gérant ; MM. Ch. Lecomte, Cambronne, Foy, Pothier, Bechet, Heuzey-Deneirouse et H. Duroselle, membres du Conseil de surveillance.

Le président ouvre la séance, et lecture est donnée du procès-verbal de la précédente Assemblée générale du 30 octobre 1862.

Cette lecture achevée et aucune observation n'étant faite sur la teneur de ce procès-verbal, M. Bernière, gérant de la Société, donne lecture de son rapport annuel sur le huitième exercice 1862-1863, expiré le 30 juin 1863, et dans lequel sont, en outre, formulées les propositions qui ont pour but de modifier certaines dispositions des statuts sociaux.

Voir le rapport dont la copie précède.

Ensuite, M. le président invite MM. les membres du Conseil de surveillance à présenter le rapport qu'ils ont à faire à l'Assemblée, et M. Duroselle, l'un d'eux, donne lecture du rapport suivant.

Voir le rapport dont la copie précède.

Cette lecture achevée, le président fait observer qu'il y a lieu, pour l'Assemblée, de délibérer séparément sur chacune des propositions qui composent l'ordre du jour.

En premier lieu, il propose de mettre en délibération l'approbation des comptes et de l'inventaire, et personne ne demandant la parole à cet égard, il est procédé à un vote suivant lequel l'Assemblée approuve à l'unanimité les comptes et l'inventaire du huitième exercice, arrêtés le 30 juin 1863, tels qu'ils sont soumis par le gérant et analysés dans son rapport.

En second lieu, le président explique que l'Assemblée a, en outre, pour mis-

sion de pourvoir à la nomination de trois membres du Conseil de surveillance,
MM. Cambronne, Pothier et Labélonye désignés sortants par le sort. Il ajoute
que ces trois membres sortants sont rééligibles. D'après décision conforme de
l'Assemblée, la réélection de MM. Cambronne, Pothier et Labélonye donne lieu à
un seul vote, suivant lequel ces trois membres du Conseil sont réélus à l'unanimité.

Après ce vote, le président ouvre la discussion sur la première des deux propositions modificatives des Statuts, mentionnées au rapport du gérant, sur celle qui
s'y trouve formulée dans les termes suivants :

1° Est et demeure abrogée la disposition modificative des Statuts introduite le
30 octobre 1860 et ainsi conçue :

« Les 15 0/0 alloués au gérant, à l'ingénieur principal et au Conseil de surveil-
« lance, tant par l'article 43 des Statuts que par délibération modificative du 30
« octobre 1858, ne seront plus calculés sur l'intégralité des bénéfices, mais seu-
« lement sur les bénéfices restant après déduction des 5 0/0 qui reviennent aux
« actions, suivant l'article 42 des Statuts; »

2° La modification abrogée sera remplacée par celle suivante :

« Les 15 0/0 alloués au gérant, à l'ingénieur principal et au Conseil de sur-
« veillance, tant par l'article 43 des Statuts que par délibération modificative du
« 30 octobre 1858, sont réduits à 10 0/0, savoir : 5 0/0 pour le gérant, 2 0/0
« pour l'ingénieur principal et 3 0/0 pour le Conseil de surveillance ; »

3° La modification qui précède sera applicable à la répartition des résultats de
l'exercice expiré le 30 juin 1863 et aux répartitions subséquentes.

Tout d'abord, l'un des actionnaires présents demande que, désormais, le résumé
des comptes et de l'inventaire annuel soit communiqué avant le jour de l'Assemblée ;
à quoi le gérant répond que ce résumé a toujours été imprimé d'avance et distri-
bué aux membres de l'Assemblée au moment de leur réunion et avant l'ouverture
de la séance, mais qu'il n'y a aucun empêchement à ce que, pour l'avenir, il soit
fait distribution de ce document avant le jour de l'Assemblée.

Ensuite, un autre membre de l'Assemblée demande que le vote sur la proposition dont il s'agit soit ajournée à une Assemblée subséquente, attendu que cette
proposition a, dit-il, un caractère rétroactif et qu'elle est, d'ailleurs, de nature à
comporter un examen plus complet de la part des actionnaires.

Deux des membres présents du Conseil de surveillance repliquent successivement pour défendre la proposition en rappelant que, si le Conseil entend ne pas
insister pour l'intérêt qu'implicitement il se trouve avoir dans cette proposition,
il n'en est pas de même à l'égard de la part qui s'y trouve accordée, tant au gérant qu'à l'ingénieur principal ; que le Conseil, représentant des actionnaires,

s'est associé à la mesure qui est proposée et y persiste énergiquement, parce que d'abord il considère qu'il est de l'intérêt commun de conserver à la Société le concours de son gérant actuel et celui de l'ingénieur principal , et parce qu'ensuite il est conforme à la justice et à la raison que le gérant et l'ingénieur soient intéressés dans les bénéfices et que cet intérêt, au lieu d'être d'une importance à peu près nulle, soit d'une valeur en rapport avec la dignité de chacun.

Le gérant, de son côté, fait observer que la modification proposée n'apporte aucune perturbation dans le contrat social ; qu'il s'agit tout simplement d'abroger un changement statutaire du 30 octobre 1860, demeuré jusqu'ici sans application, pour rentrer dans la règle des statuts, sauf à réduire à 10 0/0 l'allocation générale de 15 0/0 qui se trouvait dévolue au gérant, à l'ingénieur principal et au Conseil de surveillance ; que, de cette façon, le gérant actuel ne demande à recevoir que 5 0|0 des bénéfices nets, au lieu de 10 0|0 alloués par les statuts au gérant de l'origine, étant bien entendu que l'allocation dont il s'agit reste subordonnée au cas où les bénéfices seront suffisants pour desservir, avant tout, 5 0|0 du montant des actions.

Après ces explications, un très-grand nombre des membres de l'Assemblée demande qu'il soit procédé immédiatement à la mise aux voix de la proposition faite par le gérant et formulée dans son rapport ; et, après un premier vote, suivant lequel l'Assemblée rejette la demande d'un ajournement, il est procédé à un deuxième vote d'après lequel la proposition du gérant est adoptée par l'unanimité des membres de l'Assemblée, moins un seul qui vote contre.

Ensuite, le président met aux voix la répartition des 340,000 fr. de bénéfice, en conformité du vote qui précède, annonçant que les 30 fr. 20 c. qui reviennent à chaque action seront payables : 15 fr. à partir du 1er janvier prochain, et 15 fr. 20 c. à partir du 1er juillet suivant ; et, d'après le vote auquel il est procédé, la répartition est approuvée à l'unanimité.

Enfin, le président rappelle que la deuxième des propositions modificatives faites par le gérant, consiste à changer le paragraphe suivant de l'article 48 des statuts : *L'Assemblée générale sera convoquée chaque année dans le cours du mois d'octobre*, par celui ci-après : *l'Assemblée générale sera convoquée chaque année dans le cours du mois de novembre.*

Puis il met aux voix cette proposition qui est acceptée par l'Assemblée à l'unanimité.

Le Président donne la parole au Gérant, qui communique à l'Assemblée ce qui suit :

La loi du 5 mai 1863 a introduit une nouvelle forme d'association, la Société à responsabilité limitée, qui a beaucoup d'analogie avec la Société anonyme. Il y a lieu de supposer que beaucoup de Sociétés actuelles, fondées en commandite par actions, trouveront intéressant de se convertir en Société nouvelle, et il est possible que la nôtre soit dans le même cas. Pour mon compte, je considère qu'il y a au moins utilité à étudier cette question pour qu'on puisse à la fois se rendre compte de l'opportunité de cette transformation et des voies et moyens sous lesquels il serait permis de la réaliser. J'en ai entretenu le Conseil de surveillance qui partage ce sentiment. Je crois devoir faire part de ces dispositions à l'Assemblée, parce que je suppose qu'elles ne peuvent être accueillies qu'avec intérêt. Aujourd'hui, l'Assemblée ne se trouve en présence ni d'une proposition, ni d'un vote ; il ne s'agit encore que d'un projet susceptible de plus mûr examen et que, dans tous les cas, le Gérant servira de tous ses soins et de sa bonne volonté.

Après cette déclaration, qui est suivie d'un vote unanime de remercîments et de félicitations en faveur du Gérant, des membres du Conseil de surveillance et des Ingénieurs de la Société, la séance est levée à deux heures et demie de l'après-midi.

Et ont, *MM. Ch. Lecomte, Foy, Heuzey-Deneirouse* et *Duroselle*, membres du bureau, signé le présent procès-verbal, conformément à l'article 54 des Statuts.

Cʜ. LECOMTE, *Président.*
FOY-LEMERCIER,
HEUZEY-DENEIROUSE, } *Scrutateurs;*
H. DU ROSELLE, *Secrétaire.*

Imp. Poitevin, rue Damiette, 2 et 4.

COMPAGNIE

DES

MINES ET FONDERIES DE LA PROVINCE DE SANTANDER.

ASSEMBLÉE GÉNÉRALE DU 30 NOVEMBRE 1864.

COMPTE RENDU

PAR LE GÉRANT

DU NEUVIÈME EXERCICE 1863-1864

RAPPORT DU CONSEIL DE SURVEILLANCE.

PROCÈS-VERBAL DE L'ASSEMBLÉE GÉNÉRALE

PARIS

IMPRIMERIE CENTRALE DES CHEMINS DE FER

DE NAPOLÉON CHAIX ET Cⁱᵉ,

Rue Bergère 20, près du boulevard Montmartre.

1864

COMPAGNIE DES MINES ET FONDERIES DE LA PROVINCE DE SANTANDER.

ASSEMBLÉE GÉNÉRALE DU 30 NOVEMBRE 1864.

COMPTE RENDU

PAR LE GÉRANT

DU NEUVIÈME EXERCICE 1863-1864.

RAPPORT DU CONSEIL DE SURVEILLANCE.

PROCÈS-VERBAL DE L'ASSEMBLÉE GÉNÉRALE.

PARIS

IMPRIMERIE CENTRALE DES CHEMINS DE FER

DE NAPOLÉON CHAIX ET Cⁱᵉ,

Rue Bergère, 20, près du boulevard Montmartre.

1864

ASSEMBLÉE GÉNÉRALE DU 30 NOVEMBRE 1864.

COMPTE RENDU

PAR LE GÉRANT

DU NEUVIÈME EXERCICE 1863-1864.

MESSIEURS LES ACTIONNAIRES,

Les résultats de notre neuvième exercice, expiré le 30 juin 1864, ont été satisfaisants, je suis heureux de vous les apporter. Le tableau qui résume notre compte général de profits et pertes établit que le bénéfice de cet exercice a été de 653,000 francs. Ce chiffre est notablement supérieur à ceux qu'il m'a été donné de présenter depuis les quatre années que j'ai l'honneur de gérer la fortune de la Société.

Nos affrétements ont bien réussi, et il nous a été permis d'embarquer 1,100 tonnes de plus que dans l'exercice précédent ; ensuite les cours du zinc se sont améliorés, et nous ont alors procuré un accroissement de profit, surtout pour les livraisons du deuxième semestre; puis, enfin, nous sommes parvenus à réaliser de nouvelles économies qui ont réduit les prix de revient de notre production.

Pour régulariser l'inventaire, la gérance, d'accord avec le Conseil de surveillance, a déterminé les amortissements ou réductions qu'il convenait de faire sur la valeur des choses dépréciables qui font partie de l'actif social et sont comprises, dans l'inventaire, sous le paragraphe objets de premier établissement. Sur les 653,000 francs, il a été prélevé, à cet effet, 67,000 francs, qui ont réduit le bénéfice à 586,000 francs.

Ces résultats sont tout un témoignage en faveur de l'exploitation de nos mines, qui suit son cours dans de très-bonnes conditions.

J'ai à fournir quelques explications sur les choses qui forment accessoires ou dépendances de notre exploitation générale.

Premièrement. — L'intérêt d'un tiers que nous possédons dans l'exploitation minière de Biscaye nous constituait un découvert, au 30 juin 1863, de 30,818 francs, et ce découvert, au 30 juin 1864, n'est plus que de 25,000 francs, d'où il résulte une amélioration de 5,818 francs. Nous pensons qu'il y aura moyen de mieux faire encore lorsque nous aurons pu obtenir de nos coïntéressés plus d'unité dans la direction de l'affaire. Nos avances, au 30 juin 1863, s'élevaient à 57,291 francs; mais, au 30 juin 1864, elles se trouvaient réduites à 51,096 francs. Sur cette dernière somme, nous avons imputé les 30,824 francs qui avaient été réservés sur les bénéfices de l'exercice antérieur, et nous restons ainsi en présence d'un débit réduit à 20,272 francs, de telle façon que cet article de notre inventaire obtient une valeur à l'abri de risques et supérieure à son chiffre nominal.

Deuxièmement. — Notre usine à zinc a continué à fonctionner, mais toujours réduite à un seul four; car, jusqu'à présent, il ne nous a pas été démontré que nous eussions avantage à développer notre fonderie. Il est présumable qu'un intérêt contraire ne tardera pas à naître, soit de l'extension de la consommation du zinc en Espagne, soit d'autres circonstances imprévues; et, alors, nous aurons l'avantage de nous trouver tout préparés.

Troisièmement. — La Compagnie houillère de Quiros, dont notre Société est le principal et plus fort actionnaire, est au début de son exploitation, mais encore dans la période de l'organisation, surtout pour les transports. Dans cette contrée de Quiros, où les moyens de communication n'existaient pas, l'industrie des transports était tout entière à créer, et c'est du temps

Nous avons pensé qu'une combinaison tendant à dégager le capital de la Société des hasards qu'il lui faut courir, ne pourrait que réagir très-favorablement sur la valeur et le prix de nos actions. Cette combinaison est celle suivante.

Nos gisements de calamine représentant 3,080,000 francs, c'est-à-dire environ 3/5 de notre actif social, on emploierait successivement les bénéfices annuels à composer une réserve s'ajoutant à l'importance du fonds de réserve actuel de 79,315 fr. 55 c., et destinée à amortir, selon qu'il y aura lieu, tout ou partie des 3,080,000 francs, de manière que ce fonds de réserve une fois complété, la Société possédera une contre-valeur, c'est-à-dire une garantie réelle pour l'incertitude qui naturellement existe, touchant le prix véritable, à assigner dans le présent et dans l'avenir, aux mines possédées par la Société.

D'un autre côté, il y avait à envisager que les amortissements des trois années antérieures ont déjà augmenté notablement le fonds de roulement, qui dépasse aujourd'hui 1,100,000 francs, et que si on continuait à sacrifier les répartitions à des réserves nouvelles, on augmenterait inutilement l'actif disponible au détriment des actionnaires qui, tout légitimement, doivent avoir le désir de percevoir chaque année, aussi bien dans le présent que dans l'avenir, le montant des produits de l'exploitation sociale. Aussi, pour procurer cette juste satisfaction, faisons-nous suivre la combinaison d'une proposition particulière, suivant laquelle, en même temps que les bénéfices seront réservés chaque année, le capital social sera réduit de somme égale, qui sera répartie aux actionnaires, afin que ceux-ci n'aient à subir aucune interruption dans la perception des produits de l'exploitation.

Lorsque le prix des mines se trouvera entièrement représenté par la réserve qu'il s'agit de composer, les actions auront alors été remboursées pour environ 3/5 ou 300 francs demeurant indiscutables dans leur valeur; car, d'une part, les 200 francs restants se trouveront représentés par le fonds de roulement et par les autres valeurs réalisables de l'actif social, et, d'autre part, il restera pour chaque action les mêmes droits qu'aujourd'hui dans la propriété des mines et dans les profits à recueillir de leur exploitation, avec cet avantage considérable que si les mines ont perdu de leur valeur, il y aura une réserve pour y subvenir, et que, dans le cas contraire, la réserve deviendra alors un bénéfice important revenant aux actionnaires.

Il faut dire aussi que la mesure dont il s'agit ne nous est pas suggérée par des idées capricieuses d'innovation, elle nous est commandée par la régularité; elle sauvegarde une question que les statuts de la Société n'ont pas suffisamment prévue. Dans leur interprétation et dans la saine application de la bonne règle, il est difficile d'admettre que les mines qui représentent les 3/5 de l'actif social, peuvent y figurer perpétuellement pour leur prix originaire. La prévoyance et la raison indiquent parfaitement qu'une portion au moins des profits annuels devrait être consacrée à l'amortissement échelonné de cette partie de l'actif.

Or, dans cette règle des amortissements partiels, le fonds de roulement tendra toujours à s'élever, ce qui a cessé d'être nécessaire, et les répartitions seront réduites, ce qui sera préjudiciable aux actionnaires; puis, d'ailleurs, comment mesurer chaque année la réduction à faire sur les profits? Comment décider une règle fixe, alors qu'il s'agit de diviser des bénéfices qui seront naturellement variables? Comment faire une exacte part à l'amortissement des mines dont la valeur reste inconnue puisque leur richesse est sujette à accroissement ou diminution selon ce qui adviendra de la continuation des travaux actuels? Il n'y a là que de pures hypothèses qui résistent absolument à toute espèce de calcul, et pour résoudre la question d'une manière rationnelle il n'y a qu'un moyen, celui auquel nous nous sommes arrêtés; il a, du reste, l'avantage de concilier tous les intérêts; la combinaison, loin d'interrompre ou de réduire les répartitions de chaque année aura, au contraire, pour résultat de les rendre aussi intégrales que possible, le seul changement qu'elle implique c'est, pour un temps donné, d'opérer les distributions à titre de remboursement de capital, au lieu de les effectuer à titre de dividende, et cela sans nuire aux actions, puisque c'est un moyen d'en assurer le capital et de permettre la perception courante des produits de chaque année.

Il ne faudrait pas que notre proposition fût mal interprétée; elle ne signifie rien ni pour ni contre la puissance de nos mines, on peut même dire qu'à aucune époque cette puissance n'a pu être constatée plus évidemment; nos existences actuelles sont d'une importance que les calculs de nos ingénieurs élèvent à plus de 40,000 tonnes, ce qui s'entend uniquement de la partie que les travaux actuels permettent de mesurer, de celle qui est indépendante des quantités qui restent inexplorées; celles-ci ne pourront être constatées que par la continuation ou l'avancement des travaux, mais s'il y a qu'il faut attendre un développement suffisant pour arriver à un service assez puissant et à des prix réguliers. La Compagnie y aide de son côté, et les expéditions qui ont commencé sont restreintes, il est vrai, mais opérées, cependant, à des conditions encourageantes.

Quatrièmement. — Notre Compagnie poursuit depuis son origine des travaux d'exploration à Potes, dans la mine de cuivre de Pico Jano, et consistant dans l'avancement d'une galerie d'écoulement perpendiculaire à la direction du filon. Cette galerie a aujourd'hui atteint une longueur de 250 mètres, sans avoir recoupé le minerai, ni donné aucune indication précise de son rapprochement. Il est impossible de dire ce qu'il adviendra de la continuation des travaux; mais, cependant, si on considère que ceux déjà faits nous ont déjà coûté environ 30,000 francs, que mensuellement ils s'augmentent de 600 francs, si on tient compte de leur éloignement de notre centre d'action, si, enfin, on se rappelle que nous ne jouissons de cette mine qu'à titre de redevance, et que le succès, devenu très-incertain, serait en tout cas partageable avec les propriétaires, on arrive à cette conclusion qu'il serait plus sage d'abandonner cette exploration, et de faire alors les diligences utiles pour arriver à la résiliation amiable ou judiciaire des conventions qui ont été contractées. A cet égard, il sera fait selon ce que décidera l'assemblée.

Cinquièmement. — Notre Compagnie a entrepris aussi, depuis plusieurs années, à Puente Viesgo, sur plusieurs mines de plomb, des travaux d'explorations qui, dans l'origine, s'appliquaient tout à la fois aux mines que nous possédons en toute propriété, et à d'autres mines dont nous ne jouissions qu'à titre de redevance. Nous avons abandonné ces dernières pour concentrer nos recherches sur nos propres mines, qui couvrent l'espace d'un kilomètre sur la partie centrale du filon. Nos travaux consistent en une galerie d'écoulement qui, tout récemment, vient de recouper le gisement à 90 mètres. On suit en ce moment le filon dans ses deux directions; et, quoique les rares échantillons de galène et de carbonate de plomb qu'on y rencontre disséminés dans l'argile soient sans valeur industrielle, ils ont une signification importante pour les résultats à espérer d'une investigation continue du filon. Prochainement, et à peu de frais, on aura, en continuant les galeries en cours, le dernier mot de cette mine, et il promet d'être favorable.

Je ne m'étendrai pas davantage sur les divers objets que je viens de passer en revue, ils sont, quant à présent, de nature relativement secondaire et n'exercent qu'une faible influence sur le mouvement général de nos affaires.

J'appellerai l'attention de l'assemblée sur les détails de notre situation financière. Cette situation, maintenue à l'état le plus satisfaisant, n'est pas étrangère à l'accroissement de nos bénéfices; le bilan ou résumé d'inventaire du 30 juin 1864, fournit à cet égard toutes les indications désirables. Notre actif en matériel et fonds de roulement s'élève à la somme importante de 1,164,056 francs, déduction faite du passif, d'une réserve de 80,000 francs sur le bénefice et de la répartition de 506,000 francs qui va être proposée.

En présence de cette bonne situation, la gérance et le Conseil de surveillance ont pensé que le moment était arrivé de rechercher les moyens de réhabiliter la valeur commerciale de nos actions.

Dans mon rapport de l'année dernière, j'exprimais la pensée que nos répartitions annuelles auraient dans l'avenir plus de stabilité que par le passé; or, cette prévision s'est trouvée, dès cette année, largement réalisée, puisque nous sommes arrivés à une augmentation notable. Il y a lieu d'admettre que cette augmentation sera complétement significative pour la valeur de nos actions, surtout si nous pouvons en consolider la continuation. Dans ce but nous proposons de persévérer dans la voie de prudence qui a été suivie pour les trois exercices précédents; à chacun d'eux on a réservé à compte nouveau une portion du bénéfice qui, profitant à l'exercice subséquent, a permis de maintenir nos profits dans un état constant d'accroissement. Ce système de prévoyance nous ayant si bien réussi, nous proposons de limiter la répartition à 506,000 francs, ce qui permettrait de réserver 80,000 francs en faveur de l'exercice prochain.

Cette première garantie étant ménagée, il en est une autre que je crois devoir soumettre à l'assemblée.

Si la valeur commerciale de nos actions a cessé d'être en rapport avec l'importance de notre actif et de nos bénéfices, cela tient beaucoup, il faut bien le dire, à la nature de notre entreprise sociale. Les opérations minières ont un caractère aléatoire qu'on ne peut méconnaître; leur sort est naturellement en corrélation avec celui des gisements exploités; en d'autres termes, elles restent subordonnées à la bonne ou mauvaise fortune d'une exploitation nécessairement chanceuse.

impossibilité présente de les mesurer, cela tient à la nature des choses et leur valeur n'en demeure pas moins acquise, car la richesse de l'exploitation du présent constitue un témoignage incontestable en faveur de la richesse promise à l'exploitation de l'avenir.

Quoi qu'il en soit, les dispositions qui font l'objet de la proposition formant innovation passagère dans l'exécution littérale des statuts de la Société, elles sollicitent l'adhésion de l'assemblée générale procédant comme assemblée générale extraordinaire. Ces dispositions étroitement formulées se résument dans les termes suivants :

« Les bénéfices nets et disponibles de chaque année pourront être employés,
» en totalité ou en partie, à augmenter le fonds de réserve composé en con-
» formité de l'article 44 des statuts, et ce fonds de réserve sera destiné à
» amortir, selon qu'il y aura lieu, tout ou partie des 3,080,000 francs qui
» représentent le prix des mines compris dans l'actif social.

» Ces emplois s'effectueront sous la déduction des 10 0/0 revenant pour
» honoraires proportionnels au gérant, à l'ingénieur principal et au Conseil
» de surveillance.

» Toutes les fois que les emplois ou réserves ci-dessus prévus auront lieu,
» le capital social sera réduit d'une somme égale à leur importance, et le
» montant en sera réparti aux actions aux époques qui seront fixées par
» l'assemblée générale sur la proposition du gérant et du Conseil de surveil-
» lance.

» Ces dispositions seront, pour la première fois, applicables aux résultats
» de l'exercice expiré le 30 juin 1864. »

Je dois dire ici que cette rédaction première n'est peut-être pas assez explicite à l'égard du paragraphe relatif aux 10 0/0 qui représentent les honoraires et émoluments du gérant, de l'ingénieur principal et du Conseil de surveillance.

On admettra qu'il y aurait injustice à ce que le nouveau mode de répartition pût avoir pour effet de mettre en question une allocation qui est le prix légitime du travail et de la responsabilité, mais d'un autre côté il convient que cette allocation reste limitée à ses conditions antérieures, autrement dit subordonnée, chaque année, au cas où les produits nets de l'exploitation sociale seront suffisants pour répartir avant tout 25 francs par action, et en vue de ces considérations, la rédaction définitive que nous proposons pour éviter toute équivoque, serait celle suivante :

« Les honoraires et émoluments que cette allocation représente seront, dans
» ce cas, à la charge, comme les frais généraux, des produits ou bénéfices
» employés à augmenter le fonds de réserve, mais sans dérogation toutefois
» aux dispositions des articles 42 et 43 des statuts, en ce sens que
» l'allocation de 10 0/0 reste subordonnée pour chaque année au cas où les
» produits ou bénéfices nets, réservés ou non, seront supérieurs à 5 0/0 du
» capital social, soit à 247,500 francs. »

Si l'assemblée donne son approbation à cette règle nouvelle telle qu'elle vient d'être formulée, l'application qui en est déjà faite au bilan qui résume l'inventaire du 30 juin 1864, comportera une distribution des 506,000 francs qui sont à répartir dans les conditions suivantes :

Aux actions.	90 0/0 (46 francs par action).	Fr.		455,400
Au gérant.	5 0/0 honoraires proportionnels.			25,300
A l'ingénieur principal.	2 0/0	»	»	10,120
Au Conseil de surveillance.	3 0/0	»	»	15,180
		Total.	Fr.	506,000

Les 46 francs revenant à chaque action seront payés : 30 francs le 15 décembre 1864 et 16 francs le 15 juin 1865, contre estampilles apposées sur les titres.

Je crois utile de rappeler que, dans le cours de notre dernière assemblée générale, celle du 25 novembre 1863, il a été question du projet de convertir notre Société dans une forme nouvelle; mais chacun sait que, depuis, il a été officiellement publié que des études se trouvaient provoquées par le gouvernement tendantes à des conditions plus libérales pour la formation des sociétés nouvelles. Le gérant et le Conseil de surveillance ont alors été d'avis qu'il y avait convenance à attendre les dispositions législatives qui se préparent.

En terminant ce rapport, je dois, comme à l'issue des années antérieures, rendre justice aux ingénieurs de la Société et aux autres membres du personnel; tous ont apporté un concours intègre et dévoué. J'ajouterai que la gérance, le Conseil de surveillance et l'ingénieur principal ont continué à suivre les intérêts sociaux avec une parfaite unité de vues et d'intentions.

J'ai, Messieurs, l'espérance que des explications qui viennent d'être données et des propositions qui les accompagnent, il ressortira une bonne impression. En se laissant dominer par l'esprit d'entreprise ou d'aventure on pouvait dissiper la fortune sociale ; en suivant, au contraire, avec persévérance la voie rigoureuse de l'ordre et de la prudence, nous avons pu préserver cette fortune, et aujourd'hui nous sommes arrivés à une situation financière des plus satisfaisantes et à des bénéfices très-convenables. Ainsi donc, à l'égard de la Société et de ses intérêts, l'état de choses est au mieux ; mais à côté de cet intérêt, il y a l'intérêt particulier des sociétaires dont nous avons cru devoir nous occuper ; les dispositions tutélaires que nous avons conçues à cet effet nous ont été inspirées par les idées d'ordre et de prévoyance qui sont notre règle, et nous n'avons pas à douter que vous les accueillerez favorablement.

Le Gérant,

A. Bernière.

COMPAGNIE DES MINES ET FONDERIES DE LA PROVINCE DE SANTANDER

Bilan au 30 juin 1864

ACTIF

§ 1er. Capital immobilisé.			
Droits de concession et de propriété des mines.			3.050.000 »
§ 2. Objets de premier établissement.			
AMORTIS POUR 67,000 FRANCS SUR LES BÉNÉFICES DE L'EXERCICE.			
Mobilier	11.301 70		
Routes et chemins	115.777 80		
Travaux aux ports d'embarquement	136.399 70		
Fours de calcination, magasins et dépendances	104.818 40		
Travaux préparatoires d'extraction	59.840 69	785.259 02	
Ateliers de lavage, de séparation et dépendances	93.488 39		
Immeubles, constructions et ouvrages divers	94.063 60		
Usine à zinc et ateliers en dépendant	69.658 78		
§ 3. Matériel et fonds de roulement.			
Matériel de l'exploitation	153.984 07		
Approvisionnements	50.499 12		
Actions de la *Compagnie houillère du bassin de Quiros* 304.164 16			
Exploitation de manganèse 13.142 08	397.578 78	2.073.051 78	
Participation de Biscaye 20.272 54			
Existence des minerais au 30 juin 1864	76.677 78		
Caisse et débiteurs divers	1.394.341 43		
Fr.		5.938.310 80	

PASSIF

§ 1er. Passif envers la Société.			
Capital social représenté par 9,900 actions.		4.950.000 »	
Fonds de réserve. { Solde au 30 juin 1864 79.315 55		534.715 55	5.564.715 55
{ Bénéfice net et disponible de l'exercice 455.400 »			
Bénéfice réservé à compte nouveau		80.000 »	
§. Créanciers divers.			
Passif courant		322.905 25	
Solde créditeur du compte *Profits et pertes*, 586.000 francs, réduit par la réserve à			
compte nouveau de 80.000 francs, à Fr. 506.000			
Et par les 10 0/0 revenant pour honoraires proportionnels au gé-			
rant, à l'ingénieur principal et aux membres du Conseil de			313.505 25
surveillance, soit 50.000	50.000 »		
Au solde net et disponible attribué au fonds de réserve de 455.400			
Fr.		5.938.310 80	

Bilan rectifié en conformité de la répartition à faire aux actions.

§ 1er. Capital immobilisé		3.050.000 »	
§ 2. Objets de premier établissement		785.259 02	
§ 3. Matériel et fonds de roulement		2.073.051 78	
Fr.		5.938.310 80	

Capital social réduit de somme égale au bénéfice net et disponible mis en			
§ 1er. réserve, soit de 455,400 francs	4.494.600 »		5.109.315 55
Fonds de réserve (contre-valeur du prix des mines)	534.715 55		
Bénéfice réservé à compte nouveau	80.000 »		
Passif courant	322.995 25		
§ 2. Montant de la réduction du capital social à répartir aux actions à raison			
de 40 francs pour chaque action, dont 30 francs au 15 dé-			828.995 25
cembre 1864 et 10 francs au 1er juin suivant	455.400 »		
Honoraires proportionnels du gérant, de l'ingénieur et du Conseil	50.600 »		
Fr.			5.938.310 80

RÉSUMÉ DU COMPTE

Pour le neuvième Exercice couru

PROFITS ET PERTES

du 30 juin 1863 au 30 juin 1864

DÉBIT

Dépenses générales d'administration	Honoraires du personnel	49.231 01	
	Ports de lettres et dépêches	816 96	
	Frais de bureau en Espagne et à Paris	6.196 18	
	Frais de voyage	1.015 09	
	Frais de contentieux	2.396 75	
	Dépenses diverses	5.860 33	65.578 93
Frais communs d'exploitation	Exploitation des mines	118.803 26	
	» des terres calaminaires	59.806 69	
	» des minerais mélangés	27.232 87	
	Frais de calcination	103.947 53	
	Transport des mines et fours aux ports	37.136 81	
	Travaux d'exploration	19.823 77	
	Amortissement ou usure du matériel	6.484 61	
	Taxe des mines et droits divers	3.933 64	376.109 18
Frais particuliers	Frets, chargements, livraison, etc.		228.040 02
	Remboursements des existences de minerais de l'exercice antérieur		100 095 72
	Amortissement sur les objets de premier établissement		67.000 »
Balance représentant le bénéfice de l'exercice			585.000 »
	Fr.		1.424.083 87

CRÉDIT

1° Produits réalisés des mines	1.337.172 19
2° Produits à réaliser formant stock au 30 juin 1864 (prix de revient)	76.077 76
3° Solde créditeur de compte, change, commissions et intérêts	7.794 40
4° » du compte des profits et pertes exceptionnels	2.439 67
Fr.	1.424.083 87

RAPPORT

DU CONSEIL DE SURVEILLANCE.

sur l'Inventaire et les Comptes arrêtés le 30 juin 1864.

———➤⦿←———

Messieurs les actionnaires,

Les explications très-complètes fournies dans le compte rendu de la gérance laissent peu de choses à ajouter dans le rapport que le Conseil de surveillance a pour mission de vous présenter.

Nous n'avons pas à douter que l'assemblée partagera la bonne impression que le Conseil a éprouvée en présence de l'amélioration sensible de nos bénéfices. Cette amélioration a d'autant plus de prix qu'elle a été obtenue sans le secours de circonstances exceptionnelles.

Le bénéfice de l'exercice a aussi une valeur qui, en matière d'opération industrielle, est très-intéressante, il est intégralement disponible.

Au 30 juin 1863, l'inventaire social justifiait d'un actif en matériel et fonds de roulement, de........................ Fr.   1,795,397 70

Grevé d'un passif de............. Fr.	269,389 47	
d'une réserve bénéficiaire, à compte nouveau, de.................................	30,824 18	634,363 65
et d'une répartition à faire pour.........	334,150 »	

Soit, net............... 1,161,034 05

Au 30 juin 1864, l'inventaire social justifie d'un actif en matériel et fonds de roulement, de...................... Fr.   2,073,051 78

Grevé d'un passif de........... Fr.	322,995 25	
d'une réserve bénéficiaire, à compte nouveau	80,000 »	908,995 25
et d'une répartition à faire pour..........	506,000 »	

Soit, net 1,164,056 53

En comparant les deux supputations on constate qu'il y a disponibilité, non-seulement des 506,000 fr. qui sont à répartir, mais encore des 80,000 fr. qui sont réservés en faveur de l'exercice en cours.

En résumé, le bénéfice de l'exercice a permis, dans son importance générale de 653,000 francs, de faire un nouvel amortissement de 67,000 francs sur les objets actifs de premier établissement, laissant disponible 586,000 fr.

Nous approuvons la réserve à compte nouveau de 80,000 francs, c'est une bonne mesure de prévoyance; c'est une utile garantie pour la consolidation des bénéfices de l'exercice en cours.

Quant à la répartition des 506,000 francs restants, elle donne lieu à des propositions qui sont soumises à votre approbation. Le gérant vous a produit les raisons qui les justifient. Ces propositions ont l'avantage de résoudre les questions qui pourraient s'élever touchant la valeur à assigner, dans les inventaires annuels, aux mines de la Société, et, en même temps, d'éviter que des amortissements actuels ou futurs de cette valeur des mines, puissent préjudicier aux actionnaires, en réduisant ou suspendant le cours des répartitions de bénéfices ou produits nets de l'exploitation.

Les mesures qui vous sont proposées donnant tout à la fois satisfaction à la plus stricte régularité, et à l'intérêt des actionnaires, le Conseil s'y est associé très-volontiers, et il en appuie l'approbation par l'assemblée.

Nous devons nous féliciter que l'état prospère de nos bénéfices et la bonne situation financière de la Société nous permettent d'aborder une solution que peu d'entreprises minières seraient en position de réaliser. Nous devons espérer qu'en peu d'années chacun aura perçu les trois cinquièmes de son capital, restant, pour le surplus, garanti par un actif d'un recouvrement à l'abri de risques.

Lorsque ce résultat sera acquis, les actions auront une valeur très-sérieuse, car deux avantages y seront attachés : sécurité entière pour le capital, et mêmes droits que ceux actuels dans les profits que continuera à fournir l'exploitation des mines.

PROCÈS-VERBAL

DE

L'ASSEMBLÉE GÉNÉRALE DES ACTIONNAIRES

Du 30 novembre 1864.

L'an 1864, le mercredi 30 novembre, à une heure après midi, MM. les actionnaires de la *Société des Mines et Fonderies de la province de Santander*, sous la raison BERNIÈRE ET Cᵉ, se sont réunis en assemblée générale au Grand-Hôtel, à Paris, boulevard des Capucines, n° 12.

L'assemblée procède à la composition du bureau, conformément à l'article 50 des statuts, en désignant pour président M. Charles Lecomte ; pour scrutateurs, MM. Foy et Heuzey-Deneyrouse, et pour secrétaire, M. Durosell.e

Ces membres du bureau ayant pris place, le président donne la parole à M. Bernière, gérant, qui explique ce qui suit :

« D'après la liste des actions qui se trouvaient représentées pour le 10
» novembre 1864, jour fixé pour la première convocation de l'assemblée
» générale, il ne s'est présenté, pour déposer des actions ou retirer carte
» d'admission, que quatorze actionnaires, propriétaires ensemble de 469
» actions. Si on ajoute 1,135 actions possédées par le gérant et par les
» membres du Conseil de surveillance, qui, naturellement, sont dispensés du
» dépôt spécial, on n'arrivait qu'à 1,604 actions, nombre insuffisant pour
» satisfaire à l'article 53 des statuts, qui, pour une assemblée appelée à

» modifier les statuts, exige la présence d'actionnaires représentant les deux
» tiers des actions émises, soit 3,300 actions. C'est pourquoi une deuxième
» convocation a été faite pour aujourd'hui. »

Le gérant ajoute que, d'après l'article 53 des statuts, l'assemblée d'aujourd'hui peut valablement délibérer, quel que soit le nombre de membres
présents et des actions représentées.

A l'appui de ces déclarations, le gérant dépose sur le bureau :

1° Les journaux du 22 octobre 1864, dans lesquels l'assemblée générale
a été convoquée pour le 10 novembre ; ce sont le *Moniteur universel*, la
Gazette des Tribunaux, le *Droit*, le *Journal général d'Affiches*, le *Constitutionnel* et les *Débats*;

2° Les journaux du 10 novembre 1864, dans lesquels l'assemblée générale
a été convoquée à nouveau pour aujourd'hui 30 novembre, et qui sont les
journaux susindiqués, en y ajoutant le *Journal des Chemins de fer* du
12 novembre ;

3° Un exemplaire de la circulaire qui a été adressée pour rappeler aux
actionnaires connus le jour de l'assemblée, et leur communiquer une copie
du bilan résumant l'inventaire du 30 juin 1864 et du compte profits et
pertes arrêté le même jour;

4° Et la liste des actionnaires qui, par le nombre de leurs actions nominatives ou des actions au porteur par eux déposées, réunissaient ensemble,
pour l'assemblée du 10 novembre 1864, la quantité susdite de 1,604
actions.

Cela fait, l'assemblée est constituée, après qu'il a été constaté que, pour
la présente assemblée, et d'après la feuille de présence, MM. les actionnaires présents ou représentés par mandataires, sont au nombre de cin-
quante-quatre, propriétaires, ensemble, de 3,624 actions.

Au nombre des présents, se trouvent : M. Bernière, gérant ; MM. Charles
Lecomte, Duroselle, Foy, Pothier, Béchet, Heuzey-Deneyrouse et Labélonye, membres du Conseil de surveillance.

Le président ouvre la séance, et M. Bernière, gérant, donne lecture
de son rapport annuel sur le neuvième exercice 1863-1864, expiré le

30 juin 1864, et dans lequel sont formulées les propositions qui on pour but de modifier certaines dispositions des statuts de la Société.

(Voir le rapport dont la copie précède.)

Ensuite, le président invite MM. les membres du Conseil de surveillance à présenter le rapport qu'ils ont à faire à l'assemblée, et M. Duroselle, l'un d'eux donne lecture du rapport suivant :

(Voir le rapport dont la copie précède.)

Cette lecture achevée, le président fait observer qu'il y a lieu, pour l'assemblée, de délibérer séparément sur chacune des propositions qui composent l'ordre du jour, et dont il donne l'énumération.

Avant qu'il soit procédé à la discussion de ces propositions, l'un des membres de l'assemblée exprime le vœu, qui est accueilli, que suffisante publicité soit donnée aux résultats obtenus pour l'exercice dernier, de manière à soutenir, autant que possible, la valeur commerciale des actions.

Ensuite, un autre membre de l'assemblée discute l'ensemble des modifications statutaires qui sont proposées, objectant que l'inventaire devrait être rectifié en ce sens, que les bénéfices nets, au lieu d'être absorbés cette année par la réserve destinée à l'amortissement du prix des mines, devraient être divisés en deux parts, l'une qui serait distribuée aux actionnaires à titre d'intérêt, et l'autre consacrée à l'amortissement des mines ; il ajoute que des actions peuvent être possédées par des usufruitiers, et que le mode proposé par lui permettrait de donner satisfaction tout à la fois à l'usufruitier et au nu propriétaire.

Sur quoi le gérant fait observer que le devoir suprême de la gérance et du Conseil de surveillance consiste à présenter des inventaires d'une régularité absolue ; que le prix des mines, qui forme une partie notable de l'actif social, n'ayant jusqu'à présent subi aucun amortissement, il y a prudence à faire une large part à une dépréciation qui se produirait et à y affecter alors les bénéfices entiers de l'exercice ; qu'enfin cette mesure de régularité domine l'utilité de ménager un intérêt annuel que rien ne commande, puisque, au contraire, la loi sur les sociétés en commandite n'admet comme répartitions valables que celles de bénéfices ou dividendes, alors qu'ils sont réellement acquis.

En outre, l'un des membres de l'assemblée ajoute que si la réserve proposée anéantit d'un côté la disponibilité des produits nets de l'exploitation,
il est fait en même temps une deuxième proposition qui, sous forme de réduction du capital social, rétablit la répartition de ces mêmes produits, et qu'en
conséquence les actionnaires n'ont pas intérêt à réclamer contre une mesure
qui n'a pour résultat que d'assurer la régularité de l'inventaire; quant
aux usufruitiers et nus propriétaires, il fait observer que s'il en existe qui
soient intéressés dans la répartition, le mode suivi pour celle-ci resterait sans
influence sur leurs droits respectifs, car ces droits seraient à régler entre
eux, selon les dispositions particulières du droit civil.

Aucune autre observation n'étant présentée, le président propose à l'assemblée d'approuver les comptes et l'inventaire du neuvième exercice arrêtés
le 30 juin 1864, tels qu'ils sont soumis par le gérant et analysés dans le
bilan joint à son rapport, et, par suite, il est procédé à un vote, suivant lequel ces comptes et inventaire sont approuvés par tous les membres
de l'assemblée moins un seul.

Le président met en délibération la proposition de réserver 80,000 francs
à compte nouveau sur les produits nets de l'exploitation sociale de l'exercice,
et, personne ne demandant la parole à cet égard, l'assemblée, appelée à
voter, approuve cette réserve à l'unanimité.

Le président met ensuite en délibération la première des deux propositions
modificatives des statuts, dont lecture nouvelle est donnée par le gérant, et
qui est ainsi conçue :

« Les bénéfices nets et disponibles de chaque année pourront être employés,
» en totalité ou en partie, à augmenter le fonds de réserve composé en con
» formité de l'article 44 des statuts, et ce fonds de réserve sera destiné à
» amortir, selon qu'il y aura lieu, tout ou partie des 3,080,000 francs qui
» représentent le prix des mines compris dans l'actif social. Ces emplois
» s'effectueront sous la déduction des 10 0/0 alloués au gérant, à l'ingénieur
» principal et au Conseil de surveillance; les honoraires et émoluments que
» cette allocation représente seront, dans ce cas, à la charge, comme les frais
» généraux, des produits ou bénéfices employés à augmenter le fonds de
» réserve, mais sans dérogation, toutefois, aux dispositions des articles 42
» et 43 des statuts, en ce sens que l'allocation de 10 0/0 reste subordonnée,
» pour chaque année, au cas où les produits ou bénéfices, réservés ou non,
» seront supérieurs à 5 0/0 du capital social, soit à 247,500 francs. »

Aucune observation n'étant présentée, il est procédé à un vote, suivant lequel la proposition ci-dessus rappelée est approuvée par tous les membres de l'assemblée, à l'exception de trois d'entre eux.

Le président met en délibération la deuxième des propositions modificatives des statuts, avec la dernière, qui en est le complément, le tout formulé au rapport du gérant dans les termes suivants :

« Toutes les fois que les emplois ou réserves ci-dessus prévus auront lieu,
» le capital social sera réduit d'une somme égale à leur importance, et le
» montant en sera réparti aux actions aux époques qui seront fixées par
» l'assemblée générale, sur la proposition du gérant et du Conseil de sur-
» veillance.

» Les dispositions ci-dessus seront, pour la première fois, applicables aux
» résultats de l'exercice expiré le 30 juin 1864, et les 46 francs revenant
» pour chaque action seront payés, savoir : 30 francs le 15 décembre 1864
» et 16 francs le 15 juin 1865, contre estampilles apposées sur les titres. »

Aucune observation n'étant présentée, il est procédé à un vote, suivant lequel l'assemblée approuve, à l'unanimité, les dispositions ci-dessus.

Le vote achevé, le président fait observer que l'assemblée a pour mission de pourvoir à la nomination de trois membres du Conseil de surveillance, MM. Foy, Béchet et du Roselle désignés sortants par le sort. Il ajoute que ces trois membres peuvent être réélus.

L'un des actionnaires allègue que l'un des trois membres dont il s'agit, étant l'un des chefs de la maison de banque qui reçoit en dépôt les fonds de la Société, il trouve inconvénient à ce qu'il conserve les fonctions de membre du Conseil, mais d'autres membres de l'assemblée répondent que les deux fonctions, loin d'être inconciliables, fournissent, au contraire, une garantie de plus, puisque la vérité des encaisses de la Société se trouve ainsi constamment attestée au sein même du Conseil.

A la suite de ces observations, il est procédé à trois votes séparés, suivant lesquels MM. Foy, Béchet et Duroselle sont tous trois réélus par l'assemblée.

Par un dernier vote, l'assemblée adopte la proposition que fait le gérant d'abandonner, s'il y a lieu, les travaux entrepris dans les mines de cuivre de Pico Jano.

L'ordre du jour étant épuisé, la séance est levée à deux heures et demie de l'après-midi.

Et ont, MM. Charles Lecomte, Foy, Heuzey-Deneyrouse, Duroselle, membres du bureau, signé le présent procès-verbal, conformément à l'article 54 des statuts.

CH. LECOMTE, *Président.*
FOY-LEMERCIER,
HEUZEY-DENEYROUSE, } *Scrutateurs.*
H. DUROSELLE, *Secrétaire.*

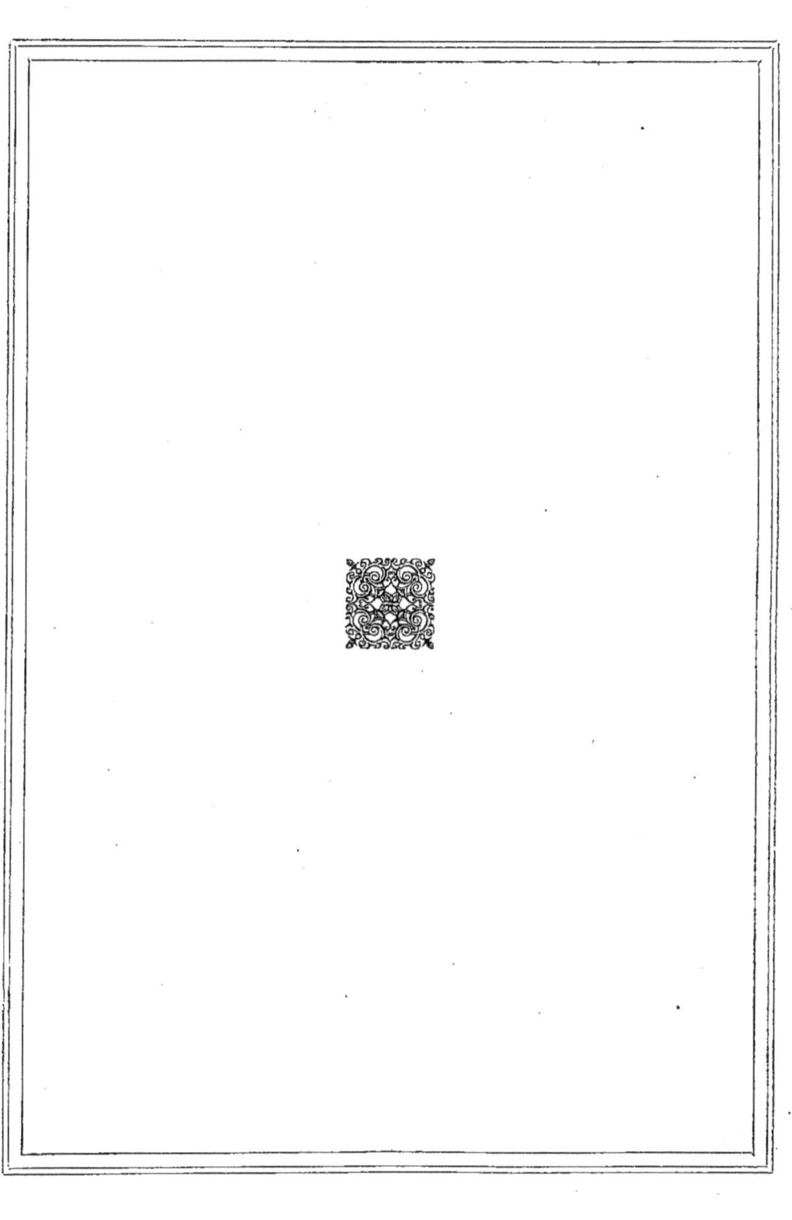

COMPAGNIE

DES

MINES ET FONDERIES DE LA PROVINCE DE SANTANDER.

ASSEMBLÉE GÉNÉRALE DU 8 DÉCEMBRE 1865.

COMPTE RENDU

PAR LE GÉRANT

DU DIXIÈME EXERCICE 1864-1865.

RAPPORT DU CONSEIL DE SURVEILLANCE.

RÉSOLUTIONS DE L'ASSEMBLÉE GÉNÉRALE

PARIS

IMPRIMERIE CENTRALE DES CHEMINS DE FER

DE NAPOLÉON CHAIX ET Cⁱᵉ,

Rue Bergère 20, près du boulevard Montmartre.

1865

COMPAGNIE DES MINES ET FONDERIES DE LA PROVINCE DE SANTANDER.

ASSEMBLÉE GÉNÉRALE DU 8 DÉCEMBRE 1865.

COMPTE RENDU

PAR LE GÉRANT

DU DIXIÈME EXERCICE 1864-1865.

RAPPORT DU CONSEIL DE SURVEILLANCE.

RÉSOLUTIONS DE L'ASSEMBLÉE GÉNÉRALE.

PARIS

IMPRIMERIE CENTRALE DES CHEMINS DE FER

DE NAPOLÉON CHAIX ET Cⁱᵉ.

Rue Bergère, 20, près du boulevard Montmartre.

1865

ASSEMBLÉE GÉNÉRALE DU 8 DÉCEMBRE 1865.

COMPTE RENDU

PAR LE GÉRANT

DU DIXIÈME EXERCICE 1864-1865.

MESSIEURS LES ACTIONNAIRES,

J'ai l'honneur de vous soumettre les comptes et l'inventaire du dixième exercice expiré le 30 juin 1865. D'après les deux tableaux qui ont été dressés pour les résumer, vous pouvez apprécier que nos résultats sont très-satisfaisants.

Dans l'exercice antérieur, qui s'est trouvé l'un des plus favorisés, le bénéfice a été de 653,000 francs ; celui de l'exercice qui vient de s'écouler s'élève à 651,764 fr. 06 c., c'est-à-dire à un chiffre à peu près égal, et cependant nous avons eu, pour ce dernier exercice, à subir deux causes de réduction. D'une part, le prix du zinc n'a pas été aussi élevé que durant l'exercice précédent, ce qui a diminué notre prix de vente, et, d'autre part, l'achèvement des chemins de fer du nord de l'Espagne ayant restreint, pour les navires, les facilités du double voyage, nos affrétements sont devenus plus difficiles ;

d'où est résulté que, comparativement à l'année précédente, nos expéditions ont subi une réduction de 546 tonnes.

Ce qui nous a permis d'arriver au produit important qui vient d'être annoncé, c'est que nos bénéfices, en intérêts et profits particuliers, qui, durant le précédent exercice, n'avaient été que de 10,233 francs, se sont élevés, dans le dernier, à 103,012 francs, fournissant ainsi une augmentation de 92,779 francs, qui est le fruit, d'abord de la bonne situation financière de la Société, et, ensuite, des estimations modérées du dernier inventaire qui ont procuré des réalisations profitables pour l'exercice qui a suivi. Il faut dire aussi qu'une amélioration nouvelle obtenue dans les prix de revient du minerai, nous a permis de compenser une partie de la dépréciation que les cours du zinc nous ont fait supporter.

Notre exploitation de l'année a absorbé 15,400 tonnes de minerais bruts, et cependant les existences générales du 30 juin 1865, comparées à celles du 30 juin 1864, ne se trouvent diminuées que de 5,600 tonnes, d'où résulte que les existences nouvelles qui, durant l'année, sont provenues des travaux préparatoires quant aux minerais en roche, et de l'extraction pour les terres minérales, sont d'une importance de 9,800 tonnes. Les conditions d'un tel aménagement sont suffisamment rassurantes, et il y a lieu d'espérer que nous pourrons nous y maintenir ; elles réservent à l'avenir de notre exploitation un double intérêt : d'une part, l'assurance, pour un assez grand nombre d'années, des produits à recueillir au moyen des existences actuellement connues, et, d'autre part, l'expectative des produits inconnus, mais probables, de toutes les découvertes qui seront la suite de l'exploitation.

Par suite d'un décret royal qui avait inopinément fermé notre port de Comillas à l'entrée des charbons, nous avons dû éteindre notre usine à zinc ; mais ce décret a, depuis, été rapporté, et nous pourrons remettre à feu aussitôt que nous y aurons intérêt.

En dehors de notre exploitation générale, nous avions cru devoir conserver la suite, à Puente Viesgo, d'explorations commencées depuis plusieurs années sur des gisements de plomb. Ces explorations ont continué à rester négatives; les galeries entreprises en dernier lieu pour suivre le filon à l'est et à l'ouest, ont été poursuivies infructueusement sur une étendue d'au moins 200 mètres, ne révélant qu'un terrain minéralisé très-irrégulièrement, c'est-à-dire de petits amas se trouvant disséminés sans jamais suivre une loi susceptible de baser les calculs d'une exploitation rationnelle et profitable. Rien décidément n'autorisant à supposer que de nouvelles dépenses conduiraient à mieux, les ingénieurs de la Société ont été d'avis qu'il convenait de discontinuer les travaux. Je suppose que l'Assemblée partagera ce sentiment et m'approuvera dans la proposition d'abandonner ces mines de Viesgo qui jusqu'à présent ne nous ont occasionné que des dépenses en pure perte. Je dois dire, que, déjà, le Conseil de surveillance a conseillé cet abandon.

Notre tiers dans l'exploitation minière de Biscaye, qui, au 30 juin 1864, nous avait employé 51,096 francs, ne nous engage plus, au 30 juin 1865, que pour 39,089 francs, et sous déduction de l'amortissement de l'année dernière de 30,824 francs, cet engagement se trouve réduit dans notre inventaire à 8,265 francs. Cette rentrée durant l'année, de 12,007 francs, est le résultat de l'amélioration obtenue dans la marche de cette opération, et désormais il nous est permis d'espérer, non-seulement la rentrée intégrale de nos déboursés, mais encore une suite, peut-être intéressante, de bénéfices ultérieurs.

Aux opérations incidentes qui viennent d'être rappelées, il faut ajouter celle importante de Quiros, c'est-à-dire l'intérêt social de 431,500 francs, représenté par 863 actions que notre Société possède dans la Compagnie du bassin houiller de Quiros. Cette Compagnie se trouvait, l'année dernière, au début de son exploitation, mais encore dans la période de l'organisation, ainsi que je l'annonçais dans mon compte rendu de novembre 1864. Je dois aujourd'hui fournir des détails très-complets sur ce qui est survenu dans cette affaire, à cause d'une proposition particulière qui va être soumise à l'appréciation de l'Assemblée.

Cette Compagnie houillère avait été fondée ayant pour but la mise en valeur des mines de houilles du bassin de Quiros, en se reposant, pour le débouché, sur la consommation importante de la fonderie de canons établie par le gouvernement à Trubia, et avec laquelle un chemin nouveau de 27 à 28 kilomètres permettait de communiquer.

Les choses s'accomplirent selon ces projets; mais à peine avait-on fait de premières livraisons durant plusieurs mois que, contrairement à toutes prévisions, la fabrique de Trubia, sous l'empire de circonstances générales qu'il serait superflu d'expliquer ici, n'a plus fonctionné que pour quelques ateliers, éteignant ses hauts-fourneaux pour ne conserver que ses fours à réverbère, de manière que sa consommation toute réduite ne s'est plus composée que de charbon criblé. Ce fait inattendu est venu détruire toute l'économie de l'exploitation entreprise à Quiros ; car on ne pouvait la continuer sans perte, alors qu'en écoulant le criblé, on n'avait plus pour les menus le placement que promettait l'alimentation des hauts-fourneaux.

Un tel contre-temps a déterminé une situation tout à fait critique pour la Compagnie houillère. D'une part, pas de débouchés dans le présent et dès lors pas de bénéfices actuels; et, d'autre part, une situation financière pleine de difficulté, attendu que la Société qui se trouvait étroitement préparée pour les seules nécessités de l'exploitation projetée, n'avait plus de ressources pour desservir ou pour attendre d'autres moyens de mise en valeur. On s'explique facilement cette situation si on se rappelle que pour mettre les gisements en communication avec Trubia, la Société a dû avancer les fonds nécessaires pour la confection du chemin cité plus haut et que ce chemin, pratiqué au milieu de montagnes, a présenté de sérieuses difficultés et des surcroîts de dépenses dont précédemment il a été rendu compte.

Cette position est d'autant plus regrettable que l'affaire en elle-même, toute compromise qu'elle se trouve dans le présent, n'en conserve pas moins une grande et sérieuse valeur d'avenir.

Il est indiscutable que le bassin de Quiros est riche en charbon, et que ce charbon y est susceptible d'une extraction aussi abondante qu'économique.

La qualité du charbon n'est pas douteuse. Dans les fournitures qui ont commencé à Trubia, en concurrence avec des charbons provenant du bassin voisin, celui de Mières, la préférence a été donnée, il est vrai, dans les ateliers, aux criblés de Mières, mais spécialement pour les opérations du puddlage, car pour le charbon de forge et pour le coke provenant de Quiros, ils ont été reconnus irréprochables et supérieurs.

Si l'exploitation se trouve présentement entravée, cela est dû à des circonstances particulières que l'avenir pourra très-bien modifier. Si, sous l'empire de ces circonstances, la fonderie de Trubia a restreint considérablement sa consommation, il n'est pas impossible que d'autres circonstances ne conduisent à la remise à feu du haut-fourneau qui rétablirait de meilleures conditions pour l'exploitation de Quiros. Puis encore si présentement Trubia se trouve l'unique usine où puissent accéder avantageusement les charbons de Quiros, il n'est pas impossible que d'autres usines ne soient, dans l'avenir, créées à portée de ces charbons. D'un autre côté, il y a, dans le bassin même de Quiros, des minerais de fer, et, jusqu'ici, il a été admis que ces minerais sont de bonne qualité et que les gisements sont d'une grande puissance. Si les analyses et les explorations conduisent à de complètes certitudes, il y aura là de nouvelles perspectives intéressantes, autrement dit des éléments précieux de créations métallurgiques qui deviendraient consommatrices sur place de la totalité ou de la majeure partie des charbons; enfin, la province des Asturies va être dotée d'un chemin de fer dont l'adjudication a eu lieu et dont les travaux sont, dès à présent, commencés. Les trois provinces du nord de l'Espagne, le Guipuscoa, la Biscaye et Santander sont chacune en possession d'un chemin de fer qui, traversant la chaîne des Pyrénées espagnoles, permet à ces provinces de communiquer avec la Castille et par conséquent avec le centre de l'Espagne. La quatrième province, celle des Asturies, se trouve la seule qui n'ait pas encore été favorisée d'une voie ferrée; mais comme cette province, l'une des plus peuplées, est dotée d'importantes richesses naturelles, particulièrement de puissants gisements houillers, le chemin de fer qui doit la vivifier est protégé, dans son exécution, par une subvention gouvernementale tout exceptionnelle qui aidera à hâter les travaux.

On admet généralement, et avec raison, que, lorsque la province pourra, au moyen de cette voie nouvelle, communiquer avec le reste de l'Espagne, elle sera appelée à jouer un rôle considérable dans l'industrie de ce pays. Il est certain que, quand on en sera là, Quiros aura naturellement sa part dans le développement assuré de la richesse générale.

Comment toutes ces éventualités d'avenir se dégageront-elles? C'est ce qu'il est impossible de préciser; mais, en tout cas, la Compagnie de Quiros n'est pas en position de se reposer sur de simples éventualités; des nécessités la pressent; il lui faut, pour rester sur pied, de nouveaux fonds; et de qui en obtiendrait-elle? Tout, précisément, concourt à décourager les premiers engagés : on avait compté sur des bénéfices présents ou prochains, et il faut se résigner à des bénéfices à venir, et de plus on se trouve en présence de circonstances générales qui, dans ces derniers temps, ont amené un certain discrédit sur les affaires qui sont fondées en Espagne.

Si la Compagnie a pu jusqu'ici faire face à ses premières difficultés financières, elle le doit à notre Société. Celle-ci qui, par ses appports et souscriptions, a le plus largement participé à la fondation de la Société houillère, devait moralement son patronage à l'entreprise, et elle n'a pas failli à cette convenance que son intérêt d'ailleurs lui commandait; mais ce concours financier ne pouvant être naturellement que limité et temporaire, il fallait s'occuper à tout prix d'une solution, et c'est alors qu'on a été conduit au projet que j'ai mission de soumettre à l'assemblée, projet qui sollicite un accord entre notre Société et la Compagnie houillère, et qui a pour base l'intérêt et la convenance des deux Sociétés.

D'un côté, la Compagnie houillère, déçue dans le présent, voit ses ressources épuisées et son crédit éteint, ou au moins des plus compromis, se trouvant ainsi hors d'état de continuer une entreprise dont la valeur ne repose plus que sur des chances d'avenir.

D'un autre côté, notre Société, qui dispose de larges ressources de roulement et recueille dans son exploitation des bénéfices actuels, peut, dans ces conditions, s'accommoder de la possession de l'entreprise houillère et attendre le moment opportun ou les occasions utiles qui, dans l'avenir, pourront se produire avec intérêt et profit.

Dans ces situations respectives, il y a convenance à ce que l'actif de la Compagnie houillère passe en la possession de notre Société. Pour la Compagnie houillère, c'est un acte de salut; elle est en présence de la nécessité et des pertes d'une liquidation; elle pourra, de cette façon, en atténuer les conséquences. Pour notre Société, c'est un acte utile à un double point de vue : c'est, d'une part, le moyen de sauvegarder l'intérêt important pour lequel nous nous trouvons engagés, et, d'autre part, c'est une utile occasion d'ajouter un élément de haute valeur aux chances de la fortune future de notre Société.

La combinaison donnerait satisfaction entière, si nous pouvions acquérir l'actif dont il s'agit pour un prix égal au chiffre de l'inventaire ; mais notre Société doit faire la part des causes de dépréciation. Il faut considérer que l'entreprise houillère a perdu de sa valeur, alors que les espérances qu'on attachait à une exploitation immédiate se sont à peu près évanouies, et qu'il faut se contenter de celles de l'avenir, et alors il a été admis que, pour pondérer le mieux possible les intérêts de notre Société et ceux des engagés dans la Compagnie houillère, il convenait de s'arrêter aux conditions suivantes :

L'actif de la Compagnie houillère s'élève, d'après le dernier inventaire du 30 juin 1865, à 1,296,543 fr. 87 c., savoir :

1° Droits de concession et de propriété des mines. Fr. 375,000 »

2° Immeubles, chemins de service et autres dépendances des mines......................... 143,321 23

3° Mobilier et matériel...................... 14,669 88

4° Approvisionnements et autres valeurs de roulement y compris 76,397 francs employés en travaux préparatoires.......................... 99,437 87

5° Déboursés pour le chemin de Quiros à Trubia. 323,629 24

Ensemble......... 956,058 22

6° Frais, dépenses et pertes de premier établissement................................... 340,485 65

Actif total...... Fr. 1,296,543 87
Déduisant le passif de.... 196,543 87

Il reste net....... 1,100,000 »

Dont la Société se trouve elle-même propriétaire pour le montant de 80 actions dont elle n'a pas disposé. 40,000 »

D'où résulte qu'il ne revient aux actionnaires que Fr. 1,060,000 »

Les sociétaires engagés pour ce capital de 1,060,000 francs sont :

1° Notre Société pour 431,500 francs représentés par les 863 actions qu'elle possède, et pour 28,500 francs qui seront représentés par 57 actions qu'elle aura à acquérir pour simplifier les chiffres et porter son intérêt total à 460,000 francs;

2° Tous les actionnaires, autres que notre Société, porteurs de 1,200 actions représentant le complément de 600,000 francs.

Notre Société se chargera de l'acquit du passif et fournira 800 de ses propres actions en échange des 1,200 actions possédées par ses coassociés. Par ce moyen, notre Société, possédant d'ailleurs les

920 actions représentatives de son intérêt de 460,000 francs et qui complètent les 2,120 actions émises, se trouvera réunir les droits entiers de tous les intéressés, autrement dit la propriété intégrale de l'actif de la Compagnie houillère.

Les 800 actions à fournir aux coassociés de notre Société feront l'objet d'une émission nouvelle, ce qui portera le nombre de nos actions à 10,700.

Ces 800 actions nouvelles participeront, proportionnellement avec les 9,900 déjà émises, à tous bénéfices réservés à compte nouveau ; mais la première des répartitions à laquelle elles commenceront à prendre part, sera celle provenant de l'exercice prochain, c'est-à-dire de celui qui expirera le 30 juin 1866.

Ces mêmes actions nouvelles auront, pour le surplus, des droits complétement identiques à ceux des 9,900 autres actions, et, en conséquence, elles seront, comme ces dernières, réduites des 46 francs qui ont été remboursés sur le capital de 500 francs pour le neuvième exercice, et des 48 francs qui seront remboursés pour le dixième exercice expiré le 30 juin 1865. Elles seront ainsi réduites, dans leur montant nominal, à 406 francs, et leur émission comportera alors une augmentation du capital social actuel dans la proportion de 324,800 francs. Mais, d'un autre côté, notre Société constituant, en corrélation avec les remboursements opérés sur ses actions, une réserve qui forme un actif éventuel et qui, à la suite du dixième exercice, s'élèvera à 1,009,915 fr. 55 c., les actions nouvelles y auront leur part proportionnelle.

Résumant les conditions, en ce qui concerne notre Société, on voit que la charge du passif et 14,000 francs au plus pour l'achat des 57 actions destinées à parfaire notre intérêt de 460,000 francs, nous représentent un déboursé total de............... Fr. 210,543 87

Que l'émission de 800 actions nouvelles a fourni en échange de 1,200 actions de la Compagnie houillère

A reporter............... 210,543 87

Report. . . . . Fr.   210,543 87

se résume en une augmentation de notre capital social
de 324,800   »

    Et enfin que les 431,500 francs, valeur nominale de
nos 863 actions, étant réductibles d'un tiers pour ne
valoir que. 287,666   66

il en résulte : 1° que l'actif sus-indiqué de la Compagnie houillère de 1,296,543 fr. 87 c., soit de 956,058 fr.
22 c., en déduisant tous frais et pertes de premier établissement, nous restera pour le prix réduit de.. Fr.   823,010 53

    2° Et que nos 863 actions ayant été portées dans nos comptes pré-
cédents pour 364,164 fr. 16 c., il y a lieu de prélever sur nos derniers bénéfices 76,496 fr. 50 c. pour amortir la différence.

    Pour bien se rendre compte des motifs qui nous ont conduits aux
arrangements qui sont présentement soumis à l'appréciation de
l'Assemblée, il ne faut pas perdre de vue qu'une Société minière doit,
à peine d'encourir une existence éphémère ou au moins précaire, ne
pas dédaigner la recherche et la possession de mines nouvelles.
Aucun des établissements miniers n'échappe à cette loi rigoureuse
qui, pour nous-mêmes, au reste, se trouve inscrite expressément
dans le contrat de notre Société.

    Lorsqu'en 1861 je vins, pour la première fois, rendre compte, devant
l'Assemblée, de la gestion qui m'avait été confiée, j'ai eu à expliquer
l'abandon qu'il m'avait fallu faire de beaucoup de choses qui se trouvaient entreprises à côté de notre exploitation principale, et qui
menaçaient de la ruiner. Nous avons eu, depuis, à nous applaudir
de ce parti héroïque, car c'est lui qui nous a permis de revenir à
meilleure fortune ; mais, dès cette époque, et bien que notre position
fût alors très-difficile, je crus de mon devoir de conseiller un suprême effort pour la conservation des mines de Quiros, et cependant
elles n'avaient encore qu'une valeur bien autrement incertaine qu'aujourd'hui ; elles étaient d'un accès impossible ; le chemin carrossable
qui les relie actuellement à une route royale, n'existait pas encore,

et, bien plus, on exprimait les doutes les plus sérieux sur la possibilité d'arriver à l'exécution de ce chemin.

Notre persévérance a porté ses fruits : car, plus tard, on a pu arriver à la formation d'une Société, et à composer ainsi un capital qui a permis d'établir le moyen de communication qui manquait au bassin houiller de Quiros.

Ce succès déjà considérable étant obtenu, il s'est produit un temps d'arrêt dans le cours de nos espérances ; il est arrivé que le concours de circonstances fâcheuses, celles que vous connaissez maintenant, est venu troubler la Société que nous avions si laborieusement formée, et la compromettre dans son existence. Que devions-nous faire ? Fallait-il laisser cette Société succomber sous le poids de ses embarras, et entraîner dans sa chute la perte des gisements houillers de Quiros ? Fallait-il se résigner à perdre ainsi le fruit de tous les efforts que nous avions faits dans le passé ?

Nous n'avons pu, un seul instant, nous arrêter à une telle défaillance ; si nous l'avions commise, on pourrait aujourd'hui nous la reprocher très-justement comme la négation des précédents de l'affaire, comme un oubli coupable de nos propres intérêts. Nous avons dû nous rappeler que la part importante que nous avons eue, dès l'origine, dans ces mines de Quiros, occupait une place considérable dans les chances de notre avenir industriel, et qu'avant de laisser perdre cet avenir, nous devions dépenser tous nos efforts dans la recherche des moyens de le conserver. Nous devions d'autant plus le faire que nous sommes convaincus, plus que jamais, que la possession des gisements de Quiros, jointe à la possession de nos richesses minières actuelles de la province de Santander, constitue le moyen pour nous, et peut-être le seul, de nous rendre maîtres tout à la fois du présent et de l'avenir.

La seule raison qui aurait pu nous émouvoir, c'eût été de rencontrer des conditions trop onéreuses pour nous, des conditions susceptibles d'ébranler notre solidité financière : mais c'est le contraire que nous avons rencontré ; nous nous chargeons d'un passif, il est inférieur à la seule augmentation que nos ressources disponibles ont obtenue dans l'année qui vient de s'écouler, et d'ailleurs il est plus que couvert par la partie recouvrable de l'actif qui nous est cédé ; pour le surplus, nous nous bornons à fournir un intérêt social qui se résume dans le calcul de douze associés qui en admettraient un treizième, et si ce treizième associé fait un apport qui, pour quelque temps, menace d'être improductif, il apporte, d'un autre côté, un avenir de grande valeur : à nous, riches dans le présent et qui pouvons attendre, il apporte précisément ce qui nous manque, la consolidation de notre avenir.

La combinaison vient, en outre, desservir un intérêt particulier, de nature plus secondaire, il est vrai, mais qui, cependant, mérite d'être préservé, car il touche directement les actionnaires. Si on laissait succomber la Société de Quiros, on laisserait périr en même temps la part importante que nous y possédons, perte qui naturellement réagirait sur la répartition des produits de l'exercice en cours, et déterminerait alors un préjudice et un trouble, c'est-à-dire une réduction notable de la répartition de l'année, et un discrédit pour les actions.

Par suite, et comme conséquence du projet qui vient d'être expliqué, la répartition de notre bénéfice doit être établie de la manière suivante :

Il se compose :

1° De la réserve qui a été faite, l'année dernière, sur les résultats de l'exercice 1863-1864, de.................... Fr.   80,000   »
2° Et des résultats du dernier exercice 1864-1865 de.   651,764   06

Ensemble........ 731,764   06

Il y a lieu de prélever :

1° L'amortissement particulier sus-indiqué de 76,497 fr. 50 c., représentant la différence entre la

A reporter............ 731,764   06

Report........ Fr.   731,764   06

précédente estimation de 364,164 fr. 16 c. donnée à nos
363 actions de la Compagnie Quiros, et la nouvelle estimation de 287,666 fr. 66 c............ 76,497 50

2° Et 67,000 francs, pour lesquels il
nous est permis d'amortir, comme il a été
déjà fait l'année dernière, les objets actifs,
mais dépréciables, qui sont compris dans
nos inventaires sous le titre : *Objets de
premier établissement* .... 67,000 »

Ensemble 143,497 50

Il restera disponible.............. 588,266 56
qui fourniront une répartition de.................. 528,000 »

Et un excédant que nous proposons de réserver à
compte nouveau, de 60,266 56

Les raisons qui, l'année dernière, ont été données à l'appui de
l'utilité d'une réserve de cette nature, ayant été bien accueillies par
l'Assemblée, nous devons croire que notre proposition d'aujourd'hui
sera également approuvée.

En conformité des dispositions statutaires adoptées l'année dernière, les 528,000 francs de bénéfice net seront employés, sous la
déduction des 10 0/0 revenant pour honoraires proportionnels au
Gérant, à l'ingénieur principal et au Conseil de surveillance, à augmenter le fonds de réserve qui est destiné à amortir, selon qu'il y
aura lieu, tout ou partie du prix des mines compris dans l'actif
social.

En conséquence de cet emploi, le capital social sera réduit d'une
somme égale à son importance, soit de 475,200 francs, qui seront
répartis aux actions à raison de 48 francs pour chacune, payables,
30 francs le 15 décembre 1865, et 18 francs le 15 juin 1866, contre
estampilles apposées sur les titres.

Le bilan ou résumé d'inventaire qui accompagne le présent compte rendu a été dressé en vue de l'approbation de la répartition qui vient d'être établie, et de la réserve qui est proposée. Il justifie que notre Société se trouve, au mois de juin 1865, en possession, outre le matériel, d'un fonds de roulement s'élevant, déduction faite des dettes, du bénéfice réservé à compte nouveau et de celui à répartir, à 1,140,052 fr. 25 c., tandis qu'au 30 juin 1864 le fonds de roulement sous les mêmes déductions ne s'élevait qu'à 1,010,071 fr. 86 c.

Si en présence de ce qui se prépare au sujet de la Compagnie houillère et pour établir avec plus de précision la situation financière qui vient d'être présentée, on calcule abstraction faite de la somme engagée dans l'entreprise houillère, il reste pour fonds de roulement, au 30 juin 1865, 852,385 fr. 59 c., qui, comparés au même fonds de roulement du 30 juin 1864, de 645,907 fr. 70 c., offrent une augmentation de 206,477 fr. 89 c.

Ce qui démontre que par la sage modération apportée à nos répartitions, nous améliorons chaque année notre situation financière, et par conséquent nos éléments de richesse et de profit.

Les bénéfices dont nous avons pu maintenir l'importance tout en luttant avec des circonstances générales plutôt contraires que favorables, sont dus à nos efforts constants, à notre persistance inébranlable dans la voie de l'ordre et de l'économie.

Les ingénieurs de la Société et les autres membres du personnel ont, comme par le passé, fourni tous leurs soins avec un zèle et un dévouement irréprochables, et je profite de l'occasion qui m'est offerte d'en rendre témoignage.

Les opérations sociales ont continué à s'accomplir sous le contrôle et avec les avis bienveillants du Conseil de surveillance, et c'est dans les mêmes conditions d'une parfaite entente avec le Conseil que la gérance se trouve autorisée à soumettre à l'Assemblée les propositions qui ont été formulées dans le cours de ce rapport, et qui se résument de la manière suivante :

1° Confirmation de l'autorisation déjà donnée au gérant, dans l'Assemblée générale du 30 octobre 1861, d'abandonner les explorations entreprises dans les gisements plombifères de Puente Viesgo, et par suite des mines où les travaux avaient lieu.

2° Approbation des comptes et de l'inventaire du dixième exercice arrêté le 30 juin 1865, et analysé dans le bilan joint au présent rapport.

3° Approbation tant de la réserve à compte nouveau d'un bénéfice de 60,266 fr. 56 c., que de la répartition de 528,000 francs, telle qu'elle est établie et proposée.

4° Autorisation donnée au gérant de réaliser, sous les conditions principales énoncées au présent rapport, l'achat de l'actif entier de la Compagnie du bassin houiller de Quiros; et, par suite, approbation d'une émission de 800 actions nouvelles augmentant le fonds social de 324,800 francs.

Le Gérant,

A. BERNIÈRE.

4*

BILAN AU 30 JUIN 1865

COMPAGNIE DES MINES ET FONDERIES

Bilan au

DE LA PROVINCE DE SANTANDER

30 juin 1865

ACTIF

§ 1ᵉʳ. — Capital immobilisé.			
Droits de concession et de propriété des mines	»	»	3.080.000 »
§ 2. — Objets de premier établissement.			
AMORTIS POUR 67,000 FRANCS SUR LES BÉNÉFICES DE L'EXERCICE.			
Mobilier	11.424 »		
Routes et chemins	105.777 80		
Travaux aux ports d'embarquement (quais, magasins, etc.)	45.210 01		
Fours de calcination, magasins et dépendances	104.818 16		
Travaux préparatoires d'extraction	29.431 25	658.875 25	
Ateliers de lavage, de séparation et dépendances	98.712 86		
Immeubles, constructions et ouvrages divers	97.298 92		
Usine à zinc et ateliers en dépendant	76.201 95		
§ 3. — Matériel et fonds de roulement.			
Matériel de l'exploitation	150.368 05		
Approvisionnements	88.727 50		
Actions de la *Compagnie houillère de Quiros*	364.164 16		
Exploitation de manganèse	14.198 24	386.628 05	2.236.326 70
Participation de Biscaye	8.265 65		
Existence des minerais au 30 juin 1865	178.360 42		
Caisse et débiteurs divers	1.434.222 08		
Fr.			5.975.201 95

PASSIF

§ 1ᵉʳ. — Passif envers la Société.			
Capital social représenté par 9,900 actions ; réduit au 30 juin 1864 de 455.400 fr. répartis aux actions	4.494.600 »		
Fonds de réserve. { Solde au 30 juin 1864 . . . 534.715 55 { Bénéfice net de l'exercice . . . 475.200 »	1.009.915 55	5.641.279 01	
Bénéfice réservé à compte nouveau	60.266 56		
Prélèvement pour l'amortissement partiel des actions de la Cⁱᵉ houillère de Quiros	76.497 50		
§ 2. — Créanciers divers.			
Passif courant	261.122 34		
Solde créditeur | Réserve sur exercice 1863-1864 . . . 80.000 » de profits et pertes | Exercice 1864-1865 . . . 584.764 06		333.922 84	
Total . . . 664.764 06			
Réduit par la réserve à compte nouveau de 60,266 fr. 56 c. et par le prélèvement de 76,497 fr. 50 c., à . . . 528.000 »			
Et en outre, par les 10 0/0 revenant pour honoraires proportionnels au gérant, à l'ingénieur principal et au Conseil de surveillance, soit . . . 52.800 »	52.800 »		
Au solde net attribué ci-dessus au fonds de réserve de . . . 475.200 00			
Fr.		5.975.201 95	

Bilan rectifié en conformité de l'approbation 1° de la répartition

§ 1ᵉʳ. — Capital immobilisé	3.080.000 »
§ 2. — Objets de premier établissement	658.875 25
§ 3. — Matériel et fonds de roulement après réduction à 287,668 fr. 60 c. des actions de la Compagnie Quiros	2.159.829 20
Fr.	5.898.704 45

à faire aux actions, 2° et de l'amortissement de **76,497 fr. 50 c.**

§ 1ᵉʳ. — Passif envers la Société.		
Capital social réduit, au 30 juin 1865, de somme égale au bénéfice net mis en réserve, soit de 475.200 francs	4.019.400 »	
Fonds de réserve (contre valeur du prix des mines)	1.009.915 55	5.089.582 11
Bénéfice réservé à compte nouveau	60.266 56	
§ 2. — Créanciers divers.		
Passif courant	281.122 31	
Montant de la réduction du capital social à répartir aux actions, à raison de 48 fr. pour chaque action, dont 30 francs au 15 décembre 1865 et 18 francs au 15 juin suivant	475.200 »	809.122 34
Honoraires proportionnels du gérant, de l'ingénieur et du Conseil de surveillance	52.800 »	
Fr.		5.898.704 45

RÉSUMÉ DU COMPTE

Pour le dixième Exercice couru du

PROFITS ET PERTES

30 juin 1864 au 30 juin 1865.

DÉBIT

Dépenses générales d'administration.	Honoraires du personnel.	46.126 73	
	Ports de lettres et dépêches.	965 03	
	Frais de bureau en Espagne et à Paris.	7.859 36	62.435 71
	Frais de voyage	1.216 00	
	Frais de contentieux	1.686 22	
	Dépenses diverses	5.582 26	
Frais communs d'exploitation.	Exploitation des mines	172.376 35	
	» des terres calaminaires.	73.290 46	
	» des minerais mélangés	8.092 07	
	Frais de calcination.	104.989 77	439.494 40
	Transport des minerais aux ports.	37.467 43	
	Travaux d'exploration.	31.852 77	
	Amortissement ou usure du matériel	6.522 27	
	Taxe des mines et droits divers	4.894 28	
Frais particuliers.	Frets, chargements, livraisons, etc.	226.697 56	
	Remboursements des existences de minerais de l'exercice antérieur.	76.677 78	370.375 34
	Amortissement sur les objets de premier établissement.	67.000 »	
Balance représentant le bénéfice de l'exercice		684.764 06	
	Fr.		1.458.069 51

CRÉDIT

1° Produits réalisés des mines	1.176.596 82	
2° Produits à réaliser formant stock au 30 juin 1865 (prix de revient)	176.360 48	
3° Solde créditeur de compte : change, commissions et intérêts.	27.905 79	
4° » des profits et pertes exceptionnels	76.206 54	
Fr.		1.458.069 51

RAPPORT

DU CONSEIL DE SURVEILLANCE

SUR

L'INVENTAIRE ET LES COMPTES ARRÊTÉS LE 30 JUIN 1865.

MESSIEURS LES ACTIONNAIRES,

Le Conseil de surveillance ayant fait les vérifications qui le concernent, a trouvé tous les comptes parfaitement exacts et réguliers, et, dès lors, il vous propose de les approuver, ainsi que l'inventaire arrêté le 30 juin 1865.

L'année dernière, nous nous sommes félicités de l'état prospère de nos bénéfices; c'était à juste titre, car cet état ne s'est pas démenti; les bénéfices de l'exercice qui vient d'expirer sont aussi élevés que ceux de l'année précédente, quoiqu'on ait eu à subir quelques causes de dépréciation qui sont indiquées dans le rapport du Gérant de la Société.

Ce bon résultat permet la répartition de 528,000 francs, dont les neuf dixièmes revenant aux actions fournissent 48 francs pour chacune d'elles. Le montant de cette répartition est, comme on va le voir, largement disponible.

Au 30 juin 1864, l'inventaire social justifiait d'un actif en matériel et fonds de roulement de. . . . . Fr. 2,073,051 78

Grevé d'un passif de. . . . . . Fr.	322,995 25	
d'une réserve en bénéfice, à compte nouveau.	80,000 »	908,995 25
et d'une répartition à faire pour . . .	506,000 »	

Soit, net. 1,464,056 53

Au 30 juin 1865, l'inventaire social justifie d'un actif en matériel et fonds de roulement de. 2,236,326 70

Grevé d'un passif de . . . . . Fr. 281,122 34

d'une réserve en bénéfice, à compte nouveau de 60,266 56

et d'une répartition à faire pour . . . 528,000 »   869,388 90

Soit, net. . . . . . Fr. 1,366,937 80

C'est-à-dire que la répartition va laisser intacte une augmentation obtenue, durant l'année, sur le fonds de roulement, de 202,881 fr. 27 c., qui demeure expliquée de la manière suivante :

D'une part, sur le profit de 80,000 francs réservé l'année dernière, sur le profit brut de 651,764 fr. 06 c. obtenu durant l'exercice clos le 30 juin dernier, ensemble. . . . . Fr. 731,764 06 il a été prélevé les amortissements expliqués par le Gérant, réduisant le profit à 588,266 fr. 56 c., dont 60,266 fr. 56 c. réservés à compte nouveau, et 528,000 francs à répartir, ci 588,266 56

Ce qui compose un premier excédant pour l'actif de roulement de. 143,497 50

D'autre part, il a été recouvré sur le gouvernement d'Espagne, pour le montant de travaux au port de Comillas compris dans notre actif de premier établissement. . . . . .Fr. 91,099 69

Tandis que nous n'avons, durant l'année, déboursé pour travaux nouveaux de premier établissement que 31,725 92

Ce qui a composé un deuxième excédant, pour l'actif de roulement, de . . . 59,383 77   59,383 77

Le tout égal à l'augmentation totale qui vient d'être expliquée de. . . . . .Fr. 202,881 37

Cette augmentation nous rend légère la perte que nous nous imposons, sous forme d'amortissement, de 76,497 fr. 50 c. sur la valeur de notre part d'intérêts dans la Compagnie houillère de Quiros, car cette somme étant déduite, il nous reste encore un accroissement, pour l'année, de 126,383 fr. 87 c.

Une amélioration de cette importance dans nos ressources de roulement mérite d'appeler l'attention de l'Assemblée, et c'est avec satisfaction que le Conseil trouve ici l'occasion de la signaler.

Une telle situation aurait permis la répartition du bénéfice intégral; mais, dans l'intérêt qu'on a fait valoir dès l'année dernière, la Gérance et le Conseil ont pensé qu'il était bon de consolider les bénéfices en cours en maintenant à compte nouveau une réserve de 60,266 francs. Il s'agit d'une utile mesure de prévoyance que, déjà, l'assemblée dernière a favorablement accueillie.

En outre, dans le but de constituer, pour les mines de la Société, qui, naturellement, composent un actif soumis à des chances, une garantie ou contre-valeur, sans laquelle il devient difficile d'établir un inventaire absolument vrai : le bénéfice net revenant aux actions servira, comme l'année dernière, à augmenter le fonds de réserve qui est destiné à former la garantie dont il s'agit ; mais, ainsi que précédemment on l'a déjà parfaitement expliqué, cette mesure ne constitue qu'un acte de pure forme et de prudence qui, d'ailleurs, ne préjudicie pas aux actionnaires, puisque, par voie de remboursement de capital, la même somme leur est exactement répartie.

Au surplus, aussitôt que les nouvelles dispositions législatives qui sont prochainement attendues permettront la conversion de la Société en la forme anonyme ou autre analogue, la Gérance et le Conseil comptent vous proposer cette conversion; et il y a lieu de supposer que, sous cette forme nouvelle, on trouvera des facilités pour revenir aux répartitions annuelles à titre de *dividende*. C'est alors que, par l'échange des actions actuelles contre des titres nouveaux, on pourra rétablir des coupons qui permettront la perception des revenus sans déplacement des titres.

Il nous reste à vous entretenir de la proposition qui vous est faite de fusionner dans notre actif celui de la Compagnie houillère de Quiros.

Le Conseil a été naturellement appelé à examiner l'opération au triple point de vue de la régularité, de l'opportunité et des conditions.

L'article 13 de nos statuts permet d'augmenter notre fonds social originaire dans la proportion de 1,050,000 francs, et la fusion dont il s'agit n'aboutit qu'à une simple augmentation de 324,800 francs. La proposition est donc toute régulière ; elle se résume dans l'usage, et même dans l'usage discret, de la faculté donnée par le contrat social.

Quant à l'opportunité, le Gérant s'est chargé de l'établir par les raisons diverses qui sont contenues dans son rapport. Le Conseil, qui a accueilli ces raisons, n'a plus qu'à les résumer. pour insister sur celles qui lui ont paru les plus déterminantes.

L'actif principal et sérieusement intéressant de la Compagnie du bassin de Quiros consiste dans de nombreux gisements houillers qui composent un vaste charbonnage, et dans un certain nombre de mines de fer situées à portée du charbon.

On avait, pour le débouché des produits de l'exploitation houillère, compté sur la consommation importante de la fonderie de canons possédée à Trubia par le gouvernement ; mais, contrairement à toute attente, il est survenu un incident qui a déjoué tous les calculs, et que tous les efforts individuels étaient impuissants à conjurer. Cette usine a fermé la plus grande partie de ses ateliers, la fonderie a cessé de fonctionner, et nul ne peut dire quelle est l'époque à laquelle les hauts-fourneaux de cette usine seront remis à feu.

Quelle est, dans cette occurrence, la valeur de l'entreprise houillère de Quiros ?

Aujourd'hui le charbonnage se trouve affirmé dans sa puissance ;

il en est de même pour la qualité des charbons et pour les facilités
d'une extraction très-économique. De plus, le bassin, qui jadis était
complétement inaccessible, se trouve actuellement doté d'un bon
chemin de 27 à 28 kilomètres, qui met les gisements en communication avec la route royale qui dessert Oviédo, et de là toute la province, et qu'il rencontre à Trubia. La situation présente comparée
à celle de l'origine constitue déjà un notable progrès pour l'entreprise; mais cependant celle-ci se trouvant privée du débouché que
promettait l'usine de Trubia, quel moyen reste-t-il pour une mise en
valeur profitable ?

La réponse à cette question se trouve renfermée dans des appréciations générales qui comportent certains développements; il faut nécessairement, pour apprécier l'avenir des mines de Quiros, qu'on
puisse juger préalablement la situation de l'industrie houillère des
Asturies.

Il est incontestable que, dans cette province, le charbon peut être
obtenu en abondance et à bas prix, mais il n'en résulte pas qu'on y
soit, dès à présent, en mesure de tirer un large profit de cette
richesse minérale.

Le développement normal de l'industrie houillère repose sur deux
moyens : la consommation sur place et l'exportation. Quant à l'exportation, elle n'est possible que secondée par une organisation des
transports réunissant le double avantage de la puissance et de l'économie; et, en outre, l'exportation n'écoulant que certaines qualités
choisies, celles qui se trouvent acceptées sur les marchés de destina-
tion, il faut alors que les qualités inexportables puissent rencontrer
sur place le débouché nécessaire de la consommation locale.

Les Asturies, desservies par le port de Gijon, sur l'Océan, ont là
un élément précieux de transport, mais qui sera bien plus intéressant
dans l'avenir que dans le présent. Il faut, pour la vitalité du transport maritime, le bénéfice du double voyage, et les expéditions du
port de Gijon en sont actuellement privées. Ces expéditions n'arrive-
ront à profiter d'un cabotage régulier qu'à l'époque où les charbons

pouvant être embarqués comme *lest*, et dès lors à bas prix, il s'ensuivra des voyages de retour composés de marchandises ou de matières premières; c'est-à-dire à l'époque où la province des Asturies sera en possession d'une industrie locale assez développée pour absorber ces importations. On fait actuellement à Gijon des exportations de charbons, mais on comprend que, sous l'empire des désavantages actuels, ces exportations, très-restreintes, ne peuvent d'abord être permises qu'à celles des houillères qui sont les plus voisines du littoral, et ne peuvent, ensuite, que donner de pauvres résultats.

Quant à la consommation sur place qui, dans tous les cas, constitue le débouché nécessaire, puisque l'exportation ne saurait absorber toutes les qualités de charbons, il faut, pour en jouir, rencontrer, à proximité, des établissements consommateurs, et c'est, jusqu'à présent, ce qui, en Asturies, a manqué aux producteurs de charbons. Les deux fabrications de fer établies, l'une dans le bassin de Mières, et l'autre à portée des charbons du bassin de Sama, constituent les seules exceptions qui méritent d'être citées.

On comprend, d'après ces aperçus, que, dans le présent, la richesse houillère des Asturies n'a, en général, et ne peut avoir qu'une valeur toute relative, et que la faveur qui, cependant, continue plus que jamais à s'attacher aux destinées de cette province, est tout entière fondée sur l'avenir. On admet, et avec raison, que la richesse houillère appellera naturellement les industries locales, aussitôt que celles-ci pourront être créées dans de parfaites conditions; autrement dit lorsque, pour l'arrivage des matières premières et le transport des produits fabriqués, elles auront à leurs dispositions: d'abord le transport maritime actuel que leur existence même développera en le perfectionnant, et, ensuite, le moyen de communiquer avec l'intérieur par la voie ferrée tracée depuis Gijon jusqu'à Léon, où elle se raccordera avec le réseau des chemins de fer du nord de l'Espagne.

Or, cette voie ferrée à laquelle tout l'avenir est attaché n'est plus à l'état de simple projet, l'exécution en est commencée; on a compris que l'industrie de l'Espagne ne pouvait progresser qu'étant installée à portée de la houille, et que, par sa richesse houillère, la province des Asturies était nécessairement appelée à devenir le siége des industries nouvelles; c'est pourquoi le gouvernement, qui a su apprécier l'intérêt général qui commande la confection du chemin de fer de Gijon à Léon, en a favorisé l'exécution par les sacrifices d'une subvention très-élevée.

On peut, au moyen de ces explications, se rendre compte de l'avenir général qui se prépare actuellement pour les houillères des Asturies; on voit que cet avenir n'est pas chimérique, et qu'il se fonde, au contraire, sur des données très-sérieuses et très-encourageantes, et si, pour le bassin houiller de Quiros, il est dès à présent difficile de préciser quel est l'avenir particulier qui lui est réservé, il est cependant raisonnable de partager l'opinion, exprimée dans le rapport du Gérant, que ce bassin aura naturellement sa part dans le développement de la richesse générale. Plus spécialement on peut avancer, sans trop préjuger l'avenir, que des établissements métallurgiques auront leur place un jour dans le bassin de Quiros, où se trouvent réunis si favorablement les éléments les plus précieux, la houille, le bois et le minerai de fer.

Pour notre Société qui est prospère et puissante, l'affaire de Quiros est à sa convenance; la nature même de notre entreprise sociale comporte que nous ne négligions aucune utile occasion d'enrichir notre avenir industriel, et, engagés déjà comme nous nous trouvons l'être, il y a pour nous plus qu'opportunité, il y a intérêt important à conserver l'affaire.

A l'égard des conditions de la fusion, elles sont amplement détaillées dans le rapport du gérant, et nous nous bornerons à présenter les considérations qui nous ont dirigés dans leur discussion.

Pour nous annexer Quiros, il y avait deux moyens:

Laisser la Société houillère succomber sous le poids de ses embarras, et recueillir son actif à prix vil dans la réalisation désastreuse d'une liquidation à peu près inévitable;

Ou bien aider la Société houillère pour lui permettre au contraire d'arriver aux conditions moins onéreuses d'une liquidation rationnelle.

La Gérance et le Conseil n'ont pas hésité dans le choix du dernier moyen. Notre Société, intéressée pour quatre dixièmes et plus dans l'actif général, avait d'abord intérêt à sauvcgarder cet actif; et, d'un autre côté, notre Société n'était pas, vis-à-vis des autres intéressés, dans des conditions d'indifférence : nous avons été les fondateurs de la Compagnie houillère; c'est le bénéfice recueilli par nous dans cette fondation qui a fait les frais de la répartition qui a suivi notre septième exercice; c'est sous l'attrait de notre autorité que des capitaux sont venus s'engager avec les nôtres, et nous avions alors, sinon l'obligation, au moins le devoir moral, de protéger ces capitaux, autant que cela nous était possible.

C'est sous l'empire de ces considérations que les conditions de la fusion ont été réglées. Nous ne pouvions dans ce règlement aller jusqu'à l'abnégation : l'actif entier de la Compagnie houillère n'est accepté par nous que sous la réduction importante de 433,533 francs ; mais cependant l'arrangement, tel qu'il est, donne les moyens de liquider honorablement une situation que les circonstances ont rendue difficile, et nous resterons à l'abri d'un reproche qui serait sensible à tous, celui d'avoir profité de la position pour nous enrichir aux dépens d'autrui.

En résumé, Messieurs, toutes les choses que nous venons d'énumérer n'ont pas été exemptes de complications ; elles ont été suivies avec tout l'intérêt qu'elles comportaient par les membres du Conseil de surveillance; c'est avec un soin très-actif qu'elles ont été dirigées par le Gérant de la Société, qui, pour les conduire à bonne fin, a fait preuve de beaucoup d'expérience et de sagacité.

Les membres du Conseil ont le regret de vous annoncer le décès de deux de leurs collègues, hommes très-recommandables, M. Cambronne et M. Foy, tous deux de Saint-Quentin, où notre Société a de nombreux actionnaires.

En exécution de l'article 36 des statuts, les membres restants du Conseil ont désigné, pour remplacer M. Cambronne, M. Charles Picard, président de la Chambre de commerce de Saint-Quentin, conseiller général de l'Aisne, l'un des administrateurs du chemin de fer du Nord, et, pour remplacer M. Foy, M. Lavallée, fondateur de l'École centrale, l'un des administrateurs du chemin de fer d'Orléans. Vous approuverez que nous ne discutions pas la personnalité de ces deux honorables candidats ; leur nom seul est une garantie pour l'Assemblée, qui va se trouver chargée de statuer définitivement sur ces deux nominations.

Enfin nous terminerons en rappelant que l'Assemblée a en outre pour mission de pourvoir à la nomination ou à la réélection de trois membres du Conseil de surveillance. Les trois membres sortants cette année sont MM. Charles Lecomte, Heuzey-Deneirouse et le comte de Bougy. Il vous appartient, Messieurs, de ratifier la nomination de ces honorables membres.

RÉSOLUTIONS DE L'ASSEMBLÉE GÉNÉRALE

Du 30 juin 1865.

1° L'Assemblée a approuvé les comptes et l'inventaire du dixième exercice, arrêtés le 30 juin 1865, tels qu'ils sont soumis par le gérant de la Société, et analysés dans le bilan qui est joint à son rapport.

2° Elle a autorisé la réserve, à compte nouveau, d'un bénéfice de 60,266 fr. 56 c., et la répartition de 528,000 francs, tel que le tout est établi et proposé dans le rapport du gérant.

3° L'Assemblée a confirmé l'autorisation déjà donnée au gérant, dans l'Assemblée générale du 30 octobre 1861, d'abandonner les explorations entreprises dans les gisements plombifères de Puente Viesgo, et, par suite, les mines où les travaux avaient lieu.

4° L'Assemblée a autorisé le gérant de la Société à réaliser, sous les conditions principales, énoncées dans son rapport, l'achat des biens, droits, et des obligations tant actives que passives de la Société du bassin houiller de Quiros, et, par suite, à créer 800 actions nouvelles libérées de 406 francs, augmentant le capital social de 324,800 francs.

5° La nomination provisoire de MM. Picard et Lavallée, comme membres du Conseil de surveillance, le premier, en remplacement de M. Cambronne, décédé, et, le second, en remplacement de M. Foy, aussi décédé, est ratifiée par l'Assemblée générale.

6° L'Assemblée a réélu membres du Conseil de surveillance : MM. Charles Lecomte et Heuzey Deneirouse, et a nommé, en remplacement de M. le comte de Bougy, absent pour cause de santé, M. Du Boy, avocat au Conseil d'État et à la Cour de cassation.

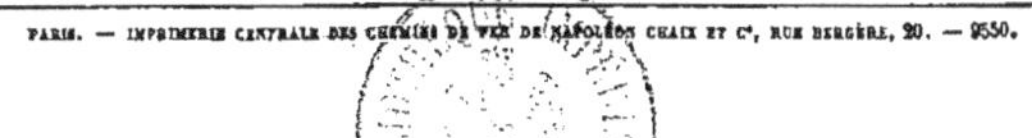

PARIS. — IMPRIMERIE CENTRALE DES CHEMINS DE FER DE NAPOLÉON CHAIX ET Cⁱᵉ, RUE BERGÈRE, 20. — 9550.

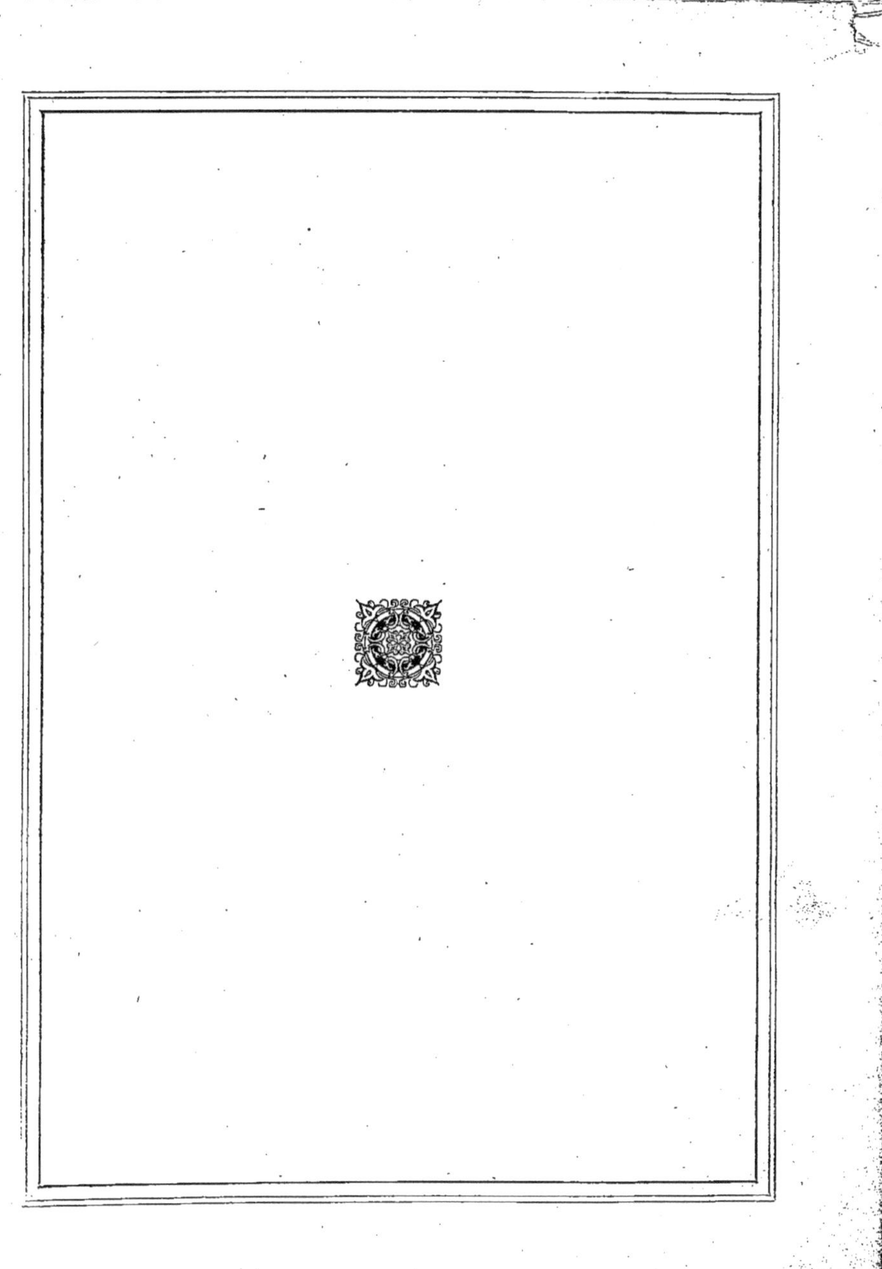

COMPAGNIE

DES

MINES ET FONDERIES DE LA PROVINCE DE SANTANDER.

ASSEMBLÉE GÉNÉRALE DU 24 NOVEMBRE 1866.

COMPTE RENDU

PAR LE GÉRANT

DU ONZIÈME EXERCICE 1865-1866.

RAPPORT DU CONSEIL DE SURVEILLANCE.

RÉSOLUTIONS DE L'ASSEMBLÉE GÉNÉRALE

PARIS

IMPRIMERIE CENTRALE DES CHEMINS DE FER

A. CHAIX ET Cⁱᵉ

RUE BERGÈRE, 20, PRÈS DU BOULEVARD MONTMARTRE.

1866

COMPAGNIE DES MINES ET FONDERIES DE LA PROVINCE DE SANTANDER

ASSEMBLÉE GÉNÉRALE DU 24 NOVEMBRE 1866.

COMPTE RENDU

PAR LE GÉRANT

DU ONZIÈME EXERCICE 1865-1866.

RAPPORT DU CONSEIL DE SURVEILLANCE.

RÉSOLUTIONS DE L'ASSEMBLÉE GÉNÉRALE.

PARIS
IMPRIMERIE CENTRALE DES CHEMINS DE FER
A. CHAIX ET Cie
RUE BERGÈRE, 20, PRÈS DU BOULEVARD MONTMARTRE.
1866

GÉRANT DE LA SOCIÉTÉ :

A. BERNIÈRE.

CONSEIL DE SURVEILLANCE :

MM. BÉCHET, de la Maison Béchet, Dethomas et Cie ;

Du BOY, avocat au Conseil d'État et à la Cour de cassation;

H. DUROSELLE, propriétaire ;

HEUZEY-DENEYROUSE, négociant ;

LABELONYE, propriétaire ;

LAVALLÉE (C. ✳), administrateur du Chemin de fer d'Orléans ;

Ch. LECOMTE (✳), négociant ;

PICARD (O. ✳), administrateur du Chemin de fer du Nord ;

F. POTHIER, ingénieur.

INGÉNIEUR PRINCIPAL :

M. DE JAURIAS.

BANQUIERS DE LA SOCIÉTÉ :

MM. BECHET, DETHOMAS et Cie, à Paris, boulevard Poissonnière, 17.

SIÉGE SOCIAL :

à Paris, rue Saint-Georges, n° 2 *bis*.

Assemblée générale du 24 novembre 1866.

COMPTE RENDU

PAR LE GÉRANT

DU ONZIÈME EXERCICE 1865-1866.

MESSIEURS LES ACTIONNAIRES,

J'ai l'honneur de vous présenter mon rapport sur les affaires de la Société pour le onzième exercice expiré le 30 juin 1866.

Afin de vous initier à nos comptes, à l'état de nos bénéfices et à la situation financière de la Société, je soumets à votre examen, comme les années précédentes, deux documents qui résument exactement l'un, les profits et pertes de l'année, et l'autre, l'inventaire qui a été dressé le 30 juin 1866.

Vous pouvez voir que notre bénéfice général s'est élevé, pour l'année, à 666,424 fr. 70 c., dépassant de 14,660 fr. 64 c. celui de l'exercice antérieur. Les intérêts et profits particuliers qui, dans le précédent exercice, contribuaient au bénéfice général pour 103,012 fr., ne s'élèvent, pour l'exercice qui vient de s'écouler, qu'à 51,064 fr. 70 c., ce qui démontre que le profit particulier de la production s'est accru de 66,607 fr. 94 c.

Durant l'exercice, nous avons exploité 15,347 tonnes de minerais crus, mais les existences nouvelles qui ont été produites par les travaux de l'année, étant évaluées à 8,109 tonnes, nos existences antérieurement constatées n'ont eu à contribuer que pour 7,238 tonnes.

Les espérances que j'avais exprimées dans mon rapport de l'année dernière, touchant l'exploitation dite de Biscaye, se sont depuis confirmées ; cette affaire isolée, qui forme annexe à notre entreprise générale, devient intéressante ; les découvertes qui se sont récemment produites dans ces gisements miniers, situés sur les confins de la Biscaye, permettent de compter sur des bénéfices prochains, dont le tiers, revenant à notre Société, peut être, dès à présent, évalué de 25 à 30,000 francs par an.

La situation commerciale et industrielle de l'Espagne est restée ce qu'elle était déjà l'année dernière, c'est-à-dire à l'état critique, et beaucoup d'entreprises ont eu à en souffrir ; mais, quant à nous, dont le mouvement commercial se trouve entièrement établi en Belgique et en Angleterre, nous n'avons pas eu à subir le contre-coup de cette situation. Si nous devons nous en préoccuper, c'est uniquement au point de vue de l'utile développement de notre houillère de Quiros, qui sollicite des temps meilleurs ; mais l'intérêt qui s'attache pour nous à cette affaire particulière étant surtout un intérêt d'avenir, il nous est permis d'attendre sans trouble pour le présent et sans dérangement pour nos projets futurs. Du reste, la hausse générale qui s'est produite dans le prix du charbon, acquiert les proportions d'une question européenne, et donne raison à toutes nos prévisions ; de plusieurs côtés, déjà, nous voyons l'attention qui s'éveille au sujet de la richesse houillère des Asturies, et, pour nous, ce sont des indices très-significatifs en faveur des espérances que nous avons toujours attachées à la possession du bassin de Quiros.

La répartition qui vous est proposée cette année est établie d'après le calcul suivant :

Le bénéfice se compose :

1° De la réserve qui a été faite sur les exercices antérieurs de . . . . Fr. 60,266 56

2° Et du résultat du dernier exercice 1865-1866. . 666,424 70

Ensemble. 726,691 26

Sur lesquels il a été prélevé, comme l'année dernière, 67,000 francs consacrés à amortir d'autant les objets actifs, mais dépréciables, qui sont compris dans nos inventaires sous le titre : *Objets de premier établissement* . . . . 67,000 »

Il en reste disponible 659,691 26

que nous proposons de répartir dans la proportion de 480,311 10

De manière à réserver à compte nouveau. 179,380 16

Cette répartition fournira 40 fr. 40 c. pour chaque action qui, conformément aux dispositions statutaires adoptées le 30 novembre 1864, seront distribués à titre de réduction du capital, savoir : 30 fr. 20 c. à partir du 15 décembre 1866 et 10 fr. 20 c. à partir du 20 juin suivant.

Quant à la réserve de 179,380 fr. 16 c., les raisons qui l'appuient dans son importance exceptionnelle ont besoin d'être expliquées.

Dès la fin de l'année 1865, nos exportations de minerais sur la Belgique, au port d'Anvers, se trouvaient gravement menacées ; d'une part, la hausse qui s'est produite dans le prix du charbon, et, d'autre part, les productions nouvelles du midi de l'Espagne, de la Suède et de la Sardaigne, venant faire concurrence à nos expéditions, il en résultait pour nous des causes de notable dépréciation, qui se produisaient d'autant plus fâcheusement que le traité qui nous liait avec la Société de la Vieille-Montagne prenait fin précisément le 31 décembre 1865.

Mais, d'un autre côté, en vue de ces éventualités, nous nous étions préoccupés, par avance, des moyens de préserver nos intérêts, en étudiant les avantages et les ressources d'un débouché plus favorable sur l'Angleterre, au port de Swansea, où, déjà, sont établies les plus importantes fonderies, fonctionnant principalement pour le cuivre et pour le plomb.

Le port de Swansea est plus voisin que le port d'Anvers du littoral espagnol, et, par suite, les frets y sont plus courants et à bien meilleur prix. En outre, le charbon, à Swansea, est de qualité supérieure et à plus bas prix que partout ailleurs.

Les avantages exceptionnels qui résultent de cette position ont été appréciés, en Angleterre, par des hommes expérimentés, qui ont songé à les utiliser, et nous avons été heureux de les seconder dans ces dispositions, qui, fructueuses pour eux, se conciliaient si opportunément avec l'avenir de nos intérêts.

Il fallait, pour atteindre le but désiré, assurer nos minerais à une usine qui leur serait destinée ; déterminer par cet encouragement la création d'une entreprise spéciale introduisant l'industrie du zinc en Angleterre, et ayant ainsi le mérite d'apporter un appoint d'un grand intérêt au mouvement, déjà si considérable, de l'industrie métallurgique anglaise. Cette entreprise nouvelle était pour nous excessivement intéressante ; elle nous permettait non-seulement d'échapper à la réduction qui affectait nos prix de vente, mais encore de profiter de la différence avantageuse à recueillir sur le fret, c'est-à-dire sur le prix de nos transports. Aussi est-ce avec une parfaite satisfaction que je suis en mesure de vous annoncer la complète réussite des démarches et des négociations que nous avons engagées dans le sens que je viens d'exposer. Les arrangements que nous avons contractés sont, depuis plusieurs mois déjà, dans la voie de l'exécution.

Il me reste à vous dire comment et en quoi les faits importants qui viennent d'être expliqués se rattachent à la répartition qui vous est proposée, ou mieux à la réserve de 179,380 francs, qui se trouve ménagée par cette répartition.

L'importante innovation dont je viens de rendre compte a nécessairement réagi sur le mouvement de nos opérations ; la création que nous avons provoquée à Swansea ne pouvait s'improviser ; il lui faut, pour atteindre son entier développement deux choses indispensables, l'argent et le temps. Dans l'ordre de nos accords, l'argent n'a pas été épargné et le temps a été mis à profit ; mais cependant il serait peut-être téméraire de prétendre, dès aujourd'hui, mesurer très exactement quelle pourra être l'importance de nos expéditions pour l'exercice 1866-1867, qui se trouve actuellement en cours. Si, comme il est probable, nous sommes amenés à restreindre temporairement le chiffre de nos envois, il en résultera naturellement une réduction pour les profits de l'exercice en cours. Bien qu'une réduction de cette nature n'ait pas le caractère d'une perte, elle aboutirait cependant à l'ajournement d'un profit, et c'est en vue de parer à ces incertitudes que nous jugeons prudent de conserver les 179,380 francs pour cet exercice prochain 1866-1867, afin que ce complément devienne une utile garantie pour la répartition prochaine et nous permette d'échapper à un amoindrissement possible qui, à l'époque, pourrait donner lieu à fausse interprétation et nuire au bon crédit de notre entreprise.

Depuis plusieurs années, nous sommes parvenus à maintenir nos répartitions dans un état d'équilibre aussi satisfaisant que possible, et, pour une industrie de la nature de la nôtre, c'est, on peut le dire, une exception et un progrès, et c'est en vue de persévérer dans cette bonne voie que nous avons préparé la répartition, avec la pensée que notre prévoyance aurait votre assentiment.

En résumé, nous traversons, dans l'exercice qui est en cours, une transition qui nous dérange dans le présent, mais qui aura les conséquences les plus avantageuses pour notre avenir social. Au moyen du bénéfice important que nous venons de réaliser et de la réserve que nous lui empruntons, les actions n'auront à subir les effets de cette transition que dans des proportions à peu près insensibles.

Le bilan qui vous est soumis justifie que notre Société se trouve en possession, au 30 juin 1866, d'un fonds de roulement s'élevant, déduction faite du passif et de la répartition à faire, à 871,121 fr. 84 c., tandis que l'année dernière, à la même époque, le fonds de roulement, sous les mêmes déductions, y compris 210,120 fr. 67 c., afférents à l'acquisition de l'actif Quiros, ne s'élevait qu'à 702,531 fr. 48 c., ce qui établit pour notre actif disponible une augmentation de 186,590 fr. 36 c. qui est due à l'accroissement de notre réserve à compte nouveau et à l'amortissement que nous avons continué de faire sur nos objets actifs de premier établissement.

Cette supputation démontre suffisamment que, pour la répartition de cette année, nous ne sommes dominés par aucune nécessité financière, et qu'à cet égard nous demeurons, au contraire, dans un état de parfaite indépendance ; mais nous ne doutons pas que chacun applaudira à la voie toute prudente que nous suivons avec persévérance dans le but d'augmenter constamment nos ressources disponibles. Ce n'est qu'au moyen d'un bon aménagement de ses ressources qu'une entreprise reste puissante et féconde. Nous ne devons pas oublier que notre parfaite situation financière nous a jusqu'à présent très-utilement préservés en nous aidant à surmonter les difficultés qui auraient pu nuire à notre prospérité.

Je sollicite la bienveillance de l'assemblée pour les ingénieurs de la Société et pour tout le personnel en général ; nos résultats sont tout un témoignage en faveur de l'activité et des efforts de chacun.

Messieurs les membres du Conseil de surveillance ont, de leur côté, à vous présenter leur rapport sur la situation de nos comptes et de nos affaires. Il ne me reste, en ce qui me concerne, qu'à les remercier de leur affectueux concours et à m'applaudir de la parfaite entente qui constamment a régné dans nos vues et dans nos dispositions pour la meilleure suite à donner aux opérations sociales.

BERNIÈRE.

Bilan du 30 juin 1866.

COMPAGNIE DES MINES ET FONDERIES DE LA PROVINCE DE SANTANDER

Bilan au 30 juin 1866

ACTIF

Désignation			
§ 1er. — Capital immobilisé.			
Droits de concession et de propriété des mines	» »		3.080.000 »
§ 2. — Objets de premier établissement.			
Mobilier	10.819 71		
Routes et chemins	113.020 19		
Travaux aux ports d'embarquement (quais, magasins, etc.)	41.367 91		
Fours de calcination, magasins et dépendances	102.132 55		
Travaux préparatoires d'extraction	10.024 41		
Ateliers de lavage, de séparation et dépendances	78.287 33		
Immeubles, constructions et ouvrages divers	83.351 03		
Usine à zinc et ateliers en dépendant	03.044 05	504.047 18	
§ 3. — Acquisition de l'actif Quiros.			
Prix de l'acquisition et déboursés inhérents à l'affaire	» »		840.011 24
§ 4. — Matériel et fonds de roulement.			
Matériel de l'exploitation	139.915 45		
Approvisionnements	64.929 04		
Participation de Biscaye	1.088 00	1.900.006 96	
Existence des minerais au 30 juin 1866	182.038 98		
Caisse et débiteurs divers	1.513.026 07		
Fr.			6.424.057 40

Bilan rectifié en conformité de l'approbation de la

Désignation		
§ 1er. — Capital immobilisé		3.080.000 »
§ 2. — Objets de premier établissement		504.047 18
§ 3. — Acquisition de l'actif Quiros		840.011 24
§ 4. — Matériel et fonds de roulement		1.900.006 96
Fr.		6.424.057 40

PASSIF

Désignation			
§ 1er. — Passif envers la Société.			
Capital social originaire représenté par 9,900 actions, réduit au 30 juin 1865 de 990.000 francs répartis aux actions	4.019.400 »		
Émission de 800 actions nouvelles à 406 francs	324.800 »	4.344.200 »	
Fonds de réserve. { Solde au 30 juin 1865	1.009.915 55		
Solde du bénéfice net de l'exercice	432.280 »	1.442.195 55	5.965.775 71
Bénéfice réservé à compte nouveau		179.380 16	
§ 2. — Créanciers divers.			
Passif courant		110.250 59	
Solde créditeur de profits et pertes { Réserve de bénéfice sur l'exercice 1864-1865	60.266 56		
Et le bénéfice de l'exercice 1865-1866	599.424 70		
Total	659.691 26		
Réduit par la réserve à compte nouveau de	179.380 16		458.281 69
à	480.311 10		
12 por les 10 0/0 revenant pour honoraires proportionnels au gérant, à l'ingénieur principal et au Conseil de surveillance, soit	48.031 10	48.031 10	
Au solde attribué ci-dessus au fonds de réserve	432.280 00		
Fr.			6.424.057 40

répartition de 432,280 francs à faire aux actions.

Désignation		
§ 1er. — Passif envers la Société.		
Capital social réduit, au 30 juin 1866, de somme égale au bénéfice net mis en réserve, soit de 432,280 francs	3.011.920 »	
Fonds de réserve (contre valeur du prix des mines)	1.442.195 55	5.533.495 71
Bénéfice réservé à compte nouveau	179.380 16	
§ 2. — Créanciers divers.		
Passif courant	410.250 59	
Montant de la réduction du capital social à répartir aux actions, à raison de 40 fr. 40 pour chaque action, dont 30 fr. 20 au 15 décembre 1866 et 10 fr. 20 au 15 juin suivant	432.280 »	890.561 69
Honoraires proportionnels du gérant, de l'ingénieur et du Conseil de surveillance	48.031 10	
Fr.		6.424.057 40

RÉSUMÉ DU COMPTE

PROFITS ET PERTES

Pour le onzième Exercice couru du 30 juin 1865 au 30 juin 1866.

DÉBIT

Dépenses générales d'administration.	Honoraires du personnel.	47.199 71		
	Ports de lettres et dépêches.	515 45		
	Frais du bureau en Espagne et à Paris.	6.659 76	63.925 04	
	Frais de voyage.	1.162 81		
	Frais de contentieux.	2.626 11		
	Dépenses diverses.	5.761 20		
Frais communs d'exploitation.	Exploitation des mines.	126.745 30		
	» des terres minérales.	105.041 45		
	» des minerais mélangés.	313 94		
	Frais de calcination.	106.511 55	423.410 16	
	Transport des minerais aux ports.	40.678 42		
	Travaux d'exploration.	32.855 68		
	Amortissement ou usure du matériel.	7.786 17		
	Taxe des mines et droits divers.	4.477 59		
Frais particuliers.	Frets, chargements, livraisons, etc.	264.567 46		
	Remboursement des existences de minerais de l'exercice antérieur.	178.360 42	509.927 88	
	Amortissement sur les objets de premier établissement.	67.000 »		
Balance représentant le bénéfice de l'exercice.			599.424 70	
			Fr. 1.596.687 78	

CRÉDIT

1° Produits réalisés des mines.	1.362.984 16	
2° Produits à réaliser formant stock au 30 juin 1866 (prix de revient).	182.638 92	
3° Solde créditeur du compte changes, commissions, intérêts	20.610 26	
4° » de profits et pertes exceptionnels.	30.454 44	
	1.596.687 78	

RAPPORT

DU CONSEIL DE SURVEILLANCE

L'INVENTAIRE ET LES COMPTES ARRÊTÉS LE 30 JUIN 1866.

MESSIEURS LES ACTIONNAIRES,

Le Conseil de surveillance remplissant la mission que vous lui avez confiée, a suivi, comme d'habitude, pendant l'exercice, les opérations de la Société, et il a pu apprécier l'intelligence et la sagesse qui président à leur direction.

Il a procédé avec soin à la vérification de l'inventaire et à un examen approfondi des améliorations successives introduites dans notre exploitation par la gérance actuelle. Pour ne citer qu'un exemple, nous vous dirons que les frais généraux, qui s'élevaient en 1858 à 231,000 francs, ont été réduits successivement à 68,402 fr. 63 c. Nous avons constaté, en outre, la marche très-satisfaisante imprimée aux affaires sociales et les heureux résultats obtenus, ainsi que la parfaite régularité de tous les comptes et de l'inventaire arrêté le 30 juin 1866.

Afin de vous mettre bien à même d'apprécier notre position sociale, nous allons vous exposer, comme nous le faisons chaque année, le mouvement de nos ressources disponibles, en établissant le calcul suivant :

Au 30 juin 1865, l'inventaire justifiait d'un actif en matériel et fonds de roulement s'élevant, non compris notre part dans la Société de Quiros, à. 1,872,162 55

Il faut en déduire :

1° Le passif, s'élevant à. . . . Fr. 281,122 34
2° La réserve de bénéfice portée à compte nouveau. 60,266 56
3° Le montant des bénéfices à répartir . . . . 528,000 »   869,388 90
                                      ____
                                      869,388 90

Ce qui réduisait l'actif dont il s'agit, à. 1,002,773 65

Et en déduisant le déboursé inhérent à l'acquisition l'actif Quiros 210,120 67

Il restait définitivement. 792,652 98

Au 30 juin 1866, l'inventaire social justifie d'un actif en matériel et fonds de roulement de. 1,900,998 98

Dont il faut également déduire :

1° Le passif s'élevant à . . . Fr. 410,250 59
2° La réserve de bénéfice, que le gérant propose, avec notre adhésion, de porter à compte à nouveau . . . 179,380 16   1,069,941 85
3° La répartition à faire sur lesdits bénéfices. 480,311 10

Ce qui donne un actif net de . . . . Fr. 831,057 13

Il résulte de ces chiffres que l'actif en matériel et fonds de roulement s'est accru de 38,404 fr. 15 c.

Cette augmentation serait même de 49,476 fr. 76 c., si on calculait, abstraction faite du matériel, dont la valeur a été réduite de 11,072 fr. 61 c., qui se trouvent élever d'autant notre fonds de roulement.

Si l'on ajoute les 119,113 fr. 60 c. dont se trouve augmentée cette année la réserve de bénéfice à compte nouveau, on a le chiffre de 168,590 fr. 36 c. indiqué par le gérant dans son rapport.

En résumé, voici les résultats financiers de l'exercice :

1° Bénéfice net. . . . . .Fr.   599,424 70
    A réserver. 119,113 60
    A répartir.. . . . . .   480,311 10
2° Augmentation du fonds de roulement. 49,466 46
                                                   ____
                                                   648,901 46

Le résultat de l'inventaire justifie donc nos prévisions de l'année dernière, et si nous ne nous préoccupions que du présent, il nous permettrait de proposer une répartition au moins égale à celle des trois dernières années. Mais nous avons dû songer également à l'avenir, et, approuvant la pensée de sage prudence qui a inspiré la proposition de M. le gérant, d'élever la réserve de nos bénéfices à 179,380 16, le Conseil n'a pas hésité à lui donner son entière et unanime approbation.

Les circonstances particulières que le gérant vient de vous exposer dans son rapport, et dans lesquelles nous éprouvons le besoin de le dire, il s'est montré administrateur aussi habile que prévoyant, justifient hautement cette retenue.

Les explications très-complètes fournies par lui dans son rapport, nous dispensent de la justifier avec plus de détails.

Chacun a dû comprendre que nous aurions eu à traverser des moments difficiles, si le gérant n'avait pas su conjurer cette épreuve avec bonheur et ménager une solution très-importante pour nos intérêts.

C'est le cas de nous montrer prévoyants nous-mêmes et de conserver l'excellente situation financière qui a assuré jusqu'ici l'attitude prépondérante de notre Société.

Il s'agit d'ailleurs, comme le gérant a pris soin de le dire, de parer aux inconvénients d'une situation toute transitoire.

La mesure proposée aura le double mérite de préserver nos intérêts actuels et de ménager pour l'exercice en cours, la garantie d'une répartition en rapport, par son importance, avec celles qui résultent de notre fonctionnement ordinaire et normal.

Nous vous proposons donc d'approuver les comptes et l'inventaire arrêtés par M. le gérant et la répartition qui en découle.

Nous croyons, en outre, remplir un devoir d'équité en vous demandant de voter des remerciements à M. le gérant et aux ingénieurs qui le secondent si habilement.

Les trois membres du Conseil sortant cette année sont MM. Labélonye, Pothier et Picard.

Vous aurez à pourvoir à leur remplacement ou à leur réélection, car aux termes des statuts ils sont rééligibles.

RÉSOLUTIONS DE L'ASSEMBLÉE GÉNÉRALE
Du 24 novembre 1866.

1° L'Assemblée a approuvé les comptes et l'inventaire du onzième exercice, arrêtés le 30 juin 1866, tels qu'ils sont soumis par le gérant de la Société, et analysés dans le bilan qui est joint à son rapport.

2° Elle a autorisé la réserve, à compte nouveau, d'un bénéfice de 179,380 fr. 16 c., et la répartition de 480,311 fr. 10 c., tel que le tout est établi et proposé dans le rapport du gérant.

3° L'Assemblée a réélu membres du Conseil de surveillance : MM. Labelonye, Picard et Pothier.

4° Ces résolutions ont été suivies d'un vote de remerciement en faveur du gérant et des ingénieurs de la Société.

IMPRIMERIE CENTRALE DES CHEMINS DE FER. — A. CHAIX ET Cⁱᵉ, RUE BERGÈRE 20, A PARIS. — 10128.

[illegible]
[illegible]

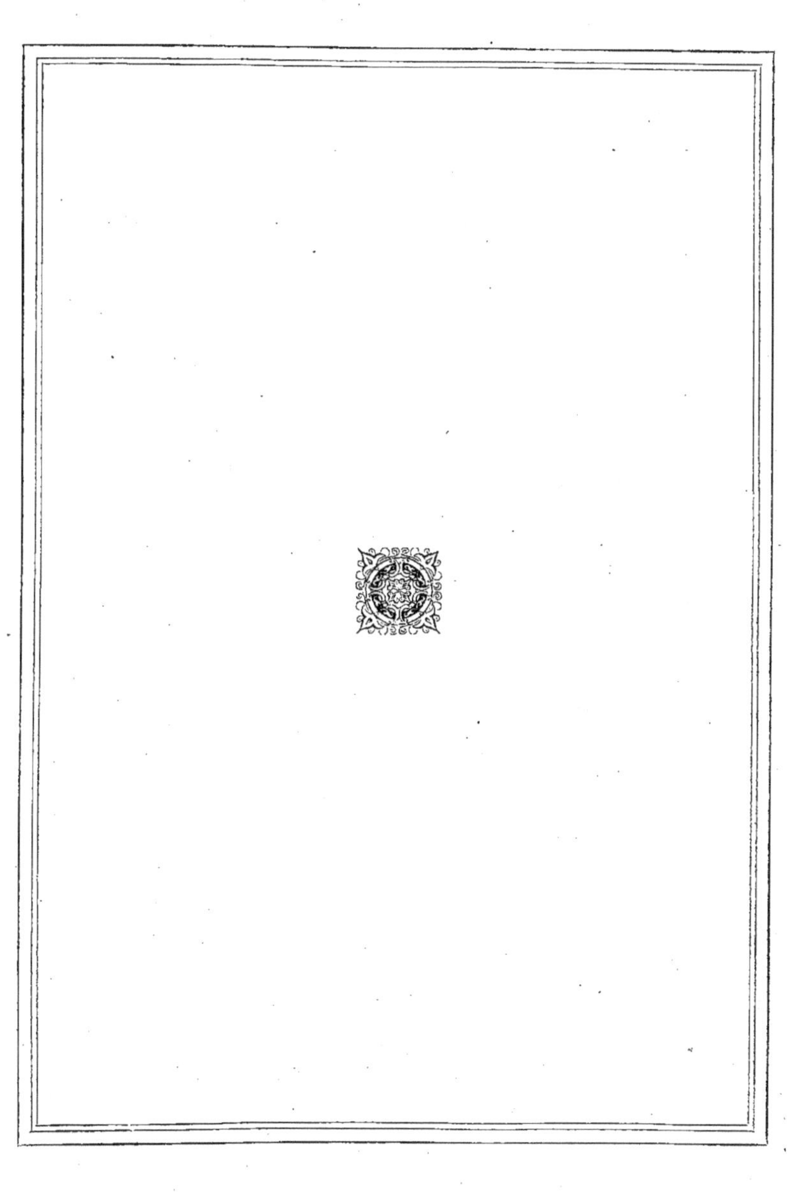

COMPAGNIE

DES

MINES ET FONDERIES DE LA PROVINCE DE SANTANDER

ASSEMBLÉE GÉNÉRALE DU 29 NOVEMBRE 1867.

COMPTE RENDU

PAR LE GÉRANT

DU DOUZIÈME EXERCICE 1866-1867

RAPPORT DU CONSEIL DE SURVEILLANCE.

RÉSOLUTIONS DE L'ASSEMBLÉE GÉNÉRALE.

PARIS

IMPRIMERIE CENTRALE DES CHEMINS DE FER

A. CHAIX ET Cⁱᵉ

RUE BERGÈRE, 20, PRÈS DU BOULEVARD MONTMARTRE

1867

COMPAGNIE DES MINES ET FONDERIES DE LA PROVINCE DE SANTANDER.

ASSEMBLÉE GÉNÉRALE DU 29 NOVEMBRE 1867.

COMPTE RENDU

PAR LE GÉRANT

DU DOUZIÈME EXERCICE 1866-1867

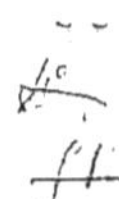

RAPPORT DU CONSEIL DE SURVEILLANCE.

RÉSOLUTIONS DE L'ASSEMBLÉE GÉNÉRALE.

PARIS

IMPRIMERIE CENTRALE DES CHEMINS DE FER

A. CHAIX ET Cie

RUE BERGÈRE, 20, PRÈS DU BOULEVARD MONTMARTRE.

1867

GÉRANT DE LA SOCIÉTÉ :

A. BERNIÈRE.

CONSEIL DE SURVEILLANCE :

MM. BÉCHET, de la Maison BÉCHET, DETHOMAS et Cⁱᵉ ;

Du BOY, avocat au Conseil d'État et à la Cour de cassation ;

H. DU ROSELLE, propriétaire ;

HEUZEY-DENEIROUSE, négociant ;

LABELONYE, propriétaire ;

LAVALLÉE (C. ✷), administrateur du chemin de fer d'Orléans ;

Cʜ. LECOMTE (✷), négociant ;

PICARD (O. ✷), administrateur du chemin de fer du Nord ;

F. POTHIER, ingénieur.

INGÉNIEUR PRINCIPAL :

M. DE JAURIAS.

BANQUIERS DE LA SOCIÉTÉ :

MM. BÉCHET, DETHOMAS et Cⁱᵉ, à Paris, boulevard Poissonnière, 17, chargés du paiement des répartitions

---

SIÉGE SOCIAL :

A Paris, rue de Londres, n° 56.

Assemblée générale du 29 novembre 1867.

COMPTE RENDU

PAR LE GÉRANT

DU DOUZIÈME EXERCICE 1866-1867.

MESSIEURS LES ACTIONNAIRES.

J'ai l'honneur de vous présenter le compte rendu du douzième exercice social expiré le 30 juin 1867.

Déjà vous avez sous les yeux le résumé de l'inventaire et celui du compte profits et pertes.

Par ce dernier, vous avez pu voir que le bénéfice de notre exploitation ne s'est élevé qu'à 242,107 fr., 08 c. et qu'en ajoutant nos profits divers de 62,941 fr. 47 c., le bénéfice général monte à 305,048 fr. 55 c.

Dans l'exercice antérieur l'exploitation nous avait procuré un bénéfice de 615,360 francs, autrement dit, un excédant de 873,253 francs ; mais comme, d'un autre côté, les profits divers nous ont procuré, dans le dernier exercice, 11,876 francs de plus que l'année précédente, la différence entre le bénéfice général des deux exercices se réduit à 361,377 francs.

La différence dans les résultats de l'exploitation provient, pour environ 200,000 fr., de ce que, dans l'exercice dernier, nous n'avons expédié que les deux tiers de la quantité exportée dans l'exercice antérieur, et, pour le surplus, de ce que nous avons subi un amoindrissement dans nos conditions de vente.

Par suite des concurrences qui sont survenues, et dont j'ai déjà parlé l'année dernière, les minerais de zinc sont devenus d'une réalisation moins courante, et, dès lors, moins avantageuse ; ensuite, l'état de malaise ou de ralentissement qui pèse sur l'industrie en général a réagi sur les prix du zinc, et par suite sur le prix des minerais.

Nous avions compté, pour conjurer les effets de la concurrence, sur la création d'une usine nouvelle en Angleterre et sur le marché que nous avions contracté avec les fondateurs de cette usine ; mais nous avons été déçus dans ces espérances. Nos acheteurs anglais, contrariés dans leurs moyens financiers par la crise qui est survenue en Angleterre, n'ont pu conduire leur entreprise à bonne fin et ce débouché favorable nous a fait défaut. Cependant l'usine est passée en d'autres mains ; son achèvement se poursuit, et nous pouvons espérer reconquérir de ce côté une partie des avantages que nous avions préparés.

L'abondance actuelle des arrivages de minerais aura, sans nul doute, sa réaction naturelle, et pour le moment le mieux à faire, pour le producteur prévoyant, est de restreindre son exploitation pour en ménager les ressources en attendant des temps meilleurs ; c'est sous l'empire de cette considération que nous avons cru devoir limiter l'importance de nos livraisons, heureux que notre bonne situation financière nous ait permis d'accéder aux avantages de cette attitude.

Dans mon rapport du 24 novembre de l'année dernière, j'avais déjà

fait pressentir cet amoindrissement des résultats de l'exercice, et c'est
en vue d'y pourvoir que nous avions fait une réserve à compte nouveau de 179,380 francs empruntée aux bénéfices de l'exercice actuel
et de celui qui l'avait précédé. Dans l'ordre de ces prévisions, nous
aurions à répartir la réserve et le bénéfice dernièrement acquis, le
tout composant 484,428 francs, c'est-à-dire somme à peu près égale
au montant de la répartition précédente; et, si nous n'avions à consulter que l'état de nos ressources disponibles, il est tel que rien ne
s'opposerait absolument à cette répartition intégrale ; mais, dans
l'intérêt social, nous croyons utile de vous proposer de limiter la
répartition à 301,977 fr. 71 c., de manière à ajouter l'appoint
de 3,070 fr. 84 c. à la réserve antérieure, qui sera portée ainsi
à 182,451 fr.

Cette réserve s'ajoutant, jusqu'à ce qu'il en soit disposé, au fonds
de roulement de la Société, en élèvera l'importance à 876,951 francs.
Si ce fonds dépasse les besoins actuels de la Société, vous partagerez
sans doute cette opinion qu'il est bon qu'il en soit ainsi, alors que
cette prépondérance financière peut nous aider puissamment dans les
circonstances que nous traversons et contre lesquelles il nous faut
lutter pour la réalisation normale de nos produits.

En outre, cet enrichissement financier offre d'autant plus d'intérêt que la valeur de nos possessions de Quiros paraît s'affirmer de
plus en plus.

D'une part le chemin de fer des Asturies est en cours d'exécution ;
déjà une première section de 26 kilomètres, de Léon à la Robla, a
été inaugurée tout récemment ; les travaux de la section faisant suite
à celle-ci sont très-avancés, et la section de l'extrémité opposée d'O-
viedo au port de Gijon, celle qui nous importe le plus immédiatement, sera terminée vers la fin de 1868.

D'autre part, les investigations que nous poursuivons dans le bassin
de Quiros nous ont conduits à la découverte de gisements ferrifères
de haute importance dont nous nous sommes empressés de nous
assurer la propriété. En faisant l'acquisition des gisements de Quiros
nous avions tenu compte d'un certain nombre de mines de fer situées
dans le bassin à portée des charbons; mais on ne connaissait pas

comme aujourd'hui toute la valeur de ces minerais de fer ; on ne savait point encore que sur toute l'étendue de l'un des versants du vallon se trouvent avec une grande puissance les qualités les plus riches et les plus variées. Dans l'état des constatations actuelles nous possédons, dans des quantités considérables, sur l'un des versants la houille, et sur l'autre les minerais de fer, et ces deux richesses deviennent par leur réunion très-précieuses, car la réunion, c'est un moyen de concentration sur place, et la concentration elle-même, c'est le moyen de simplifier considérablement la facilité des transports et celle des débouchés.

Pour le moment, nous n'en sommes encore qu'à la période des études ; nous nous y livrons très-activement, mais avec des soins méticuleux et beaucoup de circonspection ; décidés que nous sommes à ne rien tenter, dans tous les cas, pour une mise en valeur, que dans des proportions très-modestes, de manière à ne développer toute opération initiale que sous la garantie de premiers résultats pratiquement obtenus, et suffisamment encourageants.

Quant a notre exploitation de calamine, elle est restée, durant l'exercice, à peu près stationnaire ; les existences prévues sur certains points ont parfois présenté des déficits, tandis que, sur certains autres, elles ont, au contraire, procuré des excédants, et le resultat final se résume dans une amélioration d'environ 600 tonnes. Il en résulte que, sauf ces 600 tonnes, ce sont les quantités qui avaient été estimées le 30 juin 1866 qui ont dû faire les frais de la production de l'exercice. Ce temps d'arrêt dans le cours de nos découvertes nouvelles ne saurait avoir une signification absolue ; les travaux de mines sont, par leur nature, assujettis à la loi, toujours incertaine, de la chance ou du hasard, et nous pouvons d'un jour à l'autre devenir plus heureux. On peut dire, au surplus, en faveur de l'avenir de nos recherches, que, sur beaucoup de points, nous n'avons pas encore attaqué les profondeurs, et que, sur la plus grande partie de l'étendue de nos mines, il reste des surfaces présentant des affleurements et qui sont encore vierges d'investigations.

Dans mon rapport de l'année dernière j'exprimais l'idée que notre part dans les bénéfices annuels de l'exploitation minière dite de

Biscaye pouvait être évaluée 25 à 30,000 francs ; or ces mines se sont depuis révélées plus avantageusement encore, et notre évaluation actuelle peut être facilement portée à 50,000 francs par an.

. Dans nos profits divers de cette année, il y a 12,420 francs qui nous proviennent de cette exploitation de Biscaye, l'excédant de bénéfice est resté dans le fond roulant de l'entreprise ; il sera perçu ultérieurement.

La répartition que nous proposons cette année, sous l'empire des considérations que je viens d'exposer, est basée sur le calcul suivant :

Le bénéfice se compose :

1° De la réserve qui a été faite sur les exercices antérieurs ....Fr. 179,380 16
2° Du résultat du dernier exercice 1866-1867, s'élevant à.................................... 305,048 55

TOTAL......... 484,428 71
A répartir dans la proportion de........... 301,977 71

De manière à réserver à compte nouveau...... 182,451 »

En présence de l'importance de cette réserve, nous ne jugeons pas utile de nous préoccuper, cette année, d'un prélèvement pour amortir la partie de l'actif dépréciable classée dans nos inventaires sous le titre : *Objets de premier établissement.*

En conformité des dispositions statutaires du 30 novembre 1864, les 271,780 francs restant nets sur le bénéfice, déduction faite des dix pour cent consacrés aux honoraires proportionnels, serviront à augmenter le fonds destiné à amortir, au besoin, tout ou partie du prix des mines compris dans l'actif social.

Et, en conséquence de cet emploi, le capital social sera réduit d'une somme égale de 271,780 francs qui sera répartie aux actionnaires, a raison de 25 fr. 40 c. pour chaque action, payables, savoir : 15 fr. 20 c. à partir du 15 décembre 1867 et 10 fr. 20 c. à partir du 15 juin 1868.

Notre Société a été constituée sous la forme en commandite, mais sous condition, d'après l'article 58 des statuts, d'être convertie, aussitôt que possible, en société anonyme. L'état de la législation avait rendu jusqu'à présent cette transformation d'une réalisation très-difficile, et ce n'est que cette année, depuis la promulgation de la dernière loi sur les sociétés, qu'une disposition spéciale de cette loi est venue faciliter la mesure dont il s'agit. Le Conseil de surveillance et le gérant ont alors décidé, dès le 13 septembre dernier, que la conversion de la Société vous serait proposée aussitôt que, pour la réalisation, on aurait étudié le mode à suivre le plus pratique et le plus régulier.

Ainsi donc, la mesure, aussitôt qu'on y sera suffisamment préparé, sera soumise à l'approbation de l'assemblée générale, qui, pour cet objet, devra être convoquée extraordinairement.

Vous apprécierez, Messieurs, qu'en égard à l'état difficile des affaires, nous vous apportons une situation satisfaisante.

Le bénéfice de cette année, de 305,048 francs, n'est pas sans valeur lorsqu'on tient compte que sa réduction est en partie volontaire, et due surtout à ce que nous avons diminué, dans la proportion du tiers, l'importance de nos livraisons, pour mieux défendre nos prix de vente et ménager les produits de notre exploitation.

En répartissant 301,977 fr. 71 c., la Société reste avec l'actif suivant :

1° Les mines de zinc, dont le prix, sous déduction de la réserve d'amortissement, se réduit à............................... 1,366,024 fr. 45 c.
2° Les immobilisations en objets de premier établissement.. 587,687 38
3° L'actif de Quiros............................ 849,011 24
4° Le mobilier et le matériel.................. 142,946 85
5° Et l'actif disponible, ou fonds de roulement de de 1,594,019 fr. 72 c., dont le solde, en déduisant le passif et la répartition, est de. 876 951 08

Total égal au fonds social de.Fr. 3,640,140
et à la réserve de.......... 182,451 3,822,591 fr. 00 c.

Comme aux ressources de roulement viennent naturellement s'ajouter les profits courants d'un inventaire à l'autre, il en résulte que l'actif disponible possédé par la Société, flotte en réalité entre onze et douze cent mille francs.

Avec un état financier aussi net, une situation aussi dégagée, la Société domine son avenir industriel; il y a dans la fortune sociale des choses dont la valeur, encore expectante, peut acquérir une bien grande importance, et, si la Société sait attendre, elle pourra, le moment venu, les mettre en valeur avec prépondérance et succès ; il ne lui faut, pour atteindre ce but désirable, que persévérer dans la bonne voie financière qu'elle a suivie jusqu'ici.

Je me félicite, comme toujours, de l'intelligent et dévoué concours de tout le personnel de la Société.

Je me félicite aussi des relations toutes bienveillantes qui n'ont cessé de régner entre le Conseil de surveillance et la gérance ; comme moi, vous y applaudirez, Messieurs, car la bonne entente et la conformité de vues constituent, pour la conduite des affaires de la Société, la sauvegarde la plus sûre et la meilleure des garanties.

BERNIÈRE.

COMPAGNIE DES MINES ET FONDERIES DE LA PROVINCE DE SANTANDER

Bilan au 30 juin 1867

ACTIF

§ 1er. — Capital immobilisé.

Droits de concession et de propriété des mines.		3.080.000 »

§ 2. — Objets de premier établissement.

Mobilier	10.907 55	
Routes et chemins.	193.020 19	
Travaux aux ports d'embarquement (quais, magasins, etc.).	44.367 91	
Fours de calcination, magasins et dépendances	105.841 11	598.594 93
Travaux préparatoires d'extraction.	16.024 41	
Ateliers de lavage, de séparation et dépendances	78.267 33	
Immeubles, constructions et ouvrages divers	87.102 38	
Usine à zinc et ateliers en dépendant	63.044 05	

§ 3. — Acquisition de l'actif Quiros.

Prix de l'acquisition et déboursés inhérents à l'affaire.		849.011 24

§ 4. — Matériel et fonds de roulement.

Matériel de l'exploitation.	132.009 39	
Approvisionnements.	47.028 40	1.726.020 02
Existence des minerais au 30 juin 1867	201.025 13	
Caisse et débiteurs divers	1.345.966 10	
	Fr.	6.253.635 19

Bilan rectifié en conformité de l'approbation de la

§ 1er. — Capital immobilisé	3.080.000 »
§ 2. — Objets de premier établissement	598.594 93
§ 3. — Acquisition de l'actif Quiros.	849.011 24
§ 4. — Matériel et fonds de roulement.	1.726.020 02
Fr.	6.253.635 19

PASSIF

§ 1er. — Passif envers la Société.

Capital social représenté par 10,700 actions, réduites au 30 juin 1866 à 365 fr. 60 cent. chacune.		3.911.920 »	
Fonds de réserve. { Solde au 30 juin 1866 . . . 1.442.195 55 / Solde du bénéfice net de l'exercice . . . 271.780 » }		1.713.975 55	5.808.346 55
Bénéfice réservé à compte nouveau.		182.451 »	

§ 2. — Créanciers divers.

Passif courant.		415.090 93	
Solde créditeur de profits et pertes { Réserve de bénéfice sur l'exercice 1865-1866 . . . 179.380 10 / Bénéfice de l'exercice 1866-1867 . . . 305.048 55 }	Total . . . 484.428 71		445.288 61
Réduit par la réserve à compte nouveau de . . . 182.451 »	à . . . 301.977 71		
Et par les 10 0/0 revenant pour honoraires proportionnels au gérant, à l'ingénieur principal et au Conseil de surveillance, soit. . . . 30.197 71		30.197 71	
Au solde attribué ci-dessus au fonds de réserve. . . . 271.780 »			
		Fr.	6.253.635 19

répartition de 271,780 francs à faire aux actions.

§ 1er. — Passif envers la Société.

Capital social réduit, au 30 juin 1867, de somme égale au bénéfice mis en réserve, soit de 271,780 francs	3.640.140 »	
Fonds de réserve (contre valeur du prix des mines)	1.713.975 55	5.536.566 55
Bénéfice réservé à compte nouveau	182.451 »	

§ 2. — Créanciers divers.

Passif courant.	415.090 93	
Montant de la réduction du capital social à répartir aux actions, à raison de 25 fr. 40 pour chaque action, dont 15 fr. 20 au 15 décembre 1867 et 10 fr. 20 au 15 juin suivant	271.780 »	717.068 64
Honoraires proportionnels du gérant, de l'ingénieur et du Conseil de surveillance.	30.197 71	
	Fr.	6.253.635 19

RÉSUMÉ DU COMPTE

PROFITS ET PERTES

Pour le douzième Exercice couru du 30 juin 1866 au 30 juin 1867.

DÉBIT				CRÉDIT	
Dépenses générales d'administration.	Honoraires du personnel	45.010 36	61.107 33	1° Produits réalisés des mines	767.098 08
	Ports de lettres et dépêches	560 56		2° Produits à réaliser formant stock au 30 juin 1867 (prix de revient)	201.025 13
	Frais du bureau en Espagne et à Paris	5.232 34		3° Solde créditeur du compte changes, commissions, intérêts	15.392 05
	Frais de voyage	727 08		4° » de profits et pertes exceptionnels	47.549 42
	Frais de contentieux	3.531 62			
	Dépenses diverses	6.038 37			
Frais communs d'exploitation.	Exploitation des mines	62.474 48	305.131 01		
	» des terres minérales	73.777 86			
	Frais de calcination	88.035 58			
	Transport des minerais aux ports	37.830 37			
	Travaux d'exploration	35.240 27			
	Usure du matériel	4.825 87			
	Taxe des mines et droits divers	1.346 58			
Frais particuliers.	Frais, chargements, livraisons, etc.	177.138 87	359.777 79		
	Remboursement des existences de minerais de l'exercice antérieur	182.638 92			
Balance représentant le bénéfice de l'exercice			305.048 55		
			Fr. 1.031.064 68		Fr. 1.031.064 68

RAPPORT

DU CONSEIL DE SURVEILLANCE

L'INVENTAIRE ET LES COMPTES ARRÊTÉS LE 30 JUIN 1867.

MESSIEURS LES ACTIONNAIRES,

Le compte rendu que la gérance vient de vous présenter, expose très-complétement la situation de la Société, et le conseil de surveillance n'a que peu de choses à ajouter.

En supputant l'inventaire, comme nous l'avons fait les années précédentes, on arrive à la comparaison suivante :

Au 30 juin 1866, l'actif matériel et fonds de roulement s'élevait à................................Fr.   1,900,998 98

    Dont il fallait déduire :

1° Le passif courant de..........Fr.   410,250 59)
2° Et la répartition de............   480,311 10)   890,561 69

Ce qui réduisait le chiffre à .... Fr.   1,010,437 29

composés du matériel de 139,315 fr. 45 c., et du fonds de roulement de 871,121 fr. 84 c., comprenant la réserve sur les bénéfices de 179,380 fr. 16 c.

Au 30 juin 1867, l'actif en matériel et fonds de roulement s'é-
lève à ....Fr.   1,726,029 02
Dont il faut déduire :
1° Le passif courant de.........Fr.   415,090 93⎱
2° Et la répartition proposée de.....   301,977 71⎰   717,068 64

Ce qui donne un actif net de.................Fr.   1,008,960 38

composés du matériel de 132,009 fr. 30 c. et du fonds de roulement de 876,951 fr. 08 c., comprenant la réserve sur les bénéfices
de 182,451 francs.

Il résulte de ces chiffres que le fonds de roulement se trouve
accru de 5,829 fr. 24 c., quoique durant l'exercice il y ait eu immobilisation de 4,547 fr. 75 c. en travaux nouveaux, notamment pour
un four de calcination, construit près le port de San-Vicente. La
disponibilité corrélative de 10,376 fr. 99 c. a été obtenue pour
7,306 fr. 15 c., par une réalisation sur le matériel, et pour les
3,070 fr. 84 c. de surplus, par l'appoint ajouté à la réserve opérée
sur les bénéfices.

Pour que l'état financier de la Société ne soit pas affecté de l'affaiblissement que nous éprouvons dans les profits de l'exercice, le
gérant vous propose de limiter la répartition à 301,977 fr. 71 c. Nous
nous associons à sa proposition parce que, comme lui, nous pensons
que préserver la bonne situation de nos finances, c'est agir très-
opportunément.

Ainsi que l'indique parfaitement le rapport de la gérance, il se
prépare pour notre Société des éventualités favorables qui intéressent
puissamment son avenir, et c'est le cas alors de ménager nos ressources dans toute leur importance.

Le gérant nous a, comme toujours, communiqué chaque mois les
détails les plus complets sur toutes les opérations en cours et sur la
comptabilité s'y rattachant.

Il nous a soumis l'inventaire avec tous les documents à l'appui et
nous nous plaisons à reconnaître la parfaite régularité des comptes
et de l'inventaire, proposant à l'assemblée de les approuver ainsi
que la répartition.

Nous devons ajouter que le Conseil, pour se pénétrer d'autant mieux de toutes les choses qui se rattachent à l'intérêt social, a délégué l'un de ses membres qui a fait le voyage à cet effet et s'est livré, sur les lieux-mêmes, aux examens les plus approfondis.

Nous sommes heureux de dire que notre collègue, homme aussi compétent qu'éclairé, a rempli sa mission avec un soin qui lui vaut nos plus sincères remercîments.

Il a rapporté de son voyage des impressions très-satisfaisantes et très-favorables que le Conseil a accueillies avec d'autant plus d'intérêt qu'il y a puisé un nouveau témoignage en faveur de la bonne direction imprimée aux opérations par le gérant et les ingénieurs de la Société.

Les trois membres du Conseil sortants cette année sont : MM. Lavallée, Bechet et du Roselle.

Vous aurez à pourvoir à leur remplacement ou à leur réélection, car, aux termes des statuts, ils sont rééligibles.

RÉSOLUTIONS DE L'ASSEMBLÉE GÉNÉRALE

Du 29 novembre 1867.

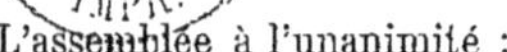

L'assemblée à l'unanimité :

1° A approuvé les comptes et l'inventaire du douzième exercice, arrêtés au 30 juin 1867, tels qu'ils ont été soumis par le gérant de la Société, et analysés dans le bilan qui est joint à son rapport.

2° A autorisé la réserve à compte nouveau de 182,451 francs, et la répartition de 301,977 fr. 71 c., tel que le tout est établi et proposé dans le rapport du gérant.

3° Et a réélu membres du Conseil de surveillance : MM. Lavallée, Béchet et du Roselle.

IMPRIMERIE CENTRALE DES CHEMINS DE FER. — A. CHAIX ET Cie, RUE BERGÈRE, 20, A PARIS. — 11744.

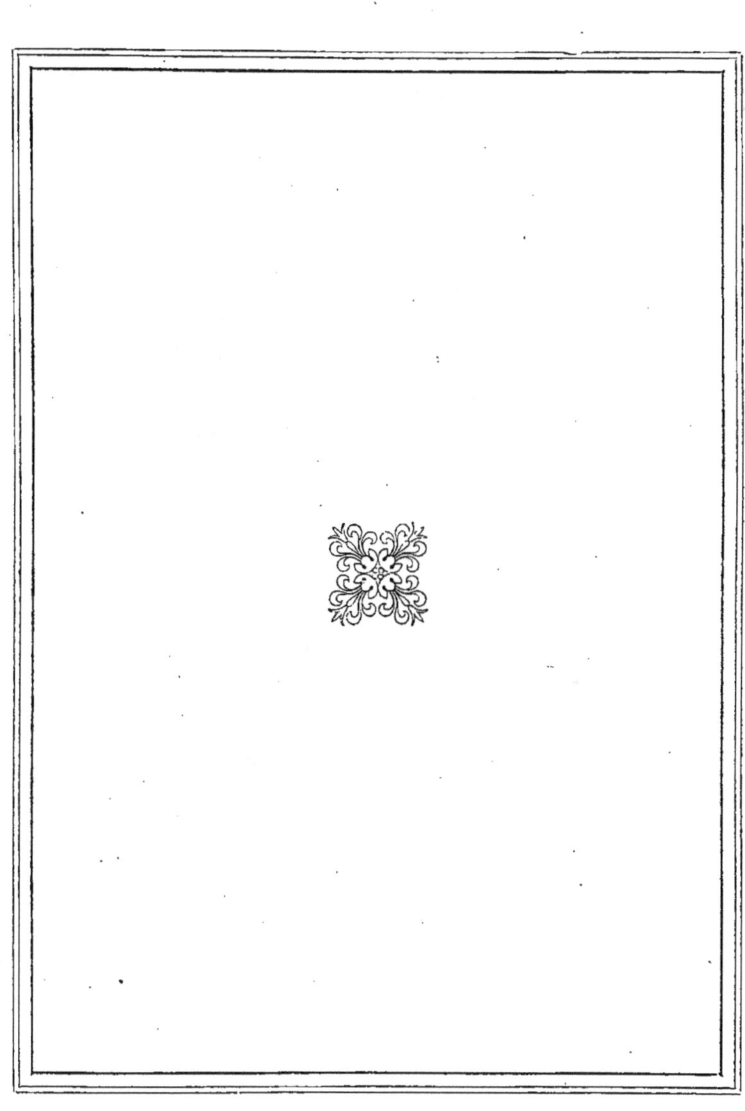

COMPAGNIE

DES

MINES ET FONDERIES DE LA PROVINCE DE SANTANDER

ASSEMBLÉE GÉNÉRALE DU 21 NOVEMBRE 1868

COMPTE RENDU

PAR LE GÉRANT

DU TREIZIÈME EXERCICE 1867-1868

RAPPORT DU CONSEIL DE SURVEILLANCE.

RÉSOLUTIONS DE L'ASSEMBLÉE GÉNÉRALE.

PARIS

IMPRIMERIE CENTRALE DES CHEMINS DE FER

A. CHAIX ET Cie

RUE BERGÈRE, 20, PRÈS DU BOULEVARD MONTMARTRE

1868

COMPAGNIE DES MINES ET FONDERIES DE LA PROVINCE DE SANTANDER.

ASSEMBLÉE GÉNÉRALE DU 21 NOVEMBRE 1868.

COMPTE RENDU

PAR LE GÉRANT

DU TREIZIÈME EXERCICE 1867-1868

RAPPORT DU CONSEIL DE SURVEILLANCE.

RÉSOLUTIONS DE L'ASSEMBLÉE GÉNÉRALE.

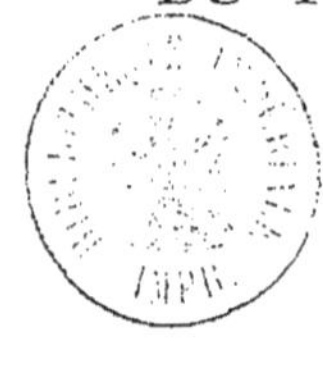

PARIS

IMPRIMERIE CENTRALE DES CHEMINS DE FER

A. CHAIX ET Cⁱᵉ

RUE BERGÈRE, 20, PRÈS DU BOULEVARD MONTMARTRE

1868

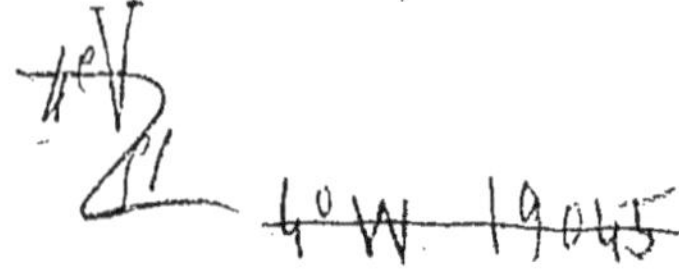

GÉRANT DE LA SOCIÉTÉ :

A. BERNIERE.

CONSEIL DE SURVEILLANCE :

MM. BÉCHET, de la Maison Béchet, Dethomas et Cie ;

Du BOY, avocat au Conseil d'État et à la Cour de cassation ,

H. DU ROSELLE, propriétaire ;

HEUZEY-DENEIROUSE, négociant ;

LABELONYE, propriétaire ;

LAVALLÉE (C. ✻), administrateur du chemin de fer d'Orléans ;

Ch. LECOMTE (✻), négociant ;

PICARD (O. ✻), administrateur du chemin de fer du Nord ;

F. POTHIER, ingénieur.

INGÉNIEUR PRINCIPAL :

M. DE JAURIAS.

BANQUIERS DE LA SOCIÉTÉ :

MM. BECHET, DETHOMAS et Cie, à Paris, boulevard Poissonnière, 17, chargés du paiement des répartitions

---

SIÉGE SOCIAL :

A Paris, rue de Londres, n° 56.

Assemblée générale du 21 novembre 1868.

COMPTE RENDU

PAR LE GÉRANT

DU TREIZIÈME EXERCICE 1867-1868.

MESSIEURS LES ACTIONNAIRES,

Selon ce qui a été annoncé dans la dernière assemblée générale du 29 novembre 1867, la transformation de la Société va vous être proposée, et si cette proposition est agréée, l'exercice qui a pris fin le 30 juin 1868 sera le dernier de la Société fonctionnant en commandite.

Le résumé du compte profits et pertes qui vous est soumis démontre que le bénéfice de cet exercice s'élève à 436,402 fr. 41 c. dont 408,588 fr. 39 c. obtenus de l'exploitation, et 27,814 fr. 02 c. provenant de profits divers.

Dans l'exercice antérieur l'exploitation nous avait procuré un bénéfice de 242,107 fr. 08 c., et les profits divers s'étaient élevés à 62,941 fr. 47 c. ; le tout composait un bénéfice général de 305,048 fr. 55 c. inférieur de 131,353 fr. 86 c. à celui de l'exercice dernier dont nous nous occupons.

Sur l'exploitation, en particulier, la différence avantageuse en faveur du dernier exercice est de 166,481 fr. 31 c.; elle est due particulièrement à ce que, comparativement à l'exercice antérieur, nous avons expédié un excédant de 1,847 tonnes de minerais. Je dois ajouter que cet excedant ne nous aurait procuré que les deux cinquièmes environ des 166,481 francs, et que le surplus est le fruit d'économies nouvelles qui ont été réalisées tant sur les prix de revient que sur les frais du transport maritime.

La répartition de l'exercice antérieur, limitée à 301,977 fr. 71 c., a permis de réserver à compte nouveau ....Fr. 182,451 »

Auxquels vient s'ajouter le bénéfice dernièrement acquis de... 436.402 41

Le tout composant ensemble...Fr. 618.853 41
Nous vous proposons de répartir.................. 477.933 33

Et de réserver à compte nouveau. ....Fr. 140.920 08

Ce qui nous guide dans le chiffre de la répartition proposée, c'est que, par suite des remboursements qui ont été faits successivement sur le montant de nos actions, le capital de chacune d'elles se trouve réduit aujourd'hui à 340 fr. 20 c., et que la somme fixée pour la répartition concorde avec un remboursement nouveau de 40 fr. 20 c. par action, les réduisant alors au chiffre rond de 300 francs.

Ce chiffre rond de 300 francs est devenu l'utile moyen de satisfaire à l'une des exigences légales de la tranformation de notre Société en Société anonyme. La dernière loi du 29 juillet 1867, sous l'empire de laquelle nous allons nous placer, exige que notre capital social soit divisé en actions dont le montant ne soit pas inférieur à 500 francs ; de telle sorte qu'à nos 10,700 actions actuelles nous aurons à substituer 6,420 actions nouvelles de 500 francs représentant le capital social que la dernière repartition va réduire à 3,210,000 francs.

Pour l'échange des titres actuels réduits à 300 francs contre les titres nouveaux créés à 500 francs, cinq des uns représenteront exactement trois des autres, et c'est ainsi que la répartition, telle qu'elle est combinée, se trouvera favoriser le mieux possible l'échange des actions.

Si ce n'était la raison d'utilité particulière que nous venons d'indiquer, la répartition que nous vous aurions soumise eût été moins élevée; nous nous préparons pour des projets d'un très-grand intérêt, ceux que nous allons vous exposer, et, pour satisfaire aux prévisions financières qui s'y rattachent, il sera probablement nécessaire de prélever sur les résultats de l'exercice qui est en cours depuis le 30 juin 1868 une réserve de certaine importance. C'est cette réserve qui, dans la mesure jugée utile, compensera ce que la répartition proposée aujourd'hui va enlever avec un peu d'excès à nos ressources disponibles.

Les prévisions que je viens de signaler se rapportent à nos possessions de Quiros, ou mieux à une entreprise qu'il s'agit d'y fonder.

On se rappelle que, dans mon rapport du 29 novembre de l'année dernière, j'ai parlé des importantes mines de fer que nous avions nouvellement découvertes et annexées à nos gisements de houille, en indiquant ce que cette réunion des deux richesses avait d'heureux et de favorable pour nos projets de mise en valeur.

Les études qui, dès cette époque, étaient commencées ont suivi leur cours, et, après les examens les plus complets, nous sommes arrivés à la conviction suffisante que nous possédions à Quiros les éléments d'une fabrication parfaitement économique de bonne fonte de moulage. Nous étions alors sur la voie d'une entreprise pleine d'avenir et tout à fait dans nos convenances particulières.

En nous limitant à la production de la fonte et, au besoin, à l'opération du moulage, nous n'affrontons pas la grande industrie du fer, très-belle et très-féconde dans certaines conditions, mais qu'il faut pouvoir envisager dans de vastes proportions et dans ses luttes à peu près inévitables avec les prix concurrents de tous les pays producteurs.

Nous nous bornons à une industrie toute modeste, qu'il nous est permis d'aborder dans des conditions relativement très-sommaires; l'outillage principal de premier établissement se compose, au début, d'un seul haut-fourneau qui, pour le but qu'on se propose, sera de forme spéciale et muni d'appareils particuliers ; ajoutant la préparation des mines, les chemins de service et tous les accessoires qui constitueront l'usine, nous arrivons, d'après tous les devis qui ont été étudiés, à un déboursé total qui ne devra pas s'écarter de 350,000 francs. Dussions-nous d'ailleurs envisager le chiffre maximum de 400,000 francs, que cette fondation reste d'autant plus intéressante que nous pouvons l'aborder avec le secours de nos seules ressources financières, et sans nuire en aucune façon au mouvement de nos autres opérations.

Pour la fonte de moulage, l'Espagne est tributaire de l'étranger; les objets de fonte manufacturés y sont d'un prix très-élevé ; ceux qui proviennent de l'étranger se trouvent grevés tout à la fois du transport et de droits d'entrée, et ceux qui sont produits en Espagne proviennent de fonderies disséminées qui fonctionnent onéreusement, n'étant alimentées elles-mêmes, soit pour la fonte, soit pour le combustible, qu'au moyen de l'importation, avec les frais et les droits qui y sont inhérents.

Si, comme tout le démontre, nous réussissons dans notre tentative, nous devrons obtenir de très-bons résultats ; nous nous faisons les promoteurs d'une industrie qui, procédant en Espagne sur place et dans des conditions exceptionnelles de bon marché, a pour objectif un produit de première nécessité qui s'adresse à tous et aux besoins de tous, et qui, chaque jour, tend à se vulgariser dans une foule d'applications. La consommation ne peut faire défaut à un produit de cette nature ; le débouché ne peut que progresser et, si nous sommes satisfaits des premiers résultats, nous disposons des moyens de développer, autant que nous le voudrons, notre exploitation de l'origine.

Je dois dire aussi que l'usine projetée étant appelée à absorber la partie usinière de notre production houillère, autrement dit les charbons menus, l'autre partie deviendra disponible pour une vente avantageuse.

Je pense que ces détails suffiront pour appeler tout votre intérêt en faveur de l'établissement que nous nous occupons de fonder à Quiros, et que chacun se félicitera que nos ressources financières aient été jusqu'ici défendues suffisamment pour permettre de subvenir à cette fondation. C'est grâce à notre prévoyance à tous, dans le passé, qu'un nouvel avenir se dessine aujourd'hui pour notre Société, et si, pour la création que nous entreprenons nous voulons assurer pleinement nos moyens financiers, il faut savoir persévérer dans cette bonne voie de la prévoyance. C'est dans cette pensée que j'ai dit tout à l'heure que l'exercice actuellement en cours aurait, de toute nécessité, à faire les frais d'une réserve de certaine importance. Si, comme cela est désirable, la Société veut s'en tenir à ses propres ressources pour la création qui est entreprise à Quiros et pour le fonds de roulement qu'elle comportera, il paraît dès à présent certain qu'on sera conduit à ne répartir aux actions qu'environ 50 francs pour les deux exercices, celui expiré le 30 juin 1868 et celui expirera le 30 juin 1869.

En vue de cette occurrence, il y a une double question qu'il convient de poser dès aujourd'hui : faut-il payer les 40 fr. 20 c. de la répartition actuelle aux deux échéances ordinaires en restant exposé, pour l'exercice qui est en cours, à une répartition possible de 10 francs ? ou vaut-il mieux payer 25 fr. 20 c. aux deux échéances ordinaires, en réservant 25 francs au moins pour l'exercice subséquent ?

La Société est complétement désintéressée dans cette question, la situation de sa caisse lui rend indifférent le choix des échéances; mais l'intérêt des actions, qui seul est en jeu, s'accommoderait peut-être mieux d'échéances divisant les distributions à raison de 25 fr. 20 c. pour une année et de 25 francs au moins pour celle suivante; car, autrement, en restant exposé à une répartition de 10 francs pour la deuxième année, il y aurait là un amoindrissement trop sensible et qui, tout volontaire qu'il pourra être, n'en aurait pas moins l'inconvénient de prêter à fausses interprétations et de nuire, à l'époque, au cours ou à la valeur commerciale des actions. Si cette opinion était partagée par l'assemblée, l'intérêt des actions se trouverait sauvegardé en fixant de la manière suivante les échéances des 40 fr. 20 c. de la répartition actuelle :

> Fr. 15 20 le 15 décembre 1868,
> 10 » le 15 juin   1869,
> Et 15 » le 15 décembre 1869.

Pour terminer ici les indications qui sont relatives à l'opération de Quiros, il me reste à faire remarquer le chiffre de 864,114 fr. 50 c. qui figure dans notre dernier inventaire, et représente pour nous le prix de cet actif particulier. Ce prix se décompose de la manière suivante :

L'actif dont la valeur, au 30 juin 1865, était portée à 956,058 fr. 22 c. ayant été acquis par nous pour le prix de 822,587 fr. 33 c., il en est résulté une différence avantageuse de.......Fr. 133,470 89

Mais certains redressements ayant réduit l'actif à 940,854 fr. 95 c., soit dans la proportion de........... 6,203 27

La différence en descendue à..................Fr. 127,267 62

Puis durant les trois ans courus du 30 juin 1865 au 30 juin 1868, nous avons eu à payer pour frais généraux... 35,719 53

Il est resté pour différence avantageuse...Fr. 91,548 09

Quant à notre prix originaire de 822,587 fr. 33 c., il se trouve porté à 864,113 fr. 50 c. par le déboursé des frais qui viennent d'être indiqués et par celui de 5,806 fr. 64 c., qui ont été employés en diverses augmentations de l'actif.

L'actif, en résumé, se trouve porté à 955,661 fr. 59 c., et, notre prix ne s'élevant qu'à 864,113 fr. 50 c., il reste la différence avantageuse de 91,548 fr. 09 c. qui vient d'être énoncée.

Indépendamment de l'affaire Quiros, nous en possédons une autre de moindre importance et qui, elle aussi, se trouve indépendante de notre exploitation principale. Il s'agit du tiers qui nous appartient dans l'exploitation minière dite de Biscaye. Cette exploitation a acquis, depuis deux ans, un certain degré d'intérêt : les profits qui résultent du dernier inventaire, arrêté le 30 juin 1868, s'élèvent, pour notre part, à 65,892 fr. 32 c.

Comme cet inventaire particulier ne se trouvait pas encore réglé avec nos coparticipants à l'époque où nous arrêtions notre inventaire général, nous nous sommes bornés à porter dans ce dernier un à-compte de 12,000 francs relatif à cette participation, et dès lors il en résulte qu'un excédant de profit de 53,892 fr. 32 c. se trouve réservé en faveur de l'exercice qui est en cours depuis le 30 juin 1868.

Dans le cours de l'exercice qui a pris fin le 30 juin 1868, nous avons recueilli, de cette même participation, le remboursement de 17,410 fr. 29 c. formant le solde de notre mise sociale, et comme nous avions précédemment amorti cette créance, le recouvrement s'est traduit pour nous en un bénéfice qui, s'ajoutant aux 12,000 francs que je viens de citer, a composé un profit total de 29,410 fr. 29 c. compris dans les résultats généraux de notre exercice.

A l'égard de notre exploitation principale, celle des calamines, elle a été plus heureuse que dans l'exercice précédent. J'ai dû, dans mon rapport du 29 novembre de l'année dernière, déclarer que nos existences précédemment calculées ou prévues étaient, sauf 600 tonnes, restées sans augmentation, et que c'étaient les quantités qui avaient été estimées le 30 juin 1866 qui, sauf les 600 tonnes, avaient dû faire les frais de la production de l'exercice 1866-1867 : mais j'ai la satisfaction d'annoncer que, dans l'année qui a couru jusqu'au 30 juin 1868, nos découvertes et constatations nouvelles ont augmenté nos existences du 30 juin 1867 de 7,527 tonnes. Si ce n'est point encore un enrichissement tel qu'on pourrait le désirer, c'est un résultat qui, du moins, a le mérite d'une amélioration et la valeur d'un indice encourageant.

En résumant, comme je l'ai fait l'année dernière, la situation active et passive de la Société d'après l'inventaire ou le bilan que je joins au présent rapport, on voit que l'actif, en répartissant la somme proposée de 477,933 fr. 33 c., se compose ainsi qu'il suit :

1° Les mines de zinc, dont le prix sous déduction de la réserve d'amortissement, se réduit...........................Fr.   935,884 45

2° Les immobilisations en objets de premier établissement...   587,151 87

3° L'actif de Quiros représenté par le prix de.......   864,114 50

4° Le mobilier et le matériel......................   134,432 84

5° Et l'actif disponible ou fonds de roulement de 1,793,051 fr. 10 c., dont le solde, en déduisant le passif et la répartition, est de....................   829,336 37

Total égal { au capital social de.. 3,210,000   » } Fr. 3,350,920 08
{ et à la réserve de...   140,920 08 }

Le fonds de roulement, comparé à celui qui était constaté l'année dernière, se trouve diminué de 47,614 fr. 71 c., diminution qui est due en grande partie à la répartition de cette année, parce que c'est avec portion de la réserve à compte nouveau de l'année dernière que cette répartition se trouve complétée.

Mais cet amoindrissement n'est que temporaire, car la réserve qui sera fournie par l'exercice qui est en cours peut être évaluée à au moins 200,000 francs, et le fonds de roulement du 30 juin 1869 devra, dès lors, dépasser un million de francs.

Si on ajoute les profits courants qui, naturellement, enrichissent l'actif dans la période d'un inventaire à l'autre, c'est de douze à treize cent mille francs qui se trouveront disponibles vers la fin de l'année 1869, c'est-à-dire une ressource largement suffisante pour subvenir à la création de l'usine de Quiros et pour composer le fonds de roulement tant de son exploitation que de celle des calamines actuellement suivie dans la province de Santander.

Il faut aussi remarquer, dans la situation que je viens d'exposer, que les 3,080,000 francs, valeur des mines de zinc, au moyen de la réserve portée à 2,144,115 fr. 55 c., ne représentent plus, dans l'actif aléatoire, que 935,884 fr. 45 c., et que cette atténuation considérable va faciliter notablement, pour l'avenir, le moyen de satisfaire au vœu qui a été exprimé dans l'assemblée de l'année dernière, relativement aux répartitions de chaque année. Il sera permis désormais de revenir au régime ordinaire des distributions sous la forme de dividendes.

Si, durant ma gérance, j'ai cru devoir provoquer à cet égard une mesure d'exception, c'était pour satisfaire à un devoir que je considérais comme rigoureux ; un actif minier de 3,080,000 francs m'avait paru constituer un aléa trop considérable, et en retenant les bénéfices pour en composer une réserve de garantie de 2,144,115 francs, je suis arrivé à constituer l'actif avec plus de vérité et d'exactitude.

Pour que chacun, en se prononçant sur la transformation de la Société, puisse en même temps statuer sur les conditions du contrat qui en est la conséquence, nous avons à l'avance adressé à tous les membres de l'assemblée un exemplaire des nouveaux statuts. C'est après votre examen et votre approbation que ces statuts seront définitivement arrêtés. Vous remarquerez qu'obéissant aux prescriptions de l'article 58 du contrat social en commandite, on s'est appliqué à respecter dans le contrat nouveau les bases du premier.

Quant aux événements politiques qui viennent de se produire en Espagne, il n'apparaît pas qu'ils soient de nature à jamais troubler le cours de nos affaires.

Nous ne sommes en Espagne que producteurs; y apportant du travail et des salaires, nous ne pouvons qu'y être les bienvenus. C'est hors de l'Espagne que nous réalisons nos produits et, dès lors, l'état commercial du pays nous laisse sinon indifférents, du moins désintéressés.

Il n'en sera pas de même, il est vrai, lorsque les exploitations que nous projetons à Quiros seront dans le cas de fonctionner; mais il s'agit là de l'avenir, et la situation actuelle, qui ne saurait être que transitoire, devra naturellement, lorsque nous serons prêts, avoir fait place à un état normal et régulier.

Il ne me reste, pour terminer, qu'à résumer en quelques mots l'état des affaires de la Société en constatant, d'une part, une situation financière aussi large que rassurante, d'autre part une situation industrielle en pleine voie de bénéfices, et, d'autre part encore, un avenir qui peut prendre un essor plus grand que jamais, soit que des découvertes nouvelles viennent enrichir notre exploitation de calamine, soit que la fondation métallurgique qu'on entreprend à Quiros réponde aux légitimes et sérieuses espérances qu'on y attache et développe alors toute la valeur des importants gisements de houille et de fer que nous possédons dans cette contrée.

Donc, en définitive, un présent très-satisfaisant et un avenir plein d'intérêt et de promesses.

Au moment où je vais cesser d'administrer, du moins en qualité de gérant de la Société, je suis heureux de pouvoir apporter une situation générale que bien des entreprises pourraient nous envier; je crois avoir le droit de dire que j'y suis pour quelque chose, en me hâtant toutefois d'ajouter que j'ai rencontré les meilleurs appuis chez tous ceux qui ont eu à partager mes travaux. Je parle ici des membres de la Commission de surveillance, des ingénieurs de la Société et des autres agents du personnel. Il m'appartient de déclarer que chacun, dans la mesure de sa mission, a fait de son mieux, apportant au succès de la chose commume le très-utile concours de sa bonne volonté, de son expérience et de son dévouement.

BERNIÈRE.

4

Bilan au 30 juin 1868.

COMPAGNIE DES MINES ET FONDERIES DE LA PROVINCE DE SANTANDER

Bilan au 30 juin 1868

ACTIF

§ 1er. — Capital immobilisé.

Droits de concession et de propriété des mines	»	»	3.080.000	»

§ 2. — Objets de premier établissement.

Mobilier	10.637	22		
Routes et chemins	108.020	19		
Travaux aux ports d'embarquement (quais, magasins, etc.)	44.367	91		
Fours de calcination, magasins et dépendances	106.543	81		
Travaux préparatoires d'extraction	16.024	41	597.789	09
Ateliers de lavage, de séparation et dépendances	78.287	33		
Immeubles, constructions et ouvrages divers	85.851	17		
Usine à zinc et ateliers en dépendant	63.044	05		

§ 3. — Acquisition de l'actif Quiros.

Prix de l'acquisition et déboursés inhérents à l'affaire	»	»	864.114	50

§ 4. — Matériel et fonds de roulement.

Matériel de l'exploitation	123.795	67		
Approvisionnements	30.724	51	1.916.846	77
Existence des minerais au 30 juin 1868	158.176	87		
Caisse et débiteurs divers	1.604.150	22		
			Fr. 6.458.750	36

Bilan rectifié en conformité de l'approbation de la

§ 1er. — Capital immobilisé	3.080.000	»
§ 2. — Objets de premier établissement	597.789	09
§ 3. — Acquisition de l'actif Quiros	864.114	50
§ 4. — Matériel et fonds de roulement	1.916.846	77
	Fr. 6.458.750	36

PASSIF

§ 1er. — Passif envers la Société.

Capital social représenté par 10,700 actions, réduites au 30 juin 1867 à 340 fr. 20 cent.		3.640.140	»	
Fonds de réserve. { Solde au 30 juin 1867 . . . 1.713.975 55 / Solde du bénéfice net de l'exercice . . 430.140 » }		2.144.115	55	5.925.175 63
Bénéfice réservé à compte nouveau		140.920	08	

§ 2. — Créanciers divers.

Passif courant	485.781	40

Solde créditeur de profits et pertes		
Réserve de bénéfice sur l'exercice 1866-1867	182.451	»
Bénéfice de l'exercice 1867-1868	436.402	41
Total	618.853	41
Réduit par la réserve à compte nouveau de	140.920	08
à	477.933	33
Et par les 10 0/0 revenant pour honoraires proportionnels au gérant, à l'ingénieur principal et au Conseil de surveillance, soit	47.793	33
Au solde attribué ci-dessus au fonds de réserve	430.140	»

(Passif courant 485.781 40 ; 47.793 33 ; 533.574 73 ; Fr. 6.458.750 36)

répartition de 430,140 francs à faire aux actions.

§ 1er. — Passif envers la Société.

Capital social réduit, au 30 juin 1868, des 430,140 francs mis en réserve	3.210.000	»		
Fonds de réserve (contre valeur du prix des minés)	2.144.115	55	5.495.035	63
Bénéfice réservé à compte nouveau	140.920	08		

§ 2. — Créanciers divers.

Passif courant	485.781	40		
Montant de la réduction du capital social à répartir aux actions, à raison de 40 fr. 20 c. pour chaque action, aux époques qui seront fixées par l'Assemblée générale	430.140	»	963.714	73
Honoraires proportionnels du gérant, de l'ingénieur et du Conseil de surveillance	47.793	33		
			Fr. 6.458.750	36

RÉSUMÉ DU COMPTE PROFITS ET PERTES

Pour le treizième Exercice couru du 30 juin 1867 au 30 juin 1868.

DÉBIT

Dépenses générales d'administration.	Honoraires du personnel.	43.895 08	
	Ports de lettres et dépêches.	967 75	
	Frais de bureau en Espagne et à Paris.	4.268 29	60.902 07
	Frais de voyage.	1.972 94	
	Frais de contentieux.	1.720 53	
	Dépenses diverses.	8.097 68	
Frais communs d'exploitation.	Exploitation des mines.	61.068 96	
	» des terres minérales.	73.254 70	
	Frais de calcination.	79.528 96	
	Transport des minerais aux ports.	28.969 15	283.840 27
	Travaux d'exploration.	96.575 37	
	Usure du matériel.	4.336 10	
	Taxe des mines et droits divers.	4.586 02	
Frais particuliers.	Frets, chargements, livraisons, etc.	293.083 75	494.108 88
	Remboursement des existences de minerais de l'exercice antérieur.	201.025 13	
Balance représentant le bénéfice de l'exercice.			436.403 41
		Fr.	1.184.254 23

CRÉDIT

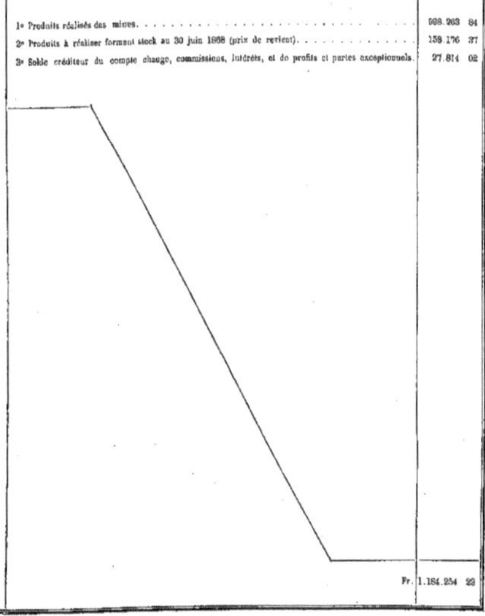

1° Produits réalisés des mines.		998.263 84
2° Produits à réaliser formant stock au 30 juin 1868 (prix de revient).		158.176 37
3° Solde créditeur du compte change, commissions, intérêts, et de profits et pertes exceptionnels.		27.814 02
	Fr.	1.184.254 23

RAPPORT

DU CONSEIL DE SURVEILLANCE

SUR

L'INVENTAIRE ET LES COMPTES ARRÊTÉS LE 30 JUIN 1868.

MESSIEURS LES ACTIONNAIRES,

Nous avons examiné les comptes et l'inventaire qui vous sont présentés pour l'exercice qui est expiré le 30 juin 1868 et, comme toujours, nous les avons trouvés parfaitement exacts et réguliers.

La situation financière qui en résulte peut se résumer de la manière suivante :

Au 30 juin 1867 l'actif matériel et fonds de roulement s'élevait à . . . . .Fr.   1,726,029 02

Dont il fallait déduire :

1° Le passif courant de . . . . .Fr.   415,090 93
2° Et la répartition de. . . . .   301,977 71   } 717,068 64

Ce qui réduisait le chiffre à . . . . .Fr.   1,008,960 38

composés du matériel de 132,009 fr. 30 c. et du fonds de roulement de 876,951 fr. 08 c., comprenant la réserve sur les bénéfices de 182,451 francs.

Au 30 juin 1868 l'actif matériel et fonds de roulement s'élève
à.......................................Fr.   1,916,846 77

Dont il faut déduire :

1° Le passif courant de.........Fr.   485,781 40)
2° Et la répartition proposée de.....   477,933 33)   963,714 73

Ce qui donne net....................Fr.   953,132,04

composés du matériel de 123,795 fr. 67 c. et du fonds de roulement
de 829,336 fr. 37 c. comprenant la réserve de bénéfice à compte nouveau de 140,920 fr. 08 c.

Le fonds de roulement se trouve avoir subi une diminution de
47,614 fr. 71 c. qui est due, d'abord, à ce que la répartition proposée
entame la réserve de bénéfice de 1867 dans la proportion
de...Fr.   41,530 92

Auxquels s'ajoutent 15,103 fr. 26 c. déboursés pour l'affaire de Quiros............. ....   15,103 26

Ensemble........................Fr.   56,634 18

Et, ensuite, à ce que, d'autre part, il y a eu réalisation sur les objets de premier établissement;
de ....Fr.   805 84)
Et sur le matériel de..................   8,213 63)   9,019 47

Déterminant la différence de...........Fr.   47,614 71

Au moment où nous entreprenons la mise en valeur de Quiros,
il eût mieux vallu tendre à augmenter nos ressources disponibles
qu'à les diminuer, et, à ce point de vue, il y aurait eu convenance
à réduire le chiffre de la répartition qui vous est proposée; mais,
ainsi que le gérant vient de l'expliquer dans son rapport, la répartition, telle qu'elle est déterminée, a le mérite de satisfaire à deux
intérêts.

En premier lieu, elle permet de réduire le montant des actions actuelles à 300 francs et de faciliter ainsi l'échange de ces actions, au nombre de 10,700, contre les 6,420 actions nouvelles que la Société, après transformation, va créer à raison de 500 francs chacune.

En second lieu, elle vient ajouter un appoint d'une utile importance à la réserve que la Société a fondée pour garantie de l'incertitude du prix de ses mines, et cette réserve arrive alors à un chiffre imposant donnant la facilité de revenir, pour les répartitions futures, à la forme ordinaire, autrement dit, aux distributions de dividendes.

Il faut remarquer d'ailleurs que, la répartition déduite, la Société demeure encore avec un état financier plus que rassurant, soit avec 829,336 fr. 37 c. de ressources disponibles auxquels se sont naturellement ajoutés les bénéfices nouveaux qui se sont produits depuis le 30 juin 1868.

Fidèle à ses idées de prévoyance, le gérant exprime dès aujourd'hui l'avis qu'il sera bon de réserver 200,000 francs environ sur l'exercice qui expirera l'année prochaine, afin que l'exploitation qui s'organise à Quiros puisse être dotée d'un fond de roulement largement suffisant; le Conseil s'associe volontiers à cette intention, toute prématurée qu'elle paraît être, parce que, en effet, il peut être utile de saisir l'Assemblée, dès à présent, d'une question qui s'y rattache, celle de savoir s'il convient de diviser la répartition de cette année en deux ou en trois paiements. Le Conseil partage l'avis du gérant, que la résolution de cette question appartient toute entière à l'Assemblée qui, à cet égard, pourra statuer selon ses impressions et en toute liberté.

Les statuts nouveaux qui sont destinés à consacrer la transformation de la Société en Société anonyme ont été dressés et arrêtés, tels qu'ils vous sont présentés, d'accord entre le gérant et tous les membres du Conseil de surveillance.

Quant à l'état général des affaires de la Société, nous sommes persuadés qu'il est de nature à appeler toute les satisfactions.

L'exploitation dans le présent est parfaitement prospère, et si, par

sa nature même, cette exploitation se trouve exposée à des incertitudes, à des dépérissements, on se prépare dès aujourd'hui à forti-
fier l'avenir par une création métallurgique d'un très-sérieux intérêt
et qui, se prêtant à tous utiles développements, est susceptible de
nous procurer, en même temps que la sécurité, de nouveaux et importants bénéfices.

La Société se trouve en état d'entreprendre avec ses seules forces
la création et l'exploitation de l'usine de Quiros, c'est l'affirmation
très-évidente de sa bonne situation financière. Toutes les mesures
de prévoyance et d'économie qui ont prévalu dans le passé se trouvent aujourd'hui bien utilement justifiées.

Nons ne terminerons pas sans rendre justice au gérant et aux bons
résultats de son administration. Comme nous, Messieurs, vous l'avez
constamment appuyé dans ses actes et ses propositions, et tous, nous
ne pouvons que nous applaudir et de nos approbations et de la confiance qui nous les a dictées.

Aujourd'hui que notre Société prend la forme de l'anonymat, le
gérant devient de plein droit membre du Conseil d'administration,
et ce Conseil de l'origine se trouve complété par les membres du
Conseil de surveillance; on obéit en cela à l'une des conditions de
la transformation telle qu'elle est impérieusement spécifiée dans l'article 58 du contrat de société; c'est, du reste, une utile garantie,
c'est l'assurance que les traditions du passé, loin d'être méconnues,
seront, au contraire, strictement conservées et pratiquées pour le
mieux des intérêts sociaux.

Si la moindre inquiétude pouvait naître à cet égard, ce ne serait
que dans le cas où le gérant actuel devrait abandonner la conduite
des opérations ; mais les dispositions contenues dans les articles 22
et 25 des nouveaux statuts, devront, Messieurs, vous rassurer. Nous
avons la confiance que dans l'avenir votre suffrage et celui du
Conseil, réserveront à M. Bernière le rôle actif et prépondérant
d'administrateur-directeur, et que de cette façon la Société continuera de se confier à lui, à ses idées justes et pratiques, à son
expérience éprouvée.

RÉSOLUTIONS DE L'ASSEMBLÉE GÉNÉRALE

Du 21 novembre 1868.

L'Assemblée à l'unanimité :

1° A approuvé les comptes et l'inventaire du treizième exercice arrêtés au 30 juin 1868, tels qu'ils ont été soumis par le gérant de la Société et analysés dans le bilan qui est joint à son rapport;

2° A réélu membres du Conseil de surveillance MM. Charles Lecomte, Heuzey Deneirouse et Duboy;

3° A autorisé la réserve à compte nouveau de 140,920 fr. 08 c., et la répartition de 477,933 fr. 33 c., procurant 40 fr. 20 c. pour chaque action, dont le paiement a été divisé, savoir :

    15 fr. 20 c. à partir du 15 décembre 1868,
    10 fr.   »   du 15 juin 1869,
  Et 15 fr.   »   du 15 décembre 1869;

4° Et a approuvé la conversion de la Société en Société anonyme, sous la dénomination de Compagnie des mines et fonderies de Santander et Quiros, ainsi que les statuts nouveaux que la conversion a rendu nécessaires.

Nomination des commissaires de surveillance.

Une Assemblée générale qui s'est réunie le même jour, 21 novembre 1868, postérieurement à celle dont les résolutions sont ana-

lysées plus haut, a décidé que pour la première année les commissaires seraient au nombre de trois et, à l'unanimité, a nommé pour
commissaires MM. Chedeville, Jeuch et Joly, tous trois membres de
l'Assemblée et qui, séance tenante, ont déclaré accepter la mission à
eux conférée.

Dans la même Assemblée, le gérant de l'ex-Société convertie et
les neuf membres du Conseil de surveillance, tous présents à la
réunion, ont aussi déclaré accepter les fonctions à eux conférées
d'administrateurs de la Société devenue anonyme.